Educar: ESCOLHER A VIDA E TESTEMUNHAR A VERDADE

PAPA FRANCISCO
Jorge M. Bergoglio

Educar: ESCOLHER A VIDA E TESTEMUNHAR A VERDADE

EDITORA
AVE-MARIA

© Editorial Claretiana (Argentina)
ISBN:
978-950-512-457-2 (*Educar: exigência y pasión*)
978-950-512-541-0 (*Educar: elegir la vida*)
978-950-512-809-9 (*Educar: testimonio de la verdad*)

© 2014 by Editora Ave-Maria. All rights reserved.
Rua Martim Francisco, 636 • 01226-000 • São Paulo, SP • Brasil
Tel.: (11) 3823-1060 • Fax: (11) 3660-7959
Televendas: 0800 7730 456
editorial@avemaria.com.br • comercial@avemaria.com.br
www.avemaria.com.br

ISBN: 978-85-276-1507-5

Tradução: Carolina Caires Coelho, José Joaquim Sobral e Sandra Martha Dolinsky

Capa: Agência GBA

Dados Internacionais de Catalogação na Publicação (CIP)
Angélica Ilacqua CRB-8/7057

Bergoglio, Jorge M.
 Educar : escolher a vida e testemunhar a verdade – desafio para educadores / Jorge M. Bergoglio; tradução de Carolina Caires Coelho, José Joaquim Sobral, Sandra Martha Dolinsky. – São Paulo: Editora Ave-Maria, 2014. 384 p.: 16x23cm

 ISBN: 978-85-276-1507-5
 Títulos originais:
 Educar: testimonio de la verdad
 Educar: elegir la vida
 Educar: exigência y pasión

 1. Educação cristã 2. Educação – religião I. Título
 II. Coelho, **Carolina Caires**   III. Sobral, **José Joaquim**
 IV. **Dolinsky,** Sandra Martha

 14-0330   CDD 248.82

         Índice para catálogo sistemático:
 1. Educação cristã   248.82

Diretor Geral: Marcos Antônio Mendes, CMF
Diretor Editorial: Luís Erlin Gomes Gordo, CMF
Gerente Editorial: Valdeci Toledo
Editora Assistente: Carol Rodrigues
Preparação e Revisão: Isabel Ferrazoli, Ligia Pezzuto, Maurício Leal, Enymilia Guimarães
Projeto Gráfico e Diagramação: Ponto Inicial Estúdio Gráfico
Produção Gráfica: Carlos Eduardo P. de Sousa
Impressão e acabamento: Gráfica Ave-Maria

A Editora Ave-Maria faz parte do Grupo de Editores Claretianos (Claret Publishing Group).
Bangalore • Barcelona • Buenos Aires • Chennai • Macau • Madri • Manila • São Paulo

Sumário

Prefácio 7
Palavras de São João Paulo II aos educadores cristãos 9
1998 – Ser educador católico hoje: um grande desafio 11
1999 – Lembrar-se de que você faz parte do santo
Povo de Deus 27
2000 – Ser portador de esperança 45
2001 – Fazer de nossas comunidades um coração aberto
às necessidades dos homens 75
2002 – Dar TUDO à educação 107
2003 – Ser criativo para uma esperança ativa 147
2004 – Com audácia, todos juntos, um país educacional ... 183
2005 – Uma oportunidade para amadurecer 219
2006 – "Aqui estou! Eu me comprometo!" 263
2007 – Educar, um compromisso compartilhado 295
2008 – Com o coração inquieto 329
2009 – O mundo é seu. Vivam-no na luz 359
2010 – Estamos educando para a esperança? 365
2011 – Todos nós somos responsáveis por educar 373
2012 – A graça de saber educar na harmonia 379

Prefácio

Educar, eis o desafio!

Qual é o papel da educação hoje?

Em um mundo em constante transformação, quais seriam as bases educacionais que, além de transmitirem informações, agiriam sobretudo na formação da pessoa? Educar é necessariamente formar para a vida. Para isso, é necessário eleger a vida e reconhecê-la como dom único e insubstituível.

Educar exige paixão. É a paixão por algo que faz que gastemos nossa energia e nosso tempo na tentativa de aproximar o impulso que sentimos da realidade que nos cerca. Se o educador não for apaixonado pela educação melhor seria que não tivesse essa função. Mais que função, ser educador é uma vocação, um verdadeiro sacerdócio.

O prazer de educar deve vir do colocar-se diante do discípulo como alguém que quer transmitir algo, transmitir experiência, vida. Mas também quer receber e trocar sabedoria. Ninguém é uma folha em branco, nós temos nossas histórias, nossas bagagens culturais e familiares. Aquele que reconhece a riqueza do outro, esse sim poderá ser um bom educador, será alguém apaixonado pelo ofício.

O Papa Francisco nos presenteia com essa reflexão, abordando os desafios educacionais e dando pistas para um educar libertador, centrado na natureza humana.

A editora Ave-Maria, com grata satisfação, apresenta mais um livro do Santo Padre. Nosso intuito é que este material seja um suporte a todas as entidades educacionais, tanto católicas quanto seculares, e também um guia de inspiração para muitos profissionais e pais.

Em alguns capítulos, o autor trata de temas específicos da realidade educacional na Argentina. Eles foram mantidos nesta obra porque consideramos que a abordagem de Bergoglio pode ser facilmente aplicada em qualquer país – particularmente no Brasil, devido às semelhanças históricas entre os dois países.

Educar requer algumas exigências, a principal delas apontada pelo Papa Francisco neste livro, é ser portador da esperança, é a esperança que motiva a utopia, que mantém vivo o sonho, que faz que não esmoreçamos em face dos desafios. A esperança que brota na fé em Cristo deve ser uma armadura que envolve todo educador.

O Santo Padre, neste livro, nos convida a refletirmos sobre a situação da educação hoje; mais que uma análise, o Papa nos motiva a abraçarmos a educação como um bem que pode salvar o mundo, pois ela é capaz de mudar pessoas.

O modelo ideal de educador apresentado por Francisco é o próprio Jesus, o Mestre, que acredita na mensagem que prega, respeita as diferenças e o tempo de cada um, olha com misericórdia e acolhe, sem fazer distinção de pessoas, e liberta para a vida – vida em plenitude.

> *Eu os convido a seguir em frente, refletindo acerca de alguns modos nos quais a sabedoria cristã poderia modelar nossa vocação docente, traduzindo em valorações de fundo e em práticas concretas a Verdade revelada.* (p. 47)

Pe. Luís Erlin, CMF
Editor

Palavras de São João Paulo II aos educadores cristãos

Deus lhes confiou a singular tarefa de guiar os jovens pelo caminho da santidade. Sejam para eles exemplo de generosa fidelidade a Cristo. Incentivem-nos a não hesitar em *remar mar adentro*, atendendo sem demora ao convite do Senhor.

Ele chama uns à vida familiar, outros à vida consagrada ou ao ministério sacerdotal. Ajudem-nos para que saibam discernir qual é seu caminho e cheguem a ser verdadeiros amigos de Cristo e seus verdadeiros discípulos.

Quando os adultos crentes fazem visível o rosto de Cristo com a palavra e com o exemplo, os jovens estão dispostos mais facilmente a receber sua exigente mensagem marcada pelo mistério da Cruz.

"Virgem Santíssima, Mãe do Redentor, guia segura no caminho a Deus e ao próximo, que guardaste suas palavras no fundo de teu coração, protege com tua maternal intercessão as famílias e as comunidades cristãs, para que ajudem os adolescentes e os jovens a atender generosamente ao chamado do Senhor."

Amém.

Tempo pascal, 1998

Ser educador católico hoje: um grande desafio

Testemunhas de Jesus Ressuscitado

Os educadores cristãos são testemunhas na época da pós-modernidade, envolvidos em uma transição que poderia ser chamada de "cultura do naufrágio". Este texto, no entanto, não deve trazer pessimismo; ao contrário: ele nos propõe um caminho, um desafio e uma vocação.

Nessa situação, temos um papel ativo: o de ser náufragos. O náufrago sempre está sozinho com o próprio ser e a própria história: esta é a sua maior riqueza. Obviamente, existe a tentação, diante da crise, de reconstruir tudo pela inércia com os restos de um barco que já não existe ou cair na simples repetição ou no esnobismo, tirando a esperança de quem se acomoda nos momentos atuais. O segredo está em não inibir a força criativa de nossa história, de nossa memória. O âmbito da educação, na busca pela sabedoria permanente, é um espaço indicado para este exercício: reencontrar-se com os princípios que permitiram a realização de um desejo, redescobrir a missão ali escondida que se esforça para continuar se desapegando.

Essa memória é lembrança, reativação e reencontro, como na celebração eucarística, em que nos reencontramos com nossa carne e com a de nossos irmãos no corpo de Cristo. Memória é ir às fontes e chegar ao sentido, aprofundá-lo e avançar com direção. Por isso, tem a ver com o ser e com o destino.

Temos visto muita memória doente, sem forma, perdida em lembranças incapazes de ir além da primeira impressão, envolvida em *flashes* e tendências atuais, sentimentos momentâneos, opiniões próprias que escondem a confusão. Todos esses fragmentos querem distrair, obscurecer e negar a história: *o Senhor está vivo e está no meio de nós*. Ele nos chama, Ele nos sustenta; nele nos reunimos e por Ele somos enviados à vida. Nele somos filhos, nele alcançamos o ponto ao qual somos chamados.

Diante dos desafios de nossa cultura

Afirmamos que todo progresso não fundamentado na memória de nossas origens, que nos dão a vida, ainda que cultural e histórico, é ilusão e suicídio. Uma cultura sem firmeza e sem unidade não se sustenta.

No entanto, o que nos leva é a busca pela plenitude da existência humana dentro do contexto da época que lhe dê caráter peculiar e determine possibilidades. Existe uma tensão bipolar entre plenitude e limite. Então, podemos nos perguntar: em qual antropologia a ação educativa e o chamado evangelizador devem se apoiar? Isso nos leva a tentar uma aproximação de valores de época.

Entre as características expressivas do homem de hoje estão a mentalidade tecnicista e a busca pelo messianismo profano. Elas criam o "homem agnóstico": detentor do saber, mas sem unidade e, todavia, carente do esotérico, nesse caso secularizado.

A tentação da educação é ser agnóstica e esotérica quando não sabe lidar com o poder da técnica pela unidade interior que surge dos fins reais e dos meios usados pelos homens. Por um lado, cada vez mais vemos pessoas que reduzem a política à retórica ou escolhem analisar a situação em vez de compreender os sinais dos tempos! Existem ainda aquelas que não conseguem fugir da sedução cultural que a autonomia da semiótica exerce hoje: pouco a pouco ela vai criando um mundo de ilusões, mas com peso de realidade. É preciso libertar a antropologia do aprisionamento dos nominalismos.

Por outro lado, podemos encontrar pessoas que se apegam a seus temores conscientes ou inconscientes, hasteando bandeiras para deuses que justificam suas aberrações, ou simplesmente seus preconceitos ou ideologias. É assim que, desde o fundamentalismo de qualquer sinal até a *new age*, passando por nossas mediocridades na vida de fé ou pela vida daqueles que usam elementos cristãos, mas que misturam na neblina o essencial da fé, os náufragos pós-modernos têm se alimentado nas prateleiras cheias do supermercado religioso. O resultado é o teísmo: um Olimpo de deuses fabricados de acordo com nossa "imagem e semelhança", espelho de nossas insatisfações, de nosso medo e de nossa autossuficiência.

O sincretismo conciliador, que fascina pela aparência do equilíbrio, também é abundante. Evita o conflito não para resolver a tensão, mas, sim, apenas para manter o equilíbrio das forças. Ganha dimensões maiores na área da justiça e à custa dos valores. Por si só, é considerado um valor, e seu embasamento surge da convicção de que cada homem tem seu direito: basta manter o equilíbrio. Gosta de anunciar os valores comuns, e não são nem ateus nem cristãos, apenas se mantêm neutros ou "não estão nem aí", como se costuma dizer; são transversais no que diz respeito às identidades e às pertenças. Isso é, portanto, a forma mais "enrustida" de totalitarismo moderno: o de quem concilia prescindindo de valores que o transcendem. A pessoa desloca-se em direção a uma moral conciliadora de estrutura totalitária, contrariando os valores mais profundos de nosso povo.

Próximo a isso está o relativismo, fruto da incerteza contagiada pela mediocridade, que é a tendência atual de tirar o crédito dos valores ou até mesmo de propor um moralismo imanente que posterga o transcendente, substituindo-o com falsas promessas ou fins conjunturais. A separação das raízes cristãs transforma os valores em trejeitos, em lugar-comum ou simplesmente em nomes. Daí para a queda de uma pessoa é um passo. Isso acontece porque, definitivamente, uma antropologia não pode esquivar o confronto da pessoa com a Pessoa que transcende e que a fundamenta nessa mesma transcendência.

Em conjunto com esses valores, encontramos a desejada busca por uma pureza que é a base de qualquer forma de niilismo. Parece evocar os dons sobrenaturais: razão pura, ciência pura, arte pura, sistemas puros de governo. Essa ânsia pela pureza, que às vezes ganha forma de fundamentalismo religioso, político, histórico, ocorre em detrimento dos valores históricos dos povos e isola a consciência de tal modo que a impede de captar e aceitar os limites dos processos. O homem de carne e osso, com sua pertença cultural e histórica concreta, sua complexidade e as respectivas tensões e limitações, não é respeitado nem considerado. A realidade humana do limite, da lei e das normas concretas e objetivas, a sempre necessária e sempre imperfeita autoridade, o compromisso com a realidade, tudo são verdades insuperáveis para esse modo de pensar.

Um novo niilismo "universaliza" tudo, anulando e desmerecendo particularidades ou afirmando-as com tamanha agressividade a ponto de destruí-las. Essa tendência a uniformizar políticas até uma "nova ordem", pela internalização total de capitais e meios de comunicação, deixa-nos um sabor amargo de despreocupação diante dos compromissos sociopolíticos concretos, visando a uma participação real na cultura e nos valores regionais. Não podemos nos reduzir a um número nas estatísticas das pesquisas de opinião ou nos estudos de mercado ou, ainda, a um estímulo para a publicidade.

O homem moderno sente as consequências do afastamento e do desamparo. O que causou isso foi tão somente o afã desmedido por autonomia herdado da contemporaneidade. Perdeu apoio em algo que o transcenda. Isso cria uma tensão entre os opostos regra/originalidade, na qual é preciso evitar cair na coerção – que é o exagero da regra – e também na impulsividade –, que é o exagero da originalidade. Com o afastamento das raízes, vem a tentação de retornar ao passado e dos refúgios culturais. Ao se ver dividido, separado de si mesmo, o ser humano confunde a nostalgia própria do chamado da transcendência com a saudade de mediações inerentes, mas também desapegadas.

Criar nos outros o dom de Cristo

"Eu os mandarei o Prometido de meu Pai; entretanto, permanecei na cidade, até que sejais revestidos da força do alto".
(Lc 24,49)

Com base na promessa, a esperança triunfa. Não saiam de seus lugares. Permaneçam juntos. O dom, que é força, renovará todas as coisas. Estamos convidados a criar uma "cultura de comunhão". E uma mística autêntica recuperada é essencialmente necessária: imponha-se, não com forte violência, mas sim, com a mansidão que nasce da sabedoria e tem ganhado espaço por sua leve luminosidade.

Nossa consagração a Deus Pai desde a cosmovisão, que implica o nascer no seio do Corpo Místico do Verbo Encarnado, e principalmente da experiência de vida do povo fiel e crente, coloca-nos em uma clara circunstância de fundamentação e identidade próprias.

Hoje, convivemos com uma humanidade inquieta, que busca sentido na própria existência e deseja articular idiomas e discursos para reconstruir uma harmonia do saber que estava perdida, ansiosa para reintegrar seu "eu" diante de tantas inseguranças. Não podemos deixar de ver essa busca espiritual como sinal do espírito de Deus.

Nossa contribuição será superar a inércia que leva a reconstruir "o ontem" quando só existiam na praia os restos de uma viagem interrompida. Como os primeiros cristãos – o ato de observar pode ser uma visão analógica útil para nos reencontrarmos com o espírito de nossa missão –, devemos anunciar não apenas com mensagens convincentes, mas também essencialmente com nossa vida, que a verdade baseada no amor de Jesus Cristo a sua Igreja é realmente digna de fé. Isso porque estamos fartos de mensagens, e nenhuma voz nos passa confiança, por isso corremos o risco de cair na incerteza e na indiferença, que são os graves males do espírito.

Quando nossa mãe, a Igreja, conduz-nos a uma norma, a uma lição, não há nada mais a fazer a não ser abdicar ao pensamento e à prática a condição humana essencial; portanto, ela faz que, para sua dignidade pessoal, cada homem tenha como horizonte os próprios atos, independentemente de qualquer cultura ou situação. A possibilidade de criticar e de se autocriticar, o meio e a si mesmo, com primazia e normativa máximas, ajuda a amadurecer. É bom ter uma palavra final na qual possamos nos basear, que nos liberte de todo condicionamento e nos leve a manter a essência.

Hoje, mais do que nunca, o caminho é a santidade: devemos ser testemunhas verdadeiras do que crêmos e se amamos e vivermos isso em fraternidade, tentando ser reflexo não de nossas sombras, mas da palavra do outro. Esta é a verdadeira realização simbólica: a de um desejo unido ao daquele que não sabemos explicar, mas que já vimos, porque nos permitimos ser encontrados por Ele e tê-lo amado. E o símbolo, como sabemos, cria cultura.

Por um lado, esta conversa criativa, em nossos critérios, em nossas metodologias, na busca incessante pela verdade – que não pretende ser onipotente, mas sim crucificada –, que surge de todo encontro real com Jesus Cristo, leva-nos a moldar uma vida em comunidade que nos dê alegria ao entrar na verdade e na beleza, e na qual nos sintamos convidados a viver o bem. Por outro lado, no silêncio do quarto, na humildade do ato de compartilhar e de ajudar uns aos outros está o remédio contra a mediocridade que leva à corrupção e ao desinteresse, que causam tanto incerteza em nossos jovens quanto nos levam à evasão e à superficialidade.

Com base no mistério de Deus manifestado no corpo de Cristo, podemos delinear a tarefa de formação de nossas escolas: ser reflexo da esperança cristã com a missão de enfrentar a realidade com verdadeiro espírito bondoso. A humanidade crucificada não dá espaço para que inventemos deuses nem acreditemos ser onipotentes; é preferível aceitar um convite – por meio do trabalho criador e do próprio crescimento – a crer e manifestar nossa vivência na Ressurreição, na vida nova.

É missão da escola formar-se e formar com esta consciência: o homem é filho, unido ao primogênito do Pai e, assim, é feito para seguir seu desejo, sua vontade, que sempre se reorientam. A ilusão relativista de que a orientação está em si mesmo não passa de mais um fracasso, que denota uma nova frustração. Nós, seres humanos, não podemos viver sem uma lei que nos estruture, sem um chamado que nos oriente, sem o calor do Pai que nos envolve.

O espírito relativista procura evitar as tensões, os conflitos; teme a verdade. Nestes tempos nos quais tudo parece se mover por puro interesse, sentimos medo ao pensar que algo possa ser dom, que existe um amor que nos sustenta e que a única garantia de sermos livres plenamente está na aceitação dessa verdade.

A concretização da verdade em que acreditamos é possível nas particularidades diferenciadas. De comunidades pequenas, mas conscientes de sua identidade, afirmadas sem soberba nem estereótipo, mas com serenidade de quem acredita e convoca com seu exemplo, é possível formar aqueles que sejam capazes de grandes desejos e grandes renúncias. Nossa paixão é criar verdadeiros filhos dessa verdade, mantendo-nos fora de projetos comumente ambiciosos.

Educar, a grande tarefa que Jesus coloca em suas mãos

Temos uma obra de amor: educar.

Educar é dar vida, mas o amor é exigente. Exige comprometer-se com os melhores recursos, as vontades não ciclotímicas, despertar a paixão e, com paciência, colocar-se no caminho.

Nossas escolas são âmbitos privilegiados de encontros entre pessoas. Cada homem e cada mulher são únicos, inalienáveis e insubstituíveis; é essa singularidade que deve inspirar a harmonização em um plano superior nas tensões inevitáveis dos momentos de crise. São também um lugar propício para a criação de experiência de vida orientada para o encontro e a solidariedade, expressão mais próxima do sentido de comunidade.

Que cada pessoa que se una ao projeto para exercer seu papel de educador o faça em plena sintonia com o ideário, com disposição ao trabalho em comum, assumindo com responsabilidade o espaço que lhe cabe. E, assim, cada um com suas peculiaridades tornará a troca mais rica, servindo a um projeto maior e persistente. É este o projeto de Deus para o homem.

Uma atmosfera especial deve reinar, marcada pela busca da sabedoria. Com seriedade acadêmica, siga espalhando a rica e variada informação científica, mas favorecendo a integração do saber. Esta é uma tarefa difícil, que deve ser acompanhada por duas ações: ajudar a investigar a fundo, desenvolvendo a capacidade de ver além, de captar os sinais e alusões escondidos nas coisas e nos acontecimentos; e em tudo o que esteja relacionado possibilitar o foco e a síntese da cosmovisão católica do mundo e da história. Acreditamos que urge uma maior cooperação interdisciplinar entre as ciências e a teologia, a fim de facilitar a contemplação da sinfonia da criação.

Caros educadores: como é grande a tarefa que Jesus coloca em suas mãos. Cultivem sua personalidade, transmitam com seu ser um estilo, uma certeza. Não se entreguem à tentação de fracionar a verdade. Que os pais e mães não duvidem das capacidades dos alunos, nivelando-os por baixo, mediante um consenso negociador, um pacto demagógico, para que o cotidiano seja mais "relaxado". Que ensinem o amor por Jesus Cristo a seus filhos. Mostrem o esplendor da verdade que aparece para aquele que sabe ver, emergindo de cada canto da natureza ou das obras dos homens. Passem ideias iluminadas para que, com base nelas, os jovens e as crianças sejam orientados pelos campos da vida. Ajudem a criar laços e vínculos com pessoas, ideias e lugares, porque o crescimento vem com a criação de pertenças. Aceitem o esforço de se manter de pé, superando os obstáculos. Tenham amor pela verdade, pelo bem e pela beleza. Não caiam na tentação do fácil, que os torna fracos. Que saibam que, em uma existência sem transcendência, as coisas tornam-se ídolos e os ídolos tornam-se demônios que assolam e devoram as pessoas que pretendiam desfrutá-las.

Caros diretores e todos aqueles que têm cargos de direção, aceitem meus votos de ótima gestão, cuja importância é crucial para o caminho de suas escolas. Às vezes, a carga torna-se pesada, mas vocês não estão sozinhos. Cuidem com amor e idoneidade de cada indivíduo e do conjunto, pois vocês sentirão, no momento certo, a suavidade de uma presença que lhes dará apoio e ânimo.

Estejam atentos ao alimento que repartem em suas casas. Não existe memória melhor do que a do aluno agradecido.

Com a força que vem do alto, com todo o meu afeto, quero enviar a todos os membros de nossas comunidades educativas uma mensagem do apóstolo: "Além disso, irmãos, tudo o que é verdadeiro, tudo o que é nobre, tudo o que é justo, tudo o que é puro, tudo o que é amável, tudo o que é de boa fama, tudo o que é virtuoso e louvável, eis o que deve ocupar vossos pensamentos. O que aprendestes, recebestes, ouvistes e observastes em mim, isto praticai, e o Deus da paz estará convosco" (Fl 4,8-9).

Tempo pascal, 1999

Lembrar-se de que você faz parte do santo Povo de Deus

Comunidade educativa: uma pequena igreja

Uma comunidade educativa é uma pequena igreja, maior que a família e menor que a igreja diocesana. Nela, vivemos e convivemos. Nela, peregrinamos, como filhos e como irmãos, até a eternidade.

Hoje, mais do que nunca, as perguntas que fazemos a nós mesmos sobre a qualidade de nossa atitude educativa são difíceis, e corremos o perigo de nos envolver nas mesmas explicações que nos levam a procurar a fidelidade no cumprimento de nossa missão. Isso porque é um grande desafio entender que "a construção do mundo segundo o desígnio de Deus é um aspecto essencial do anúncio evangélico" (João Paulo II, 22 de abril de 1993). Esse assunto é tão importante que não podemos permitir nenhum tipo de improviso. E a mesma coisa pode ser dita a respeito das diversas escolhas que teremos de fazer em nossa ação pastoral.

Quando Paulo VI nos falava sobre o *esforço* direcionado ao anúncio do Evangelho aos homens de nossa época, ele destacava uma de nossas realidades mais proeminentes: "[...] animados pela esperança, mas ao mesmo tempo torturados muitas vezes pelo medo e pela angústia" (*Evangelii Nuntiandi* [EN], 1). São temores e angústias que nos perseguem nas questões socio-econômicas e culturais, mas que também se fixam em nosso interior e dentro de nosso núcleo familiar. Esperanças e temores se entrelaçam inclusive em nossa vida de educadores – em meio às incertezas específicas desta atividade – nos momentos em que temos de escolher formas de executar nosso trabalho. Não podemos nos arriscar a decidir sem a compreensão desses temores e esperanças, mas o que nos pedem não é nada além de que "nestes tempos de incerteza e de desorientação, eles a desempenhem cada vez com mais amor, zelo e alegria" (EN, 1), e isso não se improvisa.

Para nós, homens e mulheres da Igreja, essa explicação tem mais qualidade do que toda a visão de ciências positivas, apontando para uma visão original, para a mesma originalidade do Evangelho. Reencontrarmos e consolarmos a nós mesmos com a "comunicação de nossa fé em comum" (cf. Rm 1,12); devemos encher nosso coração com ela exatamente para recuperar a coerência de nossa missão, a coesão como corpo, a consonância de nosso pensar com o sentir e o fazer.

Lembrar

O lembrar, no sentido bíblico, vai além do simples agradecimento por tudo o que foi recebido; mais do que isso, ele quer nos ensinar a ter mais amor, quer que continuemos no caminho iniciado: o lembrar como graça da presença do Senhor ao longo da vida; a lembrança do passado que nos acompanha, não como um peso bruto, mas sim como um fato interpretado à luz da consciência atual.

Não podemos educar sem a lembrança. Peçamos, então, a graça de *recuperar a lembrança*: a lembrança de nosso caminho pessoal, a lembrança do modo como o Senhor nos salvou, a lembrança de minha família religiosa, a lembrança de nossa comunidade educativa, a lembrança do povo... Olhar para trás é um *despertar* para que percebamos com mais força a Palavra de Deus: "Lembrai-vos dos dias de outrora, logo que fostes iluminados. Quão longas e dolorosas lutas sustentastes. [...] Não somos, absolutamente, de perder o ânimo para nossa ruína; somos de manter a fé, para nossa salvação!" (Hb 10,32.39). "Lembrai-vos de vossos guias que vos pregaram a Palavra de Deus. Considerai como souberam encerrar a carreira. E imitai-lhes a fé" (Hb 13,7). Essa lembrança nos salva de "nos deixarmos seduzir por diversas doutrinas desconhecidas" (cf. Hb 13,9); essa lembrança nos "fortalece o coração".

A lembrança dos povos

Assim como as pessoas, os povos têm memória. A humanidade também tem sua memória coletiva. Um velho pastor contou que, em um povoado de sua diocese, encontrou um índio rezando totalmente concentrado. Permaneceu daquela maneira por muito tempo; o bispo chamou a sua atenção e perguntou o que ele estava rezando. E o índio respondeu: "O catecismo". Era o catecismo de São Turíbio de Mogrovejo. A memória dos povos não é um computador, e sim um coração. Os povos, como Maria, guardam as coisas no coração.

A aliança do povo de Salta com o Señor del Milagro, o Tincunaco, enfim, todas as manifestações religiosas do povo fiel são uma eclosão espontânea de sua memória coletiva. Nela está tudo: o espanhol e o índio, o missionário e o conquistador, o povo espanhol e a mestiçagem. A mesma coisa acontece aqui em Buenos Aires... o ponto de união é sempre o mesmo: a Virgem, símbolo da unidade espiritual de nossa nação.

A memória é uma força de união e integração. Assim como o entendimento entregue às próprias forças despenca, a memória vem a ser o núcleo vital de uma família ou de um povo. Uma família sem memória não merece ter esse nome. Uma família que não respeita nem ajuda os avós, que são sua memória viva, é uma família desintegrada; mas uma família e um povo que se recordam são uma família e um povo de futuro.

Toda a humanidade tem sua memória comum: a lembrança da luta antiga entre o bem e o mal; a luta eterna entre Miguel e a Serpente, "a serpente antiga" (Ap 12,7-9), que tem sido vencida para sempre, mas que ressurge como *"inimigo da natureza humana"*. Esta é a lembrança da humanidade, o acervo comum dos povos e a revelação de Deus a Israel. A história humana é uma disputa grande entre a graça e o pecado, mas essa memória comum tem sua face concreta: a face dos homens de nossos povos. São homens anônimos, e seus nomes não foram gravados nos livros de História. Em suas faces talvez estejam o sofrimento e a postergação, mas sua dignidade inexpressável não está falando de um povo com história, com memória comum. Deus sabe que esses deixaram marcas entre nós, que perduram até hoje. É o povo fiel de Deus.

Não permitamos que eles tentem minguar ou desvirtuar essa lembrança forte, desde as elites separadas da realidade. Muito pelo contrário, recorramos a essas fartas reservas morais e religiosas do povo fiel de Deus, para cuidar e nutrir nossas instituições.

A memória da Igreja

É a Paixão do Senhor. A Eucaristia é a lembrança da paixão do Senhor. Nela está o triunfo. Esquecer essa verdade tem, às vezes, levado a Igreja a parecer triunfalista, mas a Ressurreição não se entende sem a cruz. Na cruz está a história do mundo: a graça e o pecado, a misericórdia e o arrependimento, o bem e o mal, o tempo e a eternidade.

Nos ouvidos da Igreja ressoa a voz de Deus, expressa por seu profeta: "Nada temas, pois eu te resgato, [...] o povo, que formei para mim, contará meus feitos" (Is 43,1.21). "Coragem! E sede fortes. Nada vos atemorize e não os temais, porque é o Senhor, vosso Deus, que marcha à vossa frente: ele não vos deixará nem vos abandonará" (Dt 31,6). A lembrança da salvação de Deus, do caminho já percorrido, dá forças para o futuro. Pela memória, a Igreja justifica a salvação de Deus.

O Povo de Deus foi testado no caminho do deserto. Ali, foi guiado por Ele como um filho é guiado pelo pai. O conselho do Deuteronômio é sempre o mesmo em toda a Escritura: "Lembra-te de todo o caminho por onde o Senhor te conduziu" e "Reconhece, pois, em teu coração" (Dt 8,2.5). Ninguém é capaz de entender nada se não é capaz de se lembrar bem, se lhe falha a memória. "Guarda-te, pois, a ti mesmo! Cuida de nunca esquecer o que viste com os teus olhos, para que isso não saia jamais de teu coração, enquanto viveres. Antes, ensina-o aos teus filhos e netos" (Dt 4,9). Nosso Deus é zeloso de nossa lembrança para com Ele, tão zeloso que ao menor sinal de arrependimento torna-se misericordioso: "Não te esqueças da aliança que jurou a nossos pais".

Pelo contrário, aquele que não tem memória prende-se aos ídolos, à novidade do efêmero, da moda. Adorar ídolos é o castigo inerente àqueles que se esquecem (Dt 4,25-31). Resta-nos a escravidão: "Visto que não serviste ao Senhor com alegria e bom coração, na abundância em que viveste, servirás na fome, na sede, na nudez e na mais extrema miséria os inimigos que o Senhor enviar contra ti" (Dt 28,47). Apenas a lembrança faz que descubramos Deus no meio de nós mesmos e nos faz entender que toda solução salvadora fora de Deus é um ídolo (Dt 6,14-15; 7,17-26).

A Igreja se lembra das misericórdias de Deus e, por isso, tenta ser fiel à lei. Os dez mandamentos que ensinamos a nossas crianças na catequese são a outra face da aliança, a face legal para delimitar marcos humanos na misericórdia de Deus. Quando o povo foi retirado do Egito, ali recebeu a graça. E a lei é o complemento da graça recebida, a outra face da mesma moeda. Os mandamentos são frutos da memória e, por isso, serão transmitidos de geração a geração: "Quando teu filho te perguntar mais tarde: 'Que são estes mandamentos, estas leis e estes preceitos que o Senhor, nosso Deus, nos prescreveu?' Tu lhe responderás: 'Éramos escravos do faraó, no Egito, e a mão poderosa do Senhor libertou-nos. À nossa vista operou o Senhor prodígios e grandes e espantosos sinais contra o Egito, contra o faraó e toda a sua família. Tirou-nos de lá para conduzir-nos à terra que, com juramento, havia prometido dar a nossos pais. O Senhor ordenou-nos que observássemos todas essas leis e temêssemos o Senhor, nosso Deus, para sermos sempre felizes e para que nos conservasse a vida, como o fez até o presente. Seremos, pois, considerados justos se tivermos o cuidado de nos conformar com toda essa lei diante do Senhor, nosso Deus, como Ele nos mandou'" (Dt 6,20-25).

Nossa fé, a fé de um povo como tesouro

É preciso que nos encontremos com nossa fé, com a fé de nossos pais, que é em si mesma libertadora, sem necessidade de acrescentar nada mais, nenhum qualificador. É o núcleo de nossa identidade pessoal e comunitária. Essa fé que nos torna justos diante do Pai que nos criou, diante do Filho que nos redimiu e nos convocou a segui-lo, diante do Espírito que age diretamente em nossos corações. Essa fé – no momento em que tivermos de optar por decisões concretas – nos levará, sob a unção do Espírito, a um conhecimento claro dos limites de nossa colaboração, a sermos inteligentes e sagazes nos meios que utilizemos; por fim, nos conduzirá à eficácia evangélica, tão distante da inoperância como da criação fácil.

Nossa fé é revolucionária, é fundadora de si mesma. É uma fé forte, mas não com a força de um conflito qualquer, e sim com a força de um projeto feito sob a orientação do Espírito para melhor servir à Igreja e ao mundo. No entanto, o potencial libertador não lhe vem de ideologias, mas exatamente de seu contato com o Santo: é hierofânica.

Exatamente por ser tão revolucionária, a fé sempre será testada pelo inimigo, aparentemente não para destruí-la, mas para enfraquecê-la, torná-la inoperante, separá-la do contato com o Santo, com o Senhor de toda a fé e de toda a vida. Então, vêm as posturas que, em teoria, não parecem tão distantes, mas, se examinarmos nossa atitude, nós as veremos escondidas em nossos corações. Essas posturas simplistas nos eximem da carga pesada e constante de levar adiante, dia a dia, a vocação e a missão. Vamos rever algumas tentações.

Uma das tentações mais graves que separam nosso contato com o Senhor é o sentimento de desânimo. O inimigo, anjo de pouca luz, semeia as sementes do pessimismo até mesmo diante de uma fé inabalável. Ninguém pode começar uma luta se logo no começo não acredita que sairá vencedor. Aquele que começa sem confiar perdeu de antemão a metade da luta. O triunfo cristão é sempre uma cruz, mas essa cruz é símbolo de vitória.

Vamos aprender essa fé inabalável, de combate, e alimentá-la entre os humildes. Que venham à nossa lembrança muitos rostos, os rostos de muita gente relacionada a nossas comunidades. Por um lado, o rosto do humilde, daquele que tem piedade, é sempre a cara da vitória e quase sempre uma cruz o acompanha. Por outro lado, o rosto do soberbo é sempre um rosto de derrota. Não aceita a cruz e quer uma ressurreição fácil. Separa o que Deus uniu. Quer ser como Deus.

O espírito de derrota tenta fazer que entremos em causas perdidas. Não tem a ternura de enfrentamento que tem a seriedade de uma criança a se benzer ou a intensidade de uma senhora ao fazer suas orações. Isso é fé e esta é a vacina contra o espírito de derrota e de desânimo (1Jo 4,4; 5,4-5).

Outra tentação é querer separar, antes do tempo, o joio do trigo. A análise da história da salvação nos dá noção do tempo, porque não se pode forçar nenhum processo humano. E a vida é assim: o puro não está apenas em Deus, também existe pureza entre os homens. E Deus não é um Deus distante que não se envolve no mundo. As estruturas deste mundo não são apenas pecadoras. Isso é maniqueísmo. O trigo e o joio crescerão juntos, e nossa humilde missão talvez seja proteger o trigo como se fôssemos seu pai, deixando aos anjos a ceifa do joio.

Outra tentação é privilegiar os valores da mente mais do que os valores do coração. Não é assim. Só o coração une e integra. A compreensão sem o sentir piedoso tende a dividir. O coração une a ideia à realidade, o tempo ao espaço, a vida à morte e à eternidade.

A tentação está em desalojar a compreensão do lugar em que Deus Nosso Senhor a colocou. Deus não imaginou que a compreensão humana pudesse ser a juíza de todas as coisas. É uma luz emprestada, um reflexo. Nossa compreensão não é a luz do mundo; a luz da fé torna-se muito pequena quando é presa. O pior que pode ocorrer a um ser humano é deixar-se levar inadequadamente pelas "luzes" da razão. Ele vai acabar se tornando um intelectual ignorante.

Outra tentação é envergonhar-se da fé. É preciso pedir a fé. Deus não se agrada de não pedirmos a Ele e a seus santos. Negar que a oração de pedido seja, por natureza, superior às outras orações é a maior soberba. Apenas quando pedimos nos reconhecemos como criaturas. Quando não nos ajoelhamos diante da fé do humilde e não desejamos aprender, e quando não sabemos pedir, começamos a dizer que o que salva é a fé pura, uma fé vazia, mas seca de religião, de toda a piedade. Então, não interpretamos o religioso, e o intelecto caminha à deriva de suas poucas luzes. É nesse ponto que falhamos em explicar a verdadeira fé com ditados nascidos de ideologias culturais. O importante é perceber, por meio dessas formulações concretas, a que a fé se reduz, ficando em segundo plano, se escondendo, e que existe, ali, uma confissão de fraqueza: a fraqueza daquele que não acredita que sua fé pode "mover montanhas", a fraqueza da ineficácia. O "firme na fé" sabe onde é eficaz, onde vence o maligno (cf. 1Jo 2,14).

E outra tentação é esquecer que o todo é superior à parte. Procuremos sentir, profundamente, que fazemos parte do Corpo da Santa Mãe Igreja, a Esposa do Senhor, aquela a quem devemos amar e manter unida.

Em nossa análise, como pais e docentes, devemos pensar que não basta a verdade, que ela deve existir na caridade, edificando a unidade da Igreja. Aderindo aos melhores programas, não nos esqueçamos do corpo. Uma atitude essencial de justiça é livrar os homens do desacordo e da atomização, ajudando-os a criar uma maior comunhão e unidade com a Mãe Igreja, lembrando-os sempre que a unidade é superior ao conflito.

Talvez, nessas análises, procurando recuperar a fé de nossos pais para entregá-la ilesa e fecunda a nossos filhos, convenha que nos recordemos da imagem católica de nosso Deus. Ele não está ausente. É o Pai que acompanha o crescimento, o pão de cada dia que alimenta, o misericordioso que acompanha seus filhos nos momentos em que eles são usados pelo inimigo. Esse pai não dá ao filho o que ele pede se não convém, mas sempre lhe dá carinho. Isso é aceitar que nosso Deus se expressa de modo limitado... e, consequentemente, é aceitar os limites de nossa expressão pastoral (tão distantes da concepção de quem tem a chave do mundo, de quem não entende de espera nem de trabalho, de quem vive de histerias e ilusões).

Jesus, que proclama que Deus se expressa limitadamente em sua vida, quis compartilhar a vida dos homens, e isso é redenção. O que nos salvou não foram apenas "a morte e a Ressurreição" de Cristo, mas sim o Cristo encarnado, nascido, jejuando, pregando, curando, morrendo e ressuscitando. Os milagres, os consolos e as palavras de Jesus são salvadores, porque Ele quis nos ensinar que as sínteses se fazem, não vêm feitas, que servir ao povo santo de Deus é acompanhá-lo anunciando a salvação dia a dia, e não se perdendo a olhar para objetivos inalcançáveis para os quais não há forças.

Somos um povo com projeto

Resumindo, existem dois projetos: o de nossa fé, que reconhece a Deus como Pai e que traz justiça e irmandade. E outro projeto, o que por engano o inimigo nos mostra, é aquele sem Deus, a lei do mais forte, ou do relativismo sem bússola. Qual escolher? Sou capaz de diferenciá-los? Sou capaz de discernir um projeto que não é de Deus? E, se percebo que não sou capaz, tenho a sagacidade suficiente para me defender?

É por isso que nossa identidade como homens de fé é possível, porque temos um corpo, e não pela afirmação de nossa consciência separada. O batismo significa pertencer à Igreja como instituição. Somos à medida que pertencemos. E, portanto, o comportamento religioso de pertencer, mais do que buscar a satisfação de um momento individual de minha consciência, procurará usar os símbolos de união: a Virgem, os santos... E a partir desse ponto nossa fé será tomada por uma força consciente do inimigo capaz de defender todo o corpo (e não apenas a mim mesmo).

Tudo isso nos mostra uma realidade: você deve saber pelo que você luta, e a partir do momento em que não sabe por que luta, acaba caminhando em direção à derrota. Os primeiros evangelizadores deram ao índio da América a compreensão do motivo de sua luta. Nosso trabalho de formadores – docentes e pais – não deve se descuidar deste aspecto de nossa fé: ajudar os filhos a entender por que lutam.

Junto com esse sentido da força de luta dizemos que nossa fé tem sua dimensão hierofânica: o contato com o santo. Isso se distingue do sacramentalismo mágico. É a confiança profunda no poder de Deus que forma a história por meio do símbolo sacramental. É atualizar a graça específica da Encarnação: esse contato físico com o Senhor, "que passa fazendo o bem e curando a todos".

A tática do inimigo será afogar o poder da fé e afogar o hierofânico, de modo que nossa fé acabe sem disciplina e sem respeito, porque disciplina e respeito são consequências diretas de nossa fé; e, por disciplina e respeito, devemos ver qual é o melhor território para colocar em prática nossa proposta evangelizadora, nosso serviço da fé com base na educação, bem como para promover a justiça.

Unidos para a renovação

Que o Senhor nos faça entender e sentir que a evangelização "não é algo facultativo... é algo necessário. É única. Não pode ser substituída. Não admite indiferença, sincretismos nem acomodação. Representa a beleza da Revelação, e leva consigo uma sabedoria que não é deste mundo. É capaz de suscitar por si só a fé, uma fé que tem sua base na potência de Deus". É preciso que entendamos que nós, apóstolos, "dediquemos a ela todo o nosso tempo, todas as nossas energias, e que, se preciso, entreguemos por ela a nossa própria vida" (EN, 5). A memória nos une a uma tradição, a uma norma, a uma lei viva e gravada no coração. "Gravai, pois, profundamente em vosso coração e em vossa alma estas minhas palavras..." (Dt 11,18). Da mesma forma, Deus tem amarrado em seu coração e em todo o seu ser o "presente", o "projeto" de salvação. A base do exercício da Igreja e de cada um de nós na lembrança está, precisamente, nesta segurança: sou relembrado pelo Senhor; Ele me mantém amarrado a seu amor.

E a memória é uma graça que devemos pedir. É muito fácil esquecer, principalmente quando estamos satisfeitos... "Quando o Senhor, teu Deus, te tiver introduzido na terra que a teus pais, Abraão, Isaac e Jacó, jurou te dar, com grandes e excelentes cidades que não construíste, casas mobiliadas e cheias de toda a sorte de coisas, que não ajuntaste, poços que não cavaste, vinhas e olivais que não plantaste, e quando comeres à saciedade, então, guarda-te de não esquecer o Senhor que te tirou do Egito, da casa da servidão" (Dt 6,10-12). Pedir a graça da memória para saber escolher bem entre a vida e a morte. "Olha que hoje ponho diante de ti a vida com o bem, e a morte com o mal" (Dt 30,15). Esta é a escolha diária que temos de fazer entre o Senhor e os ídolos. E essa memória também nos tornará misericordiosos porque ouviremos, em nosso coração, esta grande verdade: "Lembra-te de que estiveste em servidão no Egito" (Dt 15,15).

A Virgem Mãe, que "guardava todas as coisas em seu coração", nos ensinará a graça da memória. Saibamos pedir com humildade. Ela saberá nos falar com a língua materna, com a língua de nossos pais, a que aprendemos a balbuciar nos primeiros anos de vida. Que nunca nos faltem o carinho e a ternura de Maria, que sussurra em nosso ouvido a Palavra de Deus nessa língua familiar!

Meus caríssimos diretores, religiosos, religiosas, sacerdotes, docentes de todos os níveis, peço-lhes que, em meio "às pedras que o Diabo coloca em nosso caminho" – como indica o dito popular –, recuperem a memória de que pertencem ao santo povo fiel de Deus, que recuperem as reservas religiosas das quais temos nos alimentado desde crianças e que estão nas entranhas de nosso povo, para que a vida do Ressuscitado faça novo cada coração e renove cada escola, tornando-os capazes de manter o perene e eliminar o obsoleto. Que vocês prossigam com afinco essa maravilhosa tarefa educativa da Igreja, às margens do rio da Prata, que não está longe de alcançar os quatro séculos de presença e de serviço!

Quaresma, 2000

Ser portador de esperança

Peregrinos ou errantes

Por que eu os convido a pensar sobre a esperança? Há questões mais atuais, mais imediatas, mais relevantes para a tarefa educativa a enfrentar? Não estamos em um momento crucial para nossa cidade, nosso país e nossa Igreja, um momento de projetos e definições que exige que pensemos em questões concretas e urgentíssimas? Ou, ainda evitando a tentação do imediatismo, não deveríamos voltar nosso olhar para as problemáticas essenciais que criam uma definição forte, não apenas formal, do homem que queremos formar por meio de nossa tarefa educativa? Muitos pensadores consideram de real mudança o momento em que vivemos. Outra pergunta semelhante é: será que este momento não é uma fuga espiritualista, um discurso vazio, uma versão religiosa da dinâmica do avestruz?

Essas prevenções têm certa razão. Com mais frequência do que gostaríamos, os cristãos têm transformado as virtudes teológicas em um pretexto para nos acomodarmos em uma imagem pobre de transcendência, sem entender a dura tarefa de construir o mundo em que vivemos e onde está nossa salvação. É que a fé, a esperança e a caridade formam, por definição, atitudes fundamentais que levam a um salto, um êxtase do homem até Deus. Na verdade, elas nos transcendem. Elas nos transcendem e nos fazem transcender. E em sua referência a Deus apresentam uma pureza, um resplendor da verdade que pode nos reavivar. Esse deslumbramento do contemplado pode nos fazer esquecer que essas mesmas virtudes se apoiam em um embasamento de realidades humanas, porque é humano o indivíduo que assim encontra seu caminho até o divino. Reavivados, podemos nos distrair sem plano nem orientação e bater a cabeça, tendo de reconhecer nossa realidade terrena.

É quando voltamos ao caminho sem tirar os pés da terra para não perder o rumo até o céu que a esperança revela seu verdadeiro sentido, porque, se o objetivo é Deus, esse objetivo está relacionado com o caminho do homem até Ele. E, assim, essa virtude nos acompanha por todo o caminho, desde o início até o túmulo e a glória, passando pelo encontro jubiloso na oração, que tudo faz brilhar, até o abraço definitivo na ternura que nos toma.

Queremos pensar, então, sobre a esperança, mas não sobre uma esperança "leve", sem vida, separada do drama da existência humana. Questionaremos a esperança com base nos problemas mais profundos que nos cercam e que formam nossa luta do dia a dia, em nossa tarefa educativa, em nossa convivência e em nosso interior. Pediremos a Deus que nos ajude a reconhecer com lucidez os desafios que surgem quando enfrentamos a responsabilidade pela educação das gerações mais jovens, a viver com mais intensidade todas as dimensões de nossa existência. Desejamos pedir a Ele que dê sentido e força a nossos compromissos e empreendimentos, sobretudo aqueles que enfrentamos com mais dificuldade, que levamos como uma cruz.

E o que mais, além da esperança, sustenta o empenho de todo educador? Que sentido haveria em consagrar as próprias forças a algo cujos resultados não são vistos imediatamente, se todos esses esforços não estivessem atados pelo fio invisível, mas muito sólido, da esperança? Oferecer conhecimentos, propor valores, despertar possibilidades e compartilhar a própria fé são tarefas que só podem ter um motivo: a confiança de que essas sementes se desenvolvam e produzam um fruto no momento certo e à sua maneira. Educar é apostar e contribuir para o presente e para o futuro. E o futuro é regido pela esperança.

Uma reflexão sobre a esperança com tais pretensões nos leva, sem dúvida, a transitar por caminhos difíceis. São encruzilhadas nas quais é preciso lançar mão da sabedoria acumulada que representam as ciências humanas e a teologia. Também pode assumir uma rigidez nem um pouco reconfortante ao nos obrigar a enfrentar os limites da realidade concreta do mundo e a nossa própria. Por isso, o que se oferece aqui é nada mais que um convite para ver essa rea-
-lidade de um modo cristão, ou seja, de modo esperançoso. Se isso despertar nas comunidades educativas um desejo de reavaliar o estilo de nosso caminhar ou de aprofundar nossa forma de analisar a paisagem pela qual passamos, parte de nosso objetivo estará cumprida.

A crise como desafio à esperança

Não resta dúvida de que estamos vivendo uma época de mudanças profundas. Podemos dizer que é um tempo de crise. É quase lugar-comum: crise da educação, crise econômica, crise ecológica, crise moral. Em alguns momentos, as notícias ressaltam uma iniciativa bem-sucedida ou mostram novos diagnósticos da situação, mas em pouco tempo a atenção se volta a esse tipo de mal-estar geral que ganha rostos ou pretextos diferentes. Alguns apontam para um nível mais filosófico e falam da "crise do homem" ou da "crise da civilização".

Como essa crise é formada? Vamos descrevê-la passo a passo. Em primeiro lugar, trata-se de uma crise global. Não estamos falando de assuntos relacionados a aspectos definidos e parciais da realidade. Se fosse assim, bastariam as receitas simplistas que costumam circular entre nós: "Aqui, o problema é a educação", "a culpa de tudo é da impunidade do delito", "se a corrupção acabar, tudo se ajeitará". É claro que a educação, a segurança e a ética pública são questões urgentes e legítimas da sociedade, mas não é só isso.

Se a educação não se ajeita com a realidade social e econômica do país, se a corrupção parece ser um câncer que se espalha em tudo, é porque a origem da crise é mais ampla, mais profunda. A economia não é alheia à política, nem a política é alheia à ética social. A escola faz parte de um todo muito maior, e a droga e a violência têm a ver com processos econômicos, sociais e culturais complicados. Todos os aspectos da realidade e a relação entre eles são os elementos que formam a crise.

Dizer que a crise é global, então, é olhar para as grandes culturas vigentes, as crenças mais enraizadas, os critérios pelos quais as pessoas opinam dizendo que algo é bom ou ruim, desejável ou descartável. O que está em crise é toda uma forma de entender a realidade e de entendermos a nós mesmos.

Em segundo lugar, a crise é histórica. Não é a "crise do homem" como um ser abstrato ou universal: é uma inflexão particular do viver da civilização ocidental, que arrasta consigo o planeta inteiro. É verdade que em todas as épocas existem coisas que funcionam mal, mudanças a fazer, decisões a tomar, mas aqui falamos de algo mais. Nunca, nos últimos quatrocentos anos, vimos as certezas fundamentais da vida dos seres humanos serem tão sacudidas como estão sendo hoje. Com grande força destrutiva, são mostradas as tendências negativas. Pensemos, por exemplo, na destruição do meio ambiente, nos desequilíbrios sociais, na terrível capacidade das armas. Os meios de comunicação, informação e transporte também nunca foram tão poderosos com o que isso traz de negativo – a informação cultural, às vezes compulsiva, das mãos da expansão do consumismo –, mas, principalmente, com o que tem de positivo: a possibilidade de contar com meios poderosos para a discussão, o encontro e o diálogo, em conjunto com a busca por soluções.

O que muda, então, não é apenas a economia, as comunicações ou a relação de forças entre os fatores mundiais de poder, mas o modo com que a humanidade leva adiante sua existência no mundo. E isso afeta tanto a política quanto o dia a dia, tanto os hábitos alimentares quanto a religião, tanto as expectativas coletivas quanto a família e o sexo, tanto a relação entre as diversas gerações quanto a experiência do espaço e do tempo.

Para ajudar a visualizar as verdadeiras dimensões do desafio diante do qual nos vemos, faremos uma rápida revisão de algumas questões que costumam surgir para marcar o ritmo de mudança do século, sinalizando, ao mesmo tempo, sua incidência em nossa tarefa educativa, mas não nos esqueceremos das caracterizações incluídas nas mensagens anteriores às escolas:

1. Os avanços tecnológicos (informática, robótica, novos materiais...) têm mudado profundamente as formas de produção. Hoje em dia, não se considera tão importante a mão de obra, mas sim o investiemtno em tecnologia, nas comunicações e no desenvolvimento do conhecimento (das novas técnicas, das novas formas de trabalho, da relação entre produção e consumo). Isso, obviamente, causa grandes mudanças sociais e culturais. E apresenta um desafio importante aos educadores.

2. A economia se espalhou pelo mundo. O capital não conhece fronteiras: é produzido por segmentos, em locais diferentes do mundo, e é vendido em um mercado igualmente globalizado. Tudo isso também tem sérias consequências no mercado de trabalho e no imaginário social.

3. Os desequilíbrios internacionais e sociais tendem a se aprofundar: os ricos se tornam cada vez mais ricos e os pobres, cada vez mais pobres; e isso ocorre de um modo cada vez mais acelerado. Continentes inteiros são excluídos do mercado, e grandes setores da população

(inclusive dos países desenvolvidos) ficam de fora do circuito de bens materiais e simbólicos da sociedade.

4. No mundo todo, o desemprego cresce, não mais como problema de conjuntura, mas estrutural. A economia atual não prevê a possibilidade de que todos tenham um trabalho digno. Setores inteiros de trabalhadores, na mesma dinâmica, tornam-se proletarizados, como os da educação, entre outros.

5. O problema ecológico se agrava. O meio ambiente é destruído com rapidez; esgotam-se os recursos energéticos tradicionais; e o modelo atual de desenvolvimento mostra-se incompatível com a preservação do ecossistema.

6. Caem os totalitarismos e ocorre em todo o mundo uma onda de democratização que não parece conjuntural. Com isso, assistimos a um forte processo de desmilitarização, com o fim da Guerra Fria e o desarme nuclear, além da queda dos regimes militares em locais distintos do mundo. Entretanto, ao mesmo tempo, ressurgem os nacionalismos e a xenofobia, dando lugar a graves atos de violência social e racial e até a guerras civis e interétnicas sangrentas. E sabemos, por experiência, que os problemas das escolas que envolvem discriminação étnica, nacional ou social não são apenas um assunto que não é de nossa alçada.

7. Os grandes partidos políticos perdem credibilidade ou visibilidade ou percebem seu enfraquecimento. Nas sociedades ocorre uma forte crise de participação (as pessoas perdem o interesse pela política) e

de representação (surgem muitos que não se sentem representados pelas estruturas tradicionais). Surgem, consequentemente, novas atitudes e formas de participação social, ligadas a reivindicações mais parciais: meio ambiente, problemas vicinais, questões étnicas ou culturais, direitos humanos, direitos das minorias...

8. Os avanços tecnológicos criam uma verdadeira revolução informática e de multimídia. Isso traz grandes consequências não apenas econômicas e comerciais, mas também sociais. Já não é preciso sair de casa para estar em contato com o mundo em "tempo real". A "realidade virtual" abre novas portas para a criatividade e para a educação, e também questiona as formas tradicionais de comunicação, com sérias implicações antropológicas. Aos educadores resta o dilema de estar atualizados com os recursos ruins com que muitas vezes contam ou aceitar com resignação que os avanços não são para todos. Muitas crianças poderão aproveitar as vantagens da internet, mas muitos outros continuarão sem ter acesso ao conhecimento (inclusive o de ter o reconhecimento como cidadãos iguais, muito além da formalidade do RG e do voto).

9. Continua e se torna mais profundo o processo de transformação do papel social, familiar e laboral da mulher. Seu novo modo de inserção traz consigo muitas mudanças na estrutura da sociedade e da vida familiar.

10. A ciência e a tecnologia abrem as portas da revolução biotecnológica e da manipulação genética: daqui a algum tempo será possível modificar a reprodução

humana, quase a pedido dos indivíduos ou das necessidades das sociedades, aprofundando a prática atual de moldar o corpo e a personalidade por meios técnicos.

11. Longe de desaparecer, a religião ganha novas forças no mundo atual. Além disso, voltam a aparecer práticas mágicas que pareciam superadas; são popularizadas concepções de base mística antes relacionadas a culturas tradicionais. Ao mesmo tempo, algumas posturas fundamentalistas se radicalizam, tanto no Islã quanto no cristianismo e no judaísmo.

Cada um desses pontos poderia ser assunto de grande discussão, e certamente apareceriam mais desafios para os quais não temos respostas definidas nem sequer uma opinião formada. Não é preciso insistir nas consequências que essas grandes mutações causam nos indivíduos, nas comunidades e nas organizações. Como agir, como comunidade cristã, como comunidade educativa, diante de conflitos tão grandes e espinhosos como os que acabamos de indicar? Nossa reflexão sobre a esperança nos levará, agora, a passar por caminhos errados: um discernimento das diversas atitudes que podem ocorrer entre nós diante desses desafios.

Abrindo caminho até a esperança

Em primeiro lugar, há pessoas que desenvolvem uma atitude ingenuamente otimista diante das mudanças. Acreditam que a humanidade sempre avança (todo novo é sempre melhor) e se apoiam em diversos "dados" para justificar seu otimismo: as possibilidades que oferece a revolução da informática, as previsões dos "gurus" do primeiro mundo, as novas formas de organização empresarial, o fim dos conflitos ideológicos...

Acreditam que os grandes desequilíbrios sociais e internacionais serão superados com êxito, aprofundando o caminho atual. A tecnologia resolverá, sem dúvida, os problemas da fome e das doenças. A crise ecológica será controlável com a aplicação de novas medidas técnicas. A escola é, assim, o lugar onde todos esses avanços se oferecem às novas gerações, que sem dúvida saberão aproveitá-los para o bem de todos. Já estamos quase escutando os déspotas de séculos passados.

O que dizer diante dessa postura? Por um lado, sua crença básica precisa de uma base séria: nada garante que haja um progresso para o melhor na história humana. Pode haver, sim, melhoras diversas em vários campos. Todavia, de fato, muitos dados, como a crise ecológica e a aparentemente atenuada (para sempre?) possibilidade de uma guerra nuclear, nos assustam mais do que acalmam. As experiências terríveis deste século e do século passado, além disso, nos instruem sobre a enorme capacidade de irracionalidade e autodestruição que a espécie humana tem. A civilização tem sido muito bárbara.

Surpreende a admirável capacidade dessa postura de fechar os olhos aos aspectos negativos (que não são poucos, como temos visto) do progresso científico-tecnológico ou aos graves limites que demonstram as diversas formas de organização política e social; ao mesmo tempo, demonstra uma confiança plena em forças impessoais e indeterminadas, como o mercado, mostrando a capacidade de procurar o bem em todos. Junta-se a isso a pose autossuficiente, seja de um indivíduo, de um grupo ou de um Estado. Não espera mais do que de si. Impõe as regras do jogo. Incapaz de perceber a própria chaga e o pecado, não sabe auxiliar a indigência alheia. Com isso, o ser humano desestrutura a atitude de calma confiança daquele que conhece seus talentos e limites, avaliando de modo adequado suas possibilidades e as do conjunto do qual faz parte, porque o homem pode, com suas obras, esquecer-se de sua mortalidade, de seu fim.

No lado oposto estão aqueles que adotam uma postura muito crítica, pessimista diante de todo processo de mudança. Mantendo-se "fora" dele, mostram seus aspectos mais destrutivos, generalizando seus efeitos ruins e condenando todo o movimento. São especialistas em descobrir conspirações, em deduzir consequências ruins para a humanidade, em detectar catástrofes.

Por analogia com um movimento espiritual e teológico do século II a.C., essa mentalidade costuma se denominar "apocalíptica". Ela se apoia em uma crença básica tão fraca como a da postura oposta: os aspectos negativos das realidades históricas são projetados na imaginação até sua possibilidade mais terrível, e essa imagem é considerada a expressão adequada do processo histórico.

A fobia da mudança faz que aqueles que não têm essa atitude não consigam tolerar a incerteza e se retraiam diante dos perigos, reais ou imaginários, que toda mudança traz consigo. A escola – como um *bunker* que protege dos erros "de fora" – é a expressão caricaturesca dessa tendência. Entretanto, essa imagem reflete de modo assustador o que passam muitos jovens ao se formar nas instituições de educação: uma inadequação insuperável entre o que lhes ensinaram e o mundo no qual eles vivem.

É claro que por trás dessa mentalidade existe uma concepção pessimista da liberdade humana e, consequentemente, dos processos históricos, que quase ficam nas mãos do mal. E chegamos a uma paralisia da inteligência e da vontade. Paralisia depressiva e sectária: não apenas não há o que ser feito, mas também não se pode fazer nada para evitar a catástrofe, exceto resguardar-se no núcleo cada vez menor dos "puros".

Também se sentem decepcionados com Deus, a quem culpam quando as coisas vão mal. Mostram-se impacientes diante da suposta morosidade do agir de Deus. Alguns decidem se esconder atrás de um muro de defesa, remoendo seu pesar, e outros decidem procurar gratificações tolas. A mesma coisa acontece quando se trata de mentes fracas, que permanecem sem assumir nem avançar, mas se deixam envolver.

No entanto, podemos encontrar outra atitude igualmente fraca: a daqueles que percebem a dificuldade da ação concreta e, então, "lavam as mãos". Curiosamente, têm o mesmo diagnóstico dos pessimistas no que diz respeito à realidade social e histórica, mas tiram a carga de ressentimento ético: se não podemos melhorar a situação da humanidade de modo geral, façamos o que podemos fazer. Esse "o que podemos fazer", normalmente, tem a ver com atuar na linha dos acontecimentos e das tendências dominantes sem analisá-los de modo crítico ou tentar reorientá-los eticamente. Essa atitude costuma ser totalmente pragmática, porque separa a prática individual ou histórica de toda consideração ética e espiritual. Necessariamente, tem de ignorar os chamados inocultáveis de justiça, humanidade ou responsabilidade social histórica. Seu pessimismo é tão forte quanto o da postura anteriormente descrita, mas não leva à paralisia, e sim à hipocrisia e ao cinismo. Além disso, nossa realidade educativa às vezes está mais atenta a questões "de caixa" ou à experiência de "excelência" do que propriamente tentando contribuir com algo para a construção de uma sociedade mais humana.

Pelo caminho do discernimento

Diante dessas posturas, a esperança, que nunca descarta nada, procura elaborar um discernimento cuidadoso que resgate o aspecto de verdade que ocorre em cada uma dessas atitudes, mas encontre o caminho que leve a algo mais forte e construtivo – e isso pelos próprios motivos que mais adiante explicaremos.

Na realidade atual, existem tantos elementos que, bem orientados, podem melhorar muito a vida dos seres humanos na Terra. Não resta dúvida de que a tecnologia colocou em nossas mãos instrumentos poderosíssimos que podem ser úteis ao homem. Não podemos negar o avanço que representam o processo de emancipação da mulher, as comunicações, as contribuições da ciência no que tange à saúde e ao bem-estar das pessoas, tampouco a ampliação de horizontes virtuais que levaram os meios de comunicação sociais a milhões de seres humanos que antes só "navegavam" pelo mundo limitado de sua comunidade local e de seu trabalho.

Do mesmo modo, não podemos ser ingênuos a ponto de ignorar os perigos que o processo atual guarda: a desumanização, os sérios conflitos sociais e internacionais, a exclusão e a morte de muitas pessoas... O pessimismo dos apocalípticos não é gratuito: em muitos aspectos e para muitas pessoas, o futuro tem uma face ameaçadora. Também é claro que seja difícil surgir uma atitude de esperança verdadeira em alguém que não tenha sofrido a desilusão diante do que desejava.

E ainda assim, em algum ponto, é preciso "fazer das tripas coração" e continuar vivendo, ainda que não sobre muito espaço para os ideais. "O melhor é inimigo do bom", e é assim mesmo também que o pragmatismo ganha força. O que concluímos com tudo isso? Que a esperança se mostra, em um primeiro momento, como a capacidade de compensar tudo e permanecer com o melhor de cada coisa. De discernir. Entretanto, esse discernimento não é cego nem improvisado: ele se realiza sobre a base de uma série de pressupostos e de acordo com algumas orientações de caráter ético e espiritual. Envolve perguntar o que é bom, o que desejamos, até onde queremos ir. Inclui um recurso aos valores, que se apoiam em uma cosmovisão. De modo definitivo, a esperança enxerga mais longe, abre novos horizontes, convida a outras dimensões.

A esperança mantém, sem ser vista, muitos dos desejos humanos de longo prazo. A esperança precisa ser confirmada por meios eficazes que a afirmem; são encarnações que apresentam e concretizam – mas não exaurem – os valores mais altos. Existem também os desejos vãos, que não levam a uma humanização plena, porque desconhecem ou atrofiam sua condição de ser pensante (e o reduzem à ordem da sensação ou da matéria), negam sua condição pessoal que se realiza no amar e ser amado, e cerceiam sua abertura ao Absoluto (desdenhando de sua capacidade de adoração e seu exercício de oração).

Por isso, poderíamos relacionar aqueles critérios que nos permitem discernir melhor, superando a distinção entre o fazer e o crer. Ao mesmo tempo, isso nos impedirá de ser seduzidos por ídolos sempre ressuscitados. Vamos dar prioridade ao amor e não à razão, mas nunca voltando as costas à verdade; ao ser e não ao ter; à ação humana integral e não à prática transformadora que privilegia apenas a eficácia; à atitude de submissão e não ao ato gratificante; à maior vocação e não às motivações menores.

As raízes da esperança

Se a história não é, como acreditavam nos tempos de plena vigência dos ideais da modernidade, um avanço progressivo e linear em direção a um reino hipotético da liberdade, uma marcha triunfal da razão, mas se mostra – a nós que vivemos estes tempos difíceis de desencanto, pós-modernidade e mudança de século – como o cenário em que ocorre o ambíguo drama humano, drama sem orientação nem garantia de êxito, qual pode ser o fundamento da esperança? Não estamos falando de uma esperança "forte", mas que tenha a motivação para manter um compromisso imediato, cara a cara, com frutos adiados no tempo.

Esta é uma questão já classificada pelos filósofos e teólogos: a consistência do futuro como dimensão antropológica e, de acordo com a fé cristã, a relação entre a escatologia e a história, entre a espera pelo reino e a construção da cidade temporal. Com certeza, não vamos analisar essas questões aqui, argumentando e expondo os fundamentos bíblicos, históricos e teóricos que levam a manter determinadas afirmações que são, a esta altura, patrimônio de toda a Igreja. Simplesmente apresentaremos, de modo sensível, alguns temas de nossa fé que justificam e reavivam nossa esperança.

Para o cristão, a crença que fundamenta sua postura diante da realidade se apoia no testemunho do Novo Testamento, que nos fala de Jesus Cristo, Deus feito homem, que, com sua Ressurreição, traz entre nós o Reino de Deus: um reino não puramente espiritual ou interior, mas completo e escatológico, capaz de dar sentido a toda a história humana e a todo o compromisso com essa história. Não se trata de um reino "de fora", com base em um mero imperativo ético ou religioso, mas "de dentro", porque esse reino já está presente, transformando e orientando a mesma história até sua realização plena em justiça, paz e comunhão dos homens entre eles e com Deus, em um mundo futuro transformado.

Em tempos recentes, ocorreu entre muitos cristãos a sensação de que essa presença do reino podia gerar, por meio do compromisso histórico, uma antecipação real, concreta desse mundo novo. Uma sociedade melhor, mais justa e humana, que viria a ser uma espécie de esboço ou prelúdio do que esperamos para o fim dos tempos. Além disso, acreditava-se que a atitude dos cristãos poderia, realmente, "adiantar" a vinda do reino, uma vez que o Senhor havia deixado em nossas mãos a possibilidade de completar sua tarefa.

No entanto, as coisas não ocorreram como se esperava. Claramente, em nosso país, mas não só aqui, a intenção de humanizar a economia, de construir uma comunidade mais justa e fraterna, de ampliar os espaços de liberdade, bem-estar e criatividade foi se esgotando e sucumbindo diante da arrasadora dinâmica de concentração do capital que tem caracterizado as últimas décadas. Com a tentativa de concretizar a utopia, veio a resignação de aceitar os condicionamentos internos e externos. A afirmação do desejável foi substituída pela redução ao possível. As promessas não se cumpriram. Além disso, mostravam ter sido apenas uma ilusão... Analisemos se o desinteresse atual das gerações mais jovens pela política ou por outros projetos coletivos não tem a ver com essa experiência de frustração.

Mas será que o desencanto pós-moderno, presente não apenas na política como também na cultura, na arte e no dia a dia, traz consigo o indício de esperança com base na espera pelo reino? Ou, ao contrário, a ideia do reino que começa entre nós, essência da pregação e da ação de Jesus, e experiência íntima, mas não intimista, entre os crentes depois de sua Ressurreição, tem, ainda, algo a nos dizer nos tempos de hoje? Existe, além daquelas identificações, talvez muito lineares, alguma relação entre a mensagem teológica do reino e a história concreta na qual estamos envolvidos e da qual somos responsáveis como homens?

Sempre nos foi muito inspirada a parábola da semente que cresce sozinha (Mc 4,26-29). Entretanto, cada vez se torna mais difícil (por experiência e por sinceridade intelectual) compreendê-la sob a perspectiva de "desenvolvimento". Jesus não estaria falando aqui que a história vai "amadurecendo" com o tempo, pela ação oculta do Reino, até chegar a sua plenitude. O fato é que, simplesmente, a ideia de um "crescimento orgânico" era desconhecida ao homem antigo. Entre a semente e o fruto não se via continuidade, apenas contraste: um feito quase milagroso. A parábola de Jesus tentava mostrar o reino como uma realidade oculta aos olhos humanos, mas que produzirá seu fruto pela ação de Deus, independentemente do que fizer o semeador.

Isso significa aceitar uma dissociação entre o esforço humano e a ação divina? Justifica uma postura de ceticismo ou pragmatismo? De algum modo, é o que acontece a muitas pessoas atualmente. O individualismo e o esteticismo pós-modernos, quando não o pragmatismo e certo cinismo contemporâneos, são resultados da queda das certezas históricas, da perda de sentido da ação humana como construtora de algo objetiva e concretamente melhor. Também no caso de alguns cristãos, pode expressar-se em um simples "viver o momento" (ainda que seja o "momento" da experiência espiritual), esperando passivamente que o reino "caia" do céu.

A esperança cristã não tem nada a ver com isso. Em todo caso, devemos reconhecer que não existe uma continuidade linear entre história e realização do reino, no sentido de um avanço ou progresso ininterrupto. Assim como a realização individual (o encontro com Deus e a transformação pessoal definitiva na Ressurreição) passa, na maioria dos casos, por um momento terrível de "descontinuidade", de fracasso e de destruição (a morte), não há por que negar que isso também possa ocorrer com a história em seu conjunto. Aqui está a verdade da mentalidade apocalíptica: este mundo acontece; não existe plenitude sem alguma forma, ainda que não possamos predeterminar qual, de destruição ou perda. E não há continuidade alguma: eu mesmo ressuscitarei! Serão a mesma humanidade, a mesma criação, a mesma história que serão transformadas na plenitude dos tempos: continuidade e descontinuidade; uma realidade misteriosa de presença-ausência, do "já" cumprimento das promessas, mas "ainda não" de um modo pleno; um reino que de fato "está perto", a todo momento, em todo lugar, inclusive na pior das situações humanas. E algum dia esse reino deixará de estar oculto para se manifestar de modo pleno e evidente!

A esperança e a história

Que certezas nos restam, então? Que elementos a fé nos oferece para dar base à esperança?

Em primeiro lugar, essa história, e não uma pretensa "dimensão espiritual", é o lugar da existência cristã. O lugar da resposta a Cristo, o lugar da realização de nossa vocação. É aqui onde o Senhor Ressuscitado nos encontra por meio de sinais que é preciso reconhecer na fé e responder no amor. O Senhor vem, está vindo, de várias maneiras perceptíveis com os olhos de fé: nos símbolos sacramentais e na vida da comunidade cristã, mas também em toda manifestação humana na qual se realiza a comunhão, se promove a liberdade, se aperfeiçoa a criação de Deus. Entretanto, também vem no reverso da história; no pobre, no doente, no marginalizado (cf. Mt 25,31-45 e o *Documento de Puebla*, 31-39). Está vindo de todos esses modos, e o sentido da consumação definitiva não pode ser separado de todas essas vindas.

E é aqui que ganha sentido outra dimensão da esperança: a vitalidade da memória. A Igreja vive da memória do Ressuscitado. E mais: apoia seu caminho histórico na certeza de que o Ressuscitado é o Crucificado: o Senhor que vem é o mesmo que pronunciou as bem-aventuranças, que partiu o pão com a multidão, que curou os doentes, que perdoou os pecadores, que se sentou à mesa com os publicanos. Lembrar-se de

Jesus de Nazaré na fé do Cristo Senhor nos capacita a "fazer o que está feito" em sua memória. E aqui está envolvida toda a dimensão da memória, porque a história de Jesus se conecta à história dos homens e dos povos em suas buscas imperfeitas de um banquete fraterno, de um amor duradouro. A esperança cristã, assim, desperta e potencializa as energias que talvez já estejam enterradas em nosso passado, pessoal ou coletivo, a lembrança agradecida dos momentos de prazer e felicidade, a paixão – talvez já esquecida – pela verdade e pela justiça, as faíscas de plenitude que o amor tem produzido em nosso caminho. E também por que não falar da memória da Cruz, do fracasso, da dor, desta vez para transformá-la, exorcizando os demônios da amargura e do ressentimento e abrindo a possibilidade de um sentido mais profundo.

Além disso, a tensão até essa consumação nos diz que essa história tem um sentido e um fim. A ação de Deus que começou com uma criação na qual está a criatura que podia responder como sua imagem e semelhança, com a qual ele poderia estabelecer uma relação de amor, e que alcançou sua maturidade com a Encarnação do Filho, tem de culminar em uma plena realização dessa comunhão de modo universal. Tudo o que é criado deve ingressar nessa comunhão definitiva com Deus, iniciada em Cristo Ressuscitado. Ou seja: deve haver um fim como perfeição, como acabamento positivo da obra amorosa de Deus. Esse fim não é resultado imediato ou direto da ação humana, mas uma ação salvadora de Deus, o toque final da obra de arte que Ele mesmo começou e na qual quis nos colocar como colaboradores livres.

E se é assim a fé na Parúsia ou consumação escatológica torna-se base da esperança e cimento do compromisso cristão no mundo. A história, nossa história, não é tempo perdido. Tudo o que existe na linha do reino, da verdade, da liberdade, da justiça e da fraternidade será recuperado e preenchido. E isso conta não apenas para o amor com que foram feitas as coisas, como se a obra não importasse. Nós, cristãos, temos sido, muitas vezes, teimosos nas "boas intenções" ou na retidão da intenção. A obra de nossas mãos – e não apenas de nosso coração – vale por si só; e na medida em que se oriente na linha do reino, do plano de Deus, será perdurável de um modo que não poderíamos imaginar. No entanto, o que se opuser a esse reino, além de ter os dias contados, será definitivamente descartado. Não fará parte da nova criação.

A esperança cristã não é, então, um "consolo espiritual", uma distração das tarefas sérias que exigem nossa atenção. É uma dinâmica que nos torna livres de todo determinismo e de todos os obstáculos para construir um mundo de liberdade, para libertar essa história das correntes do egoísmo, da inércia e da injustiça nas quais se tende a cair com tanta facilidade.

Convites

É preciso dizer algumas palavras finais.

Esse percurso que temos feito, desde o desencanto da mudança de século até a fé na vinda do reino e daí à recuperação da esperança e do compromisso firme, abre novas possibilidades para a tarefa educativa que temos e que abraçamos com amor. Gostaria de destacar estes convites concretos que a esperança nos faz:

O convite para cultivar os laços pessoais e sociais, valorizando a amizade e a solidariedade. A escola continua sendo o lugar onde as pessoas podem ser reconhecidas como tais, acolhidas e promovidas. Ainda que não deixemos de criar uma dimensão válida de eficiência e eficácia na transmissão de conhecimentos que permitam a nossos jovens construir um lugar na sociedade, é essencial que sejamos "mestres da humanidade". E esta pode ser uma contribuição muito importante que a educação católica oferece a uma sociedade que, por vezes, parece ter renunciado aos elementos que a tornaram uma comunidade: a solidariedade, o senso de justiça, o respeito ao próximo, em especial ao mais fraco e menor. A competência despiedosa tem lugar de destaque em nossa sociedade. Colaboremos com o senso de justiça e a misericórdia!

O convite para que sejamos audaciosos e criativos. As novas realidades exigem novas respostas. Antes, porém, exigem um espírito receptivo que faça um discernimento construtivo, que não se prenda a certezas antigas e se anime a vislumbrar outras formas de mostrar os valores, que não dê as costas aos desafios do presente. Aqui vai uma prova verdadeira para a nossa esperança. Se estiver em Deus e em seu reino, saberá libertar-se dos empecilhos, medos e reflexos esclerosados para atrever-se a construir o novo por meio do diálogo e da colaboração.

O convite à alegria, à gratuidade, à festa. Talvez a pior das injustiças do tempo presente seja a tirania do utilitarismo, a ditadura da seriedade, o triunfo da amargura. Está na autenticidade de nossa esperança o saber descobrir, na realidade do dia a dia, os motivos, grandes ou pequenos, para reconhecer os dons de Deus, para celebrar a vida, para sair da corrente das dívidas e sentir a alegria de ser sementes de uma nova criação, para fazer de nossas escolas um lugar de trabalho e estudo, sim, mas também – e me atreveria a dizer acima de tudo – um lugar de celebração, encontro e gratuidade.

E, por fim, o convite à adoração e à gratidão. No viver vertiginoso de cada dia, é possível que nos esqueçamos de prestar atenção à sede de comunicação que temos dentro de nós. A escola pode apresentar, guiar e ajudar a manter o encontro com o Vivente, ensinando a desfrutar de sua presença, seguir seus passos, aceitar seu "ocultamento". O interesse em se conectar a Ele tem de ser imperdível.

Quero que recebamos estas palavras de homens que viveram no século XVI para falar com Deus neste século novo, na continuidade de um mesmo amor:

> *Que, afinal, seu amor me mova, e de tal maneira,*
> *Que ainda que não houvesse céu, eu te amaria,*
> *E ainda que não houvesse inferno eu te temeria.*
> *Não tem que me dar porque te amo;*
> *Porque, ainda que não quisesse o que quero,*
> *Ainda te amaria como amo.*

(Anônimo espanhol)

Quaresma, 2001

Fazer de nossas comunidades um coração aberto às necessidades dos homens

Um coração hospitaleiro

Gostaria de pedir a vocês que, por um instante, me acompanhem em um pequeno exercício da imaginação. Não será difícil: vamos apelar a experiências e sentimentos que todos nós, alguma vez, já tivemos.

Imaginemos que somos uma pessoa que nasceu e viveu em um dos povoados pobres do norte de nosso país, mas não naqueles povoados visitados por turistas, onde passam ônibus e as pessoas assistem à televisão. Pense em algum desses lugares que não aparecem em nenhum mapa, nos quais não há estradas, onde raramente chega um veículo... Um lugar que não podemos dizer ser "esquecido", porque, na verdade, nunca foi conhecido por ninguém, exceto pelos poucos habitantes que o habitam. Sem dúvida, ainda existem lugares assim em nosso país, mais do que imaginamos.

Somos uma pessoa desse lugar. E um dia, não importa agora como ou por que, chegamos à cidade grande. A Buenos Aires. Sem orientações nem ninguém, sem um objetivo definido. Façamos um esforço com a imaginação, mas envolvendo o coração. Acima dos detalhes que poderiam compor um desenho animado (as dificuldades para atravessar uma avenida, o susto diante dos prédios grandes e das placas luminosas da 9 de Julho, o medo do metrô), coloquemos em foco, antes de mais nada, a solidão imensa em meio à multidão, a falta de comunicação, sem saber nem mesmo o que perguntar, onde procurar ajuda ou qual ajuda procurar, o isolamento etc. Imaginemos, sintamos fisicamente a dor nos pés depois de caminhar por horas pela cidade grande. Não sabemos onde descansar. A noite vem. Em um banco da praça central, ficamos assustados ao ver homens fazendo chacotas e sabemos que, ao menor descuido, seremos roubados, levarão o pouco que temos. O isolamento transforma-se em angústia, em insegurança, em medo. Faz frio, há pouco garoou, e nossos pés estão úmidos. E ainda temos a noite toda à nossa frente.

Só uma pergunta gostaria de escapar dessa garganta apertada pelo nó da solidão e do temor: será que não há um coração hospitaleiro que me abra a porta, me ofereça um alimento quente e me permita descansar, que me ajude e me dê ânimo para decidir que caminho tomar?

Um coração aberto. Uma acolhida cordial, dizia o documento *Linhas pastorais para a nova evangelização*. Sem dúvida, vocês devem ter compreendido rapidamente aonde o exercício proposto nos levaria: voltaria nossa atenção para a necessidade de nos transformar e de transformar nossos cristãos, nossos educadores e nossos membros das comunidades educativas nesse coração que recebe, que abre portas, que resguarda um jardim de humanidade e afeto em meio à grande cidade com suas máquinas, suas luzes e sua orfandade geral.

Poderíamos ter começado essa reflexão de outro modo: citando autores, documentos, teorias a respeito da situação do homem contemporâneo, de seu estranhamento, de sua despersonalização. Entretanto, preferi convidá-los a ver pelo sentimento, pelo coração, porque esse ministério da acolhida cordial e da cura da pessoa por meio do amor hospitaleiro é, antes de mais nada, a resposta a uma experiência, não a uma ideia: a experiência humana, ética, de perceber a dor e a necessidade do irmão. E nela está a experiência teologal de reconhecer o Senhor que está de passagem (Mt 25,35s), o peregrino que está sem abrigo quando a tarde vem e o dia se acaba (Lc 24,29) e de saber que, ao abrir o coração, estamos permitindo que ele coloque seu lar entre nós (Jo 1,14). Essa experiência também nos faz descobrir, cheios de alegria, que nesse momento os papéis se invertem, e essa morada, seu coração de irmão, pai e mãe, se abre e nos recebe, para finalmente chegarmos ao lar.

Quero, então, irmãos, convidá-los a pensar juntos a respeito da escola como um lugar de acolhida cordial, como casa e mão aberta para homens, mulheres, jovens e crianças desta cidade. E que façamos isso com base na experiência que revivemos, com toda a seriedade e toda a profundidade que estas breves páginas nos permitem.

No entanto, antes de entrar totalmente nesse assunto, quero me adiantar e pedir que levem em consideração desde já que cuidar da dimensão de hospitalidade, ternura e afeto da escola não significa, de modo algum, deixar de lado sua outra dimensão: a de um lugar que tem um objetivo, uma função específica, que deve ser cumprida com seriedade, eficácia e – me atreveria a dizer – até com profissionalismo. Por acaso esses dois aspectos são opostos? Podem até ser, sem dúvida. Na verdade, nossa sociedade tende a colocar como opostos a gratuidade e a eficiência, a liberdade e o dever, o coração e a razão... Podem ser opostos, mas não precisam ser. É nosso desafio encontrar o caminho de solução em um plano superior: a perspectiva sábia que nos permita criar um espaço que seja, ao mesmo tempo, de acolhida e crescimento. Espero que estas reflexões nos animem a buscar esse espaço.

Crescendo entre as cinzas: a orfandade na cultura contemporânea

Como demos a entender anteriormente, a vocação de nossas escolas de ser um âmbito de acolhida e reconhecimento da pessoa em sua dimensão mais plena surge da essência da mensagem evangélica, porque a escola, como comunidade eclesiástica, está convidada a encarnar o amor de Cristo, que dignifica o homem desde o centro de seu ser. Além disso, porém, essa missão encontra outra importante motivação na situação concreta das mulheres e dos homens nesta sociedade. Permitam-me apresentar agora algumas ideias que, à primeira vista, podem parecer extremamente severas e até pessimistas, mas, ao contrário, são o reconhecimento básico daquele que espera com urgência por uma palavra de esperança.

Há pouco, ao falar da cidade, usei a palavra orfandade. Gostaria de retomá-la e torná-la o centro de nossa reflexão. Ensaiemos a seguinte linha de pensamento: devemos desenvolver e potencializar nossa capacidade de acolhida cordial, porque muitos dos que chegam a nossas escolas o fazem em uma profunda situação de orfandade. E não me refiro a determinados conflitos familiares, mas a uma experiência que diz respeito igualmente a crianças, jovens e adultos, mães, pais e filhos. Para tantos órfãos e órfãs – nossos contemporâneos, talvez nós mesmos –, a comunidade representada pela escola deveria tornar-se uma família, lugar de amor gratuito e promoção, de afirmação e crescimento.

Façamos um esforço para deixar essa ideia um pouco mais clara. Em que sentido dizemos que vivemos uma situação de orfandade? Há pouco tempo, conversando com alguns jovens, escutei estas afirmações assustadoras: "Nós somos filhos do fracasso. Os sonhos de um mundo novo de nossos pais, as esperanças dos anos 1960 foram queimadas na fogueira da violência, da inimizade e do 'salve-se quem puder'. A cultura dos negócios acabou com o que restava daquelas brasas. Crescemos em um mundo de cinzas. Como querem que tenhamos ideais ou projetos, que acreditemos em um futuro, em um compromisso? Não acreditamos nem deixamos de acreditar: simplesmente estamos alheios a tudo isso. Nascemos no deserto, entre as cinzas, e no deserto não se semeia nada, tampouco cresce algo nele". É claro que nem todos os jovens se identificaram com isso. No mínimo, acredito que esse testemunho doloroso serve de introdução a três pontos que, a meu ver, caracterizam a atual situação de orfandade do homem e da mulher das nossas grandes cidades: a experiência da oscilação, a falta de firmeza e a perda das certezas básicas.

A experiência da oscilação

A orfandade contemporânea tem uma primeira dimensão que tem a ver com a vivência do tempo, ou melhor, da história e das histórias. Algo está quebrado, fragmentado. Algo que teria de estar unido, justamente a ponte que une, está quebrado ou não existe. Como é isso? Em primeiro lugar, trata-se de um déficit de memória e tradição. A memória como potência integradora da história; a tradição concebida como a riqueza do caminho trilhado por nossos superiores; ambas não se fecham nelas mesmas (nesse caso, precisariam de sentido), mas abrem novos espaços de esperança para continuar caminhando. As dolorosas experiências vividas em nosso país, somadas a uma busca pelo êxito econômico, resultaram em uma ruptura geracional que não se deve aos ciclos normais de crescimento e afirmação dos jovens, mas também a uma incapacidade da geração adulta de transmitir os princípios ou ideais que os incentivam. Talvez isso seja decorrente da grande crise sofrida por essa geração, das experiências de morte que ela traz consigo (e não me refiro apenas aos conflitos políticos que já conhecemos, mas também à Aids, à clausura ou aos limites impostos ao horizonte da revolução sexual e até à morte do amor para tantos casais que não conseguiram levar adiante seus projetos de família). Na verdade, quantos pais conseguiram pelo menos tentar um diálogo enriquecedor com seus filhos, revisaram e "passaram a limpo" suas diversas experiências, para que a geração seguinte aprendesse com os acertos e erros e continuasse seguindo algum caminho, fazendo as devidas retificações? De quantas coisas não se fala, de quantas não se tem falado, de quantas coisas não se pode falar? Quantas vezes preferiram "começar de novo, do zero", tanto nas famílias como na sociedade como um todo, a se comprometer com a dura tarefa de contribuir para se reencontrar com as perguntas e inquietudes que motivaram uma geração inteira, com base no diálogo, ainda difícil, para finalmente superar rancores e isolamentos.

E essa oscilação da experiência de geração não vem sozinha: engloba uma série de oscilações: a oscilação – ou melhor, o abismo – entre sociedade e classe orientadora (talvez a classe política, mas não apenas isso), oscilação que tem, de ambos os lados, uma dose de desinteresse e cegueira voluntária, e a oscilação – ou dissociação – entre instituições e expectativas pessoais (aplicáveis tanto à escola e à universidade como ao casamento e às organizações eclesiásticas, entre outras).

As formas de desarraigamento

Oscilação: perda ou ausência dos vínculos, no tempo e na rede sociopolítica que forma um povo. É o primeiro rosto da orfandade, mas vai além disso. Junto com a oscilação, aumentou também o desarraigamento. É possível localizá-lo em três áreas:

Primeiro, um desarraigamento especial, em sentido amplo. Já não é tão fácil construir a própria identidade sobre a base do "lugar". A cidade invade o "bairro" e faz que ele cresça de dentro para fora. E mais: a cidade global, que se identifica nas grandes redes, nos hábitos alimentícios, na onipresença dos meios de comunicação, na lógica, na gíria e na crueldade das redes empresariais, substitui a cidade "local". Desta, e sem exagerar demais, vai ficando um resto risível "para exportação" e a trágica realidade – também globalizada! – das pessoas que dormem na rua, das crianças exploradas e viciadas em drogas, da violência dos roubos e da marginalidade. Tanto a identidade pessoal como a coletiva ressentem-se dessa dissolução dos espaços; o conceito de "povo" tem cada vez menos conteúdo na dinâmica atual de fragmentação e segmentação dos grupos humanos. A cidade vai perdendo sua capacidade de identificar os grupos humanos, povoando-os, como indicava há alguns anos um antropólogo francês, de "não lugares", espaços vazios submetidos exclusivamente a lógicas instrumentais (funcionalidade, *marketing*) e privados de símbolos e referências que colaborem para a constituição de identidades comunitárias.

E assim o desarraigamento "espacial" vai de mãos dadas com as outras duas formas de desarraigamento: o existencial e o espiritual. O primeiro está ligado à ausência de projetos, talvez à experiência de "crescer entre as cinzas", como dizia aquele jovem que citei anteriormente. Sem continuidade nem lugares com história e sentido (falha do tempo e do espaço para oferecer possibilidade de constituição da identidade e de conformidade com um projeto pessoal), diminui o sentimento de pertencer a uma história e o vínculo com um futuro possível, um futuro que questione e dinamize o presente. Isso afeta radicalmente a identidade, porque, essencialmente, "identificar-se é pertencer". A insegurança econômica não fica alheia a isso: como ficar na base existencial de um projeto pessoal se não há a menor previsão de estabilidade laboral?

E ainda há mais uma face: tanto o apagar das referências espaciais como a ruptura da continuidade entre o passado, o presente e o futuro vão tirando da vida do morador da cidade determinadas referências simbólicas, aquelas "janelas", os verdadeiros horizontes de sentido; desaparece até mesmo o transcendente que ocorria aqui e ali na cidade e na ação humana. Nas culturas tradicionais, essa abertura ao transcendente existia na forma de uma representação da realidade mais estática e hierárquica, e isso se expressava pela variedade de imagens e símbolos presentes na vida (desde o planejamento até os lugares repletos de história ou, ainda, de sacralidade).

No entanto, na disposição moderna, essa transcendência tinha a ver com um "adiante", formando o nervo da história como um processo de emancipação e mediando-se na ação humana – ação transformadora, no sentido moderno – que encontrava sua expressão simbólica na arte, no fortalecimento de algumas dimensões festivas, nas organizações livres e espontâneas e na imagem do "povo de rua". Agora, porém, cada vez mais viciados ou esvaziados de sentido, os espaços que até pouco tempo funcionavam como motivadores, como símbolos da transcendência, levam o desarraigamento a atingir também a dimensão espiritual.

Duas objeções poderiam ser feitas a essa última afirmação. A primeira tem a ver com a relação dos meios de comunicação, que enchem o mundo de imagens, "comunicam", criam marcos – e mitos – que substituem os velhos marcos geográficos ou as referências utópicas. Não é possível que a cultura midiática da imagem seja o novo sistema de símbolos, a nova "janela" ao outro, assim como em tempos passados foram as catedrais e os monumentos? No entanto, aqui há uma diferença fundamental: enquanto uma réplica da Virgem em uma casa de bairro remete, sim, à basílica onde está a imagem original e, para alguns, à totalidade do sistema conceitual, moral e disciplinar do catolicismo, por outro lado essa mesma imagem aponta para um lado transcendente, para algo que tem a ver com o "céu", com o "milagre". Resumindo: é um símbolo religioso. Religa, vincula a terra e o céu, o transitório e o absoluto, o homem e Deus. Como símbolo que religa, não se esgota em si mesmo, mas tem a própria consistência. A "cultura da imagem", no entanto, e em especial a imagem dos meios de comunicação, a publicidade e, agora, as imagens da internet não representam o símbolo de "outra coisa", não "a remetem", não fazem referência exterior ao mesmo círculo midiático. Não podemos aprofundar essas ideias, mas o fato é que o sistema multimídia é cada vez mais autorreferencial: vai se transformando, mais do que em um "meio", em um "cenário", e esse "cenário" recebe, em alguns momentos, maior importância que o drama que nele pode haver.

Uma série de sinais apontam para si mesmos e para quase nada mais, sem uma referência verdadeira, objetiva e justa à realidade extramidiática ou, mais ainda, que vise construir a realidade pelo discurso. Que firmeza podem prometer, que tipos de vínculos, que abertura ao "outro" que me fundamenta no ser? Será possível pedir algo para colaborar com o projeto de humanização além de uma "navegação" interminável, um "*zapping*" sem fim, um "navegar" pela superfície brilhante das telas?

A segunda objeção coloca sobre a mesa o fato de que, contra todos os prognósticos do nosso século, a religião não desapareceu das cidades; ao contrário, desenvolveu novas expressões e referências, a ponto de, de vez em quando, o *marketing* tentar "usar" isso para causar ganâncias. Isso, sem dúvida, é verdade, mas também é verdade que todas essas manifestações de religiosidade são vividas em boa parte com o desprendimento e a orfandade da busca da fé, com a oração e o gesto religioso de mediar de algum modo essas situações. No entanto, em uma sociedade que vai perdendo sua dimensão comunitária, sua coesão como povo, essas expressões religiosas massivas precisam, cada vez mais, de um correlativo comunitário, para que não permaneçam em meros gestos individuais. Sem deixar de reconhecer a dimensão de Povo de Deus presente e operante na expressividade religiosa popular, precisamos realimentar essa fé autêntica e colaborar apresentando elementos que permitam aplicar todo o seu potencial humano. Ou seja, é preciso reconhecer na religiosidade humana um clamor por uma verdadeira libertação (*Documento de Puebla,* 452) que permita que nosso povo supere essa sua situação de orfandade tirando forças das reservas que leva dentro de si mesmo, as quais se firmam na graça de seu batismo, na memória de sua participação na Santa Mãe Igreja.

Assim, então, descontinuidade (geracional e política) e desapego (espacial, existencial, espiritual) caracterizam aquela situação que havíamos chamado, de modo mais genérico, de orfandade. Então, poderíamos nos perguntar: o que a escola pode fazer, rebaixada de "templo do saber" a "gasto social", para remediar essa situação? O que os professores podem fazer, se ontem eram símbolos vivos de um projeto de sociedade livre em busca de um futuro e hoje estão reduzidos na consideração social e impossibilitados de viver dignamente de seu trabalho? O que pode fazer toda a comunidade a educativa, afetada por tantas situações de descontinuidade e desapego? Entretanto, queremos, acima de qualquer coisa, deixar tudo bem claro.

O fim das certezas

Um terceiro aspecto da orfandade contemporânea, intimamente relacionado com o que já temos visto, é o fim das certezas. De modo geral, as civilizações crescem à sombra de algumas crenças básicas acerca do mundo, do homem, da convivência, dos porquês e para quês da base da vida humana etc. Essas crenças, muitas vezes dependentes das religiões, mas não apenas delas, formam uma série de certezas sobre as quais se baseia toda a construção de uma figura histórica, na qual adquire sentido a existência das comunidades e das pessoas.

Pois bem: muitas das certezas que têm animado nossa sociedade "moderna" desfizeram-se, caíram ou desgastaram-se. Um discurso "patriótico" ao estilo dos que ainda mobilizavam minha geração costuma ser visto com brincadeiras ou descrença. A linguagem revolucionária de trinta anos pode ser motivo de curiosidade e surpresa. A própria ideia de solidariedade encontra com dificuldade seu caminho para se fazer ouvir em meio à ideologia da "saída individual". E essa perda de certezas, outrora não comovíveis, alcança também os fundamentos da pessoa, da família e da fé. Os princípios que seguimos por todas as gerações que nos precederam nos parecem ultrapassados: como seguir afirmando que "a economia é a base da fortuna", por exemplo, quando não há trabalho e as únicas fortunas que hoje podem crescer provêm da corrupção, da especulação e de negócios aparentemente sórdidos? Como continuar considerando a vida humana intocável quando tanta gente simples, cujo único bem é manter a própria vida, suplica a pena de morte para se proteger da violência urbana, quando todos sabemos que as verdadeiras causas do ato de violência que essa pessoa praticou não têm nada a ver com a perversidade praticada por certas pessoas?

No entanto, esse fim das certezas não é um fato conjuntural de uma sociedade periférica – de jeito nenhum: além de ser uma situação amplamente difundida no Ocidente, é quase uma "nova certeza" que faz parte dos discursos que estão em voga no pensamento contemporâneo. Não se trata de uma breve referência, já que forma o substrato de todo um estado espiritual desse princípio de século.

A razão idolatrada, desprezada e reconsiderada

Com base em posições ideológicas distintas, tem ocorrido uma discussão, há alguns anos, a respeito da diferença entre modernidade e pós-modernidade. Entre as muitas – e diversas – dimensões e perspectivas que essa discussão abrangeu (e ainda abrange, de modo mais simples), queremos destacar uma delas: a ideia de que "o fim da modernidade" significa o fim das principais certezas, ideia que leva a um profundo descrédito da razão. João Paulo II descreveu essa postura da seguinte maneira: "[...] não há dúvidas de que as correntes de pensamento relacionadas à pós-modernidade merecem atenção adequada [....]. Na verdade, segundo algumas delas, o tempo das certezas passou de modo irremediável; o homem deveria aprender a viver sem nenhum sentido, qualquer carência caracterizada pelo provisório e pelo fugaz. Na verdade, muitos autores criticam severamente toda certeza e, ignorando as distinções necessárias, contestam, até mesmo, a certeza da fé".

"Esse niilismo encontra certa confirmação na terrível experiência do mal que tem marcado nossa época. Diante dessa experiência dramática, o otimismo racional que via na história o progresso vitorioso da razão, uma fonte de felicidade e de liberdade, não tem conseguido se manter de pé, a ponto de nos revelar que uma das maiores ameaças deste fim de século é a tentação do desespero" (*Fides et Ratio*, 91).

Um profundo desencanto envolve todos os lados do que diz respeito às grandes promessas da razão: liberdade, igualdade, fraternidade... O que restou de tudo isso? Começando no século XXI, já não existe uma racionalidade, um sentido, e sim vários sentidos fragmentados, parciais. A própria busca pela verdade e a própria ideia de "verdade" veem-se murchas, mas, de toda forma, haverá "verdades" sem pretensões de validade universal, perspectivas, discursos intercambiáveis. Sempre há um pensamento movido pela relatividade, pela ambiguidade, pela fragmentação e pela multiplicidade; isso é simplesmente a disposição que não têm apenas a filosofia e os saberes acadêmicos, mas a própria cultura "da rua", como já deve ter sido constatado por todos aqueles que lidam com os jovens. O relativismo será, assim, o resultado da chamada "política do consenso", cuja ação sempre envolve um nivelamento por baixo. É a época do "pensamento fraco".

Ao resgate da racionalidade

A partir daí, livre das certezas da razão (e, como bem afirmou João Paulo II, também das certezas da fé como um "saber" de salvação), a cultura atual apoia-se no sentimento, na impressão e na imagem. O mesmo acontece com a orfandade e também exige que façamos de nossas escolas um lugar de acolhida, um espaço onde as pessoas possam encontrar a si mesmas e aos outros, para recriar seu existir no mundo. Entretanto, e aqui daremos mais um passo em nossa reflexão, essa situação nos obriga a encarar de algum modo o resgate de uma racionalidade válida, um pensamento vigoroso que permite superar o irracional contemporâneo. Podem nos perguntar: por que isso está acontecendo? Já que estamos revalorizando e de fato recuperando e aprofundando os laços humanos, que estão tão abandonados em alguns aspectos de nossa sociedade, por que temos de voltar a pender o controle da balança para o outro lado?

Não se trata de causar novos desequilíbrios, mas apenas de encontrar o ponto justo que faça dessa acolhida cordial um gesto autenticamente humano e libertador. Três ideias nos ajudarão a compreender isso. Primeiro: nada é exatamente tão definido. Denunciar os "abusos da razão" (totalitarismos de todos os tipos, projetos históricos e políticos que trouxeram maior sofrimento que felicidade, desvalorização dos aspectos afetivos, pessoais e cotidianos da vida, redução de tudo ao cálculo, ao número e ao conceito...) não significa jogar fora todos os benefícios que o desenvolvimento "racional" tem trazido. A própria escola, sem ir além, é filha dessa ideia. Ainda que não possamos concordar com afirmações como "ao dar o saber, distancia-se da alma", como apregoava o hino escolar, devemos reconhecer que o "saber" é um recurso muito importante para o desenvolvimento da "alma", ou seja, do ser humano. Estou me referindo a um "saber" que não seja reduzido à mera informação ou a certo enciclopedismo cibernético. Trata-se de um saber com capacidade de relacionar, de avançar na criação de perguntas e na laboração de respostas. Este é um recurso que não temos o direito de mesquinhar; pelo contrário, devemos aperfeiçoar cada vez mais nossa capacidade (inclusive a "técnica") para realizar essa transmissão.

Em segundo lugar: se por um lado o discurso "pós-moderno" que reivindica os aspectos emocionais, relativos e até irracionais da vida parece nos libertar da tirania do uniforme, do burocrático ou disciplinar, por outro lado, transforma-se na justificativa de outras tiranias: por exemplo, podemos citar uma não tão pequena, como a da economia, com seus fatores de poder e sua tecnocracia. Portanto, se o que "manda" hoje é o sentimento, a imagem e o imediato, isso acontece apenas com os "consumidores" de bens, serviços... e publicidade midiática. A capacidade de escolha, a liberdade, a não obrigatoriedade de escolher uma normatividade uniforme, o diverso e plural, tudo isso tão importante à mentalidade pós-moderna, hoje se traduz totalmente em formas de consumo. É verdade que o Estado e a escola, por nomear instituições que criam grandes caixas normativas, já não regem a vida dos indivíduos. A própria Igreja vê aumentar em seu seio uma valorização cada vez maior da liberdade e da "eletividade" pessoal. Entretanto, também é verdade que essa liberdade, livre daqueles marcos institucionais que lhe davam harmonia, tem sido aprisionada pelo mercado. Resumindo: se não recuperarmos a noção da verdade, sem uma racionalidade compartilhada, de diálogo, uma busca pelos melhores meios para alcançar os fins mais desejáveis (para todos e para cada um), restará apenas a lei do mais forte, a "lei da selva". Então: quanto mais nos preocuparmos em desenvolver um pensamento crítico, em afinar nosso sentido ético, em melhorar nossas capacidades, nossa criatividade e nossos recursos, cada vez mais poderemos evitar ser escravos da publicidade da exacerbação planejada (por outros) pelo imediato, da manipulação da informação, do desalento que prende cada um a seus interesses individuais.

  E, em terceiro lugar, referindo-nos àquilo que define nossa identidade como educadores cristãos, a fé, o saber e a captação do real não têm apenas um componente afetivo, mas também uma importante dimensão de sabedoria que é preciso resgatar e que começa com a capacidade de admirar. Trataremos desse assunto a seguir. A dimensão da sabedoria engloba o saber, o sentir e o fazer. Acarreta harmonicamente a capacidade de entender, a tensão de fazer o bem, a contemplação ao belo, tudo harmonizado pela unidade do ser que entende, ama, admira. A dimensão da sabedoria tem memória, integra e cria a esperança. É ela que abre a existência do discípulo e unge o mestre. A sabedoria só é compreendida à luz da Palavra de Deus.

A Palavra:
reveladora e criadora

O primado "pós-moderno" da experiência traz consigo não apenas uma religiosidade de coração, uma busca mais pessoal de Deus e um novo valor à oração e à contemplação, mas também uma espécie de "religião *a la carte*", uma subjetivação unilateral da religião que a coloca não tanto em um sentido de adoração, compromisso e entrega, e sim como mais um elemento de "bem-estar", parecido, em grande parte, com as várias ofertas *new age*, mágicas ou pseudopsicológicas.

Esse verdadeiro reducionismo (tanto como, ao contrário, a afirmação unilateral da religião como "conteúdo" e "discurso") deixa de lado a infinita riqueza da Palavra de Deus. Em toda a Bíblia (tanto no Antigo como no Novo Testamento), a Palavra de Deus apresenta-se com dois aspectos, ambos igualmente importantes: como "revelação", "discurso": *logos*, e como "ação", "presença", "poder": *dynamis*. A Palavra de Deus diz e faz. Se a consideramos apenas uma presença salvífica (porque, quando Deus atua, salva, e salva criando comunhão, ligando-se a suas criaturas, tornando-nos filhos), deixamos de lado seu aspecto de revelação.

Se, ao contrário, a consideramos apenas pelo aspecto de verdade, de "conteúdo", perdemos sua dimensão de comunhão, de presença amorosa, sua dinâmica salvífica. A Palavra de Deus nos liga a Ele com laços tanto de conhecimento quanto de amor. Diz e faz.

Em seu aspecto de "revelação", a Palavra no Antigo Testamento apresenta-se como lei, como regra de vida pela qual Deus oferece um caminho até a felicidade. "Tua Palavra é uma lâmpada para meus passos e uma luz em meu caminho", diz o Salmo 119(120), versículo 105, que é um louvor impressionante à Palavra de Deus manifestada como lei. Entretanto, além desse "saber prático", a Palavra oferece um "saber" sobre Deus e o homem no mundo. Deus revela seu nome e sua vontade salvífica, e com ela mostra ao homem a grandeza de sua filiação e seu destino.

Além disso, a Palavra de Deus é a força de Deus, que cumpre o que anuncia: "... ela não voltará para mim vazia; antes fará o que me apraz e prosperará naquilo para que a enviei" (Is 55,10-11). É Palavra criadora, desde o começo dos tempos: "disse Deus" e "foi feito" (Gn 1). É Palavra que liberta e salva os escravos hebreus e os conduz pelo deserto, Palavra que os convoca e os transforma em povo, Palavra que se promete como nova criação ao fim dos tempos.

E assim também nos apresenta o Novo Testamento a Jesus Cristo: como um profeta que ensina e oferece uma nova lei, como um professor de sabedoria que nos faz gostar da beleza e da bondade do amor de Deus, e como a força de Deus que opera a salvação, cura os enfermos, expulsa os demônios e inaugura, com sua morte e Ressurreição, a nova criação no banquete pascal do Reino.

Aonde tudo isso nos leva? Como testemunhas da Palavra, nossa presença na sociedade deve responder a essa riqueza que não se deixa fechar em uma única dimensão. A dimensão criadora, dinâmica e salvífica da Palavra atuará no mundo na ação de criar comunidade, de vincular, de reconhecer, receber e fortalecer o próximo. Essa dimensão tem um importante componente afetivo, não em um sentido superficial, mas em um sentido mais profundo e exigente do mandamento do amor. O Evangelho de Mateus (25,31ss) nos apresenta o "teste" que o Senhor fará com os seus no fim dos tempos: se alimentaram o faminto, se deram de beber ao sedento, se receberam aquele que estava de passagem... Para os discípulos que fizeram isso, ocorre o milagre da Presença dinâmica de Deus, ocorre a comunhão: o próprio Cristo identifica-se com aquele a quem brindou o amor, trocando os papéis simbolicamente, já que é Ele quem oferece, brinda, transforma e cria outra realidade com seu amor.

Além disso, como a Palavra também é revelação, lei e ensinamento, nossa missão indicará que devemos procurar seriamente a verdade, convidar e envolver os outros nessa busca. Essa dimensão, justamente por incluir todas as pessoas, não deixará de lado a importância da inteligência humana, de sua formação e seu desenvolvimento. Ela é igualmente definidora, como nos ensina o Evangelho de João (12,44-50). Essa mesma dinâmica ocorre na celebração litúrgica, encontro sacramental com o Senhor: Palavra e Eucaristia, Ensinamento e Comunhão, Contemplação e Adoração. Nesse equilíbrio delicado está, justamente, a riqueza de uma compreensão integral, não redutora, do mistério cristão: uma compreensão sapiencial.

O conceito de sabedoria é, exatamente, aquele que reúne harmonicamente diversos aspectos: conhecimento, amor, contemplação do belo, mas também, ao mesmo tempo, uma "comunhão com a verdade" e uma "verdade que cria comunhão", "uma beleza que atrai e apaixona": inteligência, coração, olhos da alma inseparáveis, integrados no que há de mais pleno no ser humano.

Assim, é impossível separar os diversos aspectos em nossa atividade pastoral ou educativa. A autenticidade da Palavra que transmitimos tem a ver com a integridade com que assumimos suas dimensões.

Isso tudo se traduz justamente no cuidado dos aspectos do "operar", vinculados à "acolhida cordial", à prática concreta da caridade, aqui e agora, à criação de vínculos humanos (que inclui, obviamente, toda ação de assistência ou promoção que ajuda a pessoa a se colocar de pé e tomar seu lugar na comunidade humana e cristã) e à criação das dimensões mais diretamente relacionadas ao "dizer": a preparação cuidadosa, distante e próxima, da atividade educativa, um planejamento que visa a um aproveitamento mais eficaz dos recursos, à seriedade com que envolvemos nossa formação etc. As duas dimensões formam nossa missão como educadores cristãos: se é verdade que somos chamados a colocar um pouco de humanidade e ternura em uma sociedade individualista e excludente, também é verdade que, diante do descrédito da Palavra, temos a obrigação de ajudar nossos irmãos a desenvolver a capacidade de entender e de dizer.

Não basta criar firmeza: também é preciso recriar as certezas mais importantes, em forma de sabedoria da vida, do mundo e de Deus. Essa sabedoria deve ser fecunda, gerar filhos e eliminar as orfandades. Deve ser fonte de beleza que impulsiona a alma à admiração, à contemplação.

Convites

Vamos chegando ao fim desta ampla reflexão. A orfandade contemporânea, em termos de descontinuidade, desarraigamento e fim das certezas principais que dão forma à vida, nos desafia a tornar nossas escolas uma "casa", um "lar" onde mulheres e homens, meninos e meninas possam desenvolver sua capacidade de ligar suas experiências e de fixar-se em seu solo e em sua história pessoal e coletiva, e, por sua vez, encontrar as ferramentas e os recursos que lhes permitam desenvolver a inteligência, a vontade e todas as suas capacidades, a fim de poderem alcançar a capacidade humana que estão chamados a obter.

Muitas são as tarefas que nos exigem esse desafio duplo. Nessa parte inicial do ano letivo, gostaria de chamar a sua atenção para três aspectos que se originam das reflexões que foram feitas.

Primeiro: é preciso desenvolver vínculos humanos de afeto e ternura como remédio para o desarraigamento. A escola pode ser um "lugar" (geográfico, no meio do bairro, mas também existencial, humano, interpessoal) em que se firmam raízes que permitem o desenvolvimento das pessoas. Pode ser abrigo e lar, solo firme, janela e horizonte ao transcendente. Todavia, sabemos que a escola não são as paredes, as lousas e os diários de classe: são as pessoas, principalmente os professores. São os professores e educadores que terão de desenvolver sua capacidade de afeto e entrega para criar esses espaços humanos. Como desenvolver formas de expressão afetiva em tempos de desconfiança? Como recriar as relações humanas quando todos esperam o pior do outro? Temos de encontrar, todos nós e cada um de nós, os caminhos, gestos e ações que nos permitam incluir todos e ajudar o mais fraco, criando um clima de serenidade, alegria e confiança, e cuidar tanto do conjunto como de cada pessoa sob nossa responsabilidade.

Segundo: é preciso haver coerência entre o que se diz e o que se faz como forma de diminuir o abismo da oscilação. Sabemos que em todo ato de comunicação há uma mensagem explícita, algo que se mostra, mas essa mensagem pode ser bloqueada, colorida, desfigurada e até desmentida pela forma com que é transmitida. Existe um aspecto da comunicação, "não explícita" e "não verbal", que tem a ver com os gestos, com a relação que se instaura e o desdobramento das diversas dimensões humanas em geral. Tudo o que fazemos é mostrado. Na medida em que evitamos as mensagens de duplo sentido, na medida em que criamos e cuidamos de viver com todo o nosso ser o que estamos transmitindo, contribuímos para devolver a credibilidade à comunicação humana.

É claro que esse ideal de comunicação será, de vez em quando, atravessado pelo mistério do pecado e pela instabilidade humana. Quem pode afirmar ter absoluta coerência, controle total de suas tristezas, dualidades, erros, de seus egoísmos reprimidos, de seus interesses inconfessáveis? Sabemos que nem tudo é alcançado com boas intenções ou com propósitos de "moralidade", tampouco com rigor normativo. Todavia, do mesmo modo, temos consciência de que nem tudo é justificável e aceitável, já que temos uma responsabilidade diante de outras pessoas e diante de quem coloca a vida em nossas mãos. E então? O segredo para ganhar coerência sem fingir uma perfeição impossível será o de caminharmos de modo humilde, dispostos a ter o discernimento pessoal e comunitário, evitando julgar o outro: abertos tanto à correção fraterna quanto ao perdão e à reconciliação. É preciso reconhecer juntos que somos peregrinos, mulheres e homens fracos e pecadores, mas com memória e em busca de um amor mais pleno, que nos cure e eleve. Esta pode ser uma forma de trocar a oscilação por uma vontade de aproximação, de nos tornarmos próximos em meio às diferenças.

Terceiro: o esforço para ter algumas certezas básicas no mar do relativo e fragmentário. Talvez isso seja extremamente difícil. Sabemos que a verdade forçada é contrária à força da verdade. Sabemos também que não podemos adotar os métodos compulsivos da publicidade, que troca necessidades reais por satisfações ilusórias. Mas e daí? Existe um "caminho estreito" que segue a busca da sabedoria: sempre nos convencendo de nossa capacidade de comover e apaixonar. Esse caminho consiste em aprender a descobrir as perguntas do outro, a analisá-las, a imaginá-las (porque dificilmente as crianças e os jovens poderão nos expressar suas necessidades e dúvidas com clareza). Ainda que o cansaço e a rotina por vezes nos tornem uma espécie de "auto-falante" que emite sons que não interessam a ninguém, sabemos bem que só "chegam" e "ficam" os ensinamentos que respondem a uma pergunta ou uma contemplação. Dividir as perguntas (ainda que não tenhamos as respostas!) é nos colocarmos, professores e alunos, em um caminho de busca, de contemplação, de esperança.

Para tudo isso, teremos de colocar em movimento duas dimensões, integrando-as sempre: ampliar a capacidade de nosso coração enquanto ajudamos os irmãos, e desenvolver sempre, cada vez mais, nossa capacidade como profissionais da educação. Isso nos leva a uma tarefa "cordial" e "intelectual" bem organizada, colocando-nos em sintonia com a Palavra de Deus, que fala, hoje e sempre, tanto com nossa inteligência como com nosso coração. Como disse um teólogo espanhol, "damos aos indivíduos uma vida pessoal quando oferecemos a eles ciência e consciência, saberes e responsabilidades, fins e meios, confiança e exigência", e isso é sabedoria. Que o Senhor nos conceda essa sabedoria! Vamos pedi-la humildemente com a oração do rei Salomão:

> *Sois vós, portanto, ó Senhor meu Deus, que fizestes reinar o vosso servo em lugar de Davi, meu pai. Mas eu não passo de um adolescente e não sei como me conduzir. E, sem embargo, vosso servo se encontra no meio de vosso povo escolhido, um povo imenso, tão numeroso que não se pode contar, nem calcular. Dai, pois, ao vosso servo um coração sábio, capaz de julgar o vosso povo e discernir entre o bem e o mal. Pois sem isso quem poderia julgar o vosso povo tão numeroso?*
>
> (1Rs 3,7-9)

Tempo pascal, 2002

Dar TUDO à educação

Um momento decisivo

Há momentos na vida (poucos, mas essenciais) em que é preciso tomar decisões cruciais, totais e formadoras. Cruciais, porque estão no exato limite entre a aposta e a falha, a esperança e o desastre, a vida e a morte. Totais, porque não se referem a um aspecto específico, a um "assunto" ou "desafio" opcional, a determinada área da realidade, mas definem toda uma vida por muito tempo.

Além disso: formam a identidade mais profunda de cada um. Não ocorrem apenas no tempo, mas dão forma à nossa temporalidade e à nossa existência. Daí o uso do terceiro adjetivo: formadoras. Formam um modo de viver, uma forma de ser, de ver a si mesmo e de apresentar ao mundo e diante dos semelhantes determinada posição diante do futuro.

Hoje, quero compartilhar com vocês a percepção de que estamos exatamente em um desses momentos bem decisivos, mas não individualmente, e sim como nação. É uma convicção compartilhada por muitos, inclusive pelo Santo Padre, como ele deu a entender em nossa última visita episcopal a Roma: a Argentina chegou ao momento de uma decisão crítica, global e formadora, que compete a cada um de seus moradores; a decisão de continua sendo um país, de aprender com a experiência dolorosa destes anos e iniciar um novo caminho, ou de afundar na miséria, no caos, na perda de valores e na decomposição da sociedade.

Uma esperança renovada e audaciosa

O objetivo desta meditação não é reforçar a sensação de ameaça; ao contrário, é convidá-los a ter esperança. Gostaria de aprofundar as reflexões que compartilhava com vocês há alguns anos, mas com base na experiência concreta e decisiva destes últimos meses. A esperança é a virtude do árduo, porém possível, aquela que convida, sim, a nunca cruzar os braços, mas não de modo simplesmente voluntário e sim encontrando a melhor forma de mantê-los em atividade, de fazer com isso algo real e concreto. Esta é uma virtude que, em certos momentos, nos leva a avançar, a gritar e a desfazer a tendência à falta de ação, à resignação e à queda. Em outras ocasiões, porém, nos convida a nos calar e a sofrer, alimentando nosso interior com os desejos, ideais e recursos que nos permitam – quando chegar o momento propício, atingir o *kairós* – apresentar realidades mais humanas, mais justas, mais fraternas. A esperança não se apoia apenas nos recursos dos seres humanos, e sim na busca por sintonizar com a ação de Deus, que reúne nossas intenções, integrando-as em seu plano de salvação.

Nossa reflexão sobre a esperança está no ápice da crise, em seu ponto de maior inflexão. Entretanto, ao mesmo tempo, creio que não estou enganado ao afirmar que esse ápice representa, justamente, o momento propício, o momento em que a história adquire uma seriedade especial e as atitudes das mulheres e dos homens ganham maior sentido. Se os gestos de solidariedade e amor sem interesse sempre foram uma espécie de profecia, um sinal poderoso da possibilidade de outra história, hoje em dia sua carga de proposta é infinitamente maior. Deixam um caminho transitável no meio do pântano, uma direção justa no instante de fuga. De modo contrário, a mentira e o roubo (principais ingredientes da corrupção) sempre são males que destroem a comunidade. A prática da corrupção pode desmoronar definitivamente essa construção frágil que, como povo, queremos experimentar.

Se damos nosso consentimento à palavra do Evangelho, sabemos que mesmo o que parece fracasso pode vir a ser um caminho de salvação. É esta a exata diferença entre um drama e uma tragédia. Por um lado, na segunda o destino inevitável arrasta a construção humana para o desastre sem contemplações, qualquer tentativa de enfrentar a situação não ajuda em nada e só piora o resultado no drama. Por outro lado, a vida e a morte, o bem e o mal, o triunfo e a derrota continuam sendo alternativas possíveis: isso não passa de um otimismo tolo e também de um pessimismo trágico, porque nessa encruzilhada, por vezes angustiante, podemos tentar ainda reconhecer os sinais ocultos da presença de Deus, mesmo que por acaso, que nos convida à mudança e à ação, bem como à promessa.

Essas palavras podem ganhar um tom dramático, mas nunca trágico. Devemos, porém, prestar atenção a isto: não são atitudes teatrais, apenas a convicção de que estamos no momento de graça, no foco de nossa responsabilidade como membros de uma comunidade, ou seja, total e plenamente, como seres humanos.

A cidade de Deus na história secular

Bem, o que a fé cristã pode nos revelar acerca deste momento crucial, além de nos colocar diante do estreito desfiladeiro da liberdade, sem destinos predeterminados no que tange ao sucesso ou fracasso de nossos empreendimentos humanos? Permitam-me realizar uma espécie de viagem há quase seiscentos anos, para me posicionar perto da janela através da qual um homem via um mundo acabar, sem nenhuma certeza de que depois viria algo melhor. Eu me refiro a Santo Agostinho, que foi bispo de Hipona, no norte da África, nos últimos anos do Império Romano.

Tudo o que Agostinho havia conhecido (e não apenas ele, mas seu pai, seu avô e muitas outras gerações antes dele) ruía. Os povos chamados "bárbaros" pressionavam acerca dos limites do Império, e a própria Roma havia sido saqueada. Como homem criado na cultura greco-romana, não poderia se sentir de outro modo, a não ser perplexo e angustiado diante da queda iminente da civilização que conhecia. Como cristão, viu-se na difícil posição de continuar investindo sua esperança no Reino de Deus (que durante muito tempo esteve relacionado ao império tornado cristão), sem, historicamente falando, fechar os olhos diante do inevitável. Na condição de bispo, ele se sentia no dever de ajudar seus fiéis (e a cristandade toda) a compreender essa catástrofe sem perder a fé, mas, pelo contrário, saindo da provação com uma compreensão melhor do mistério salvífico e uma confiança fortalecida no Senhor.

Naquela época, Agostinho, um homem que havia conhecido a incredulidade e o materialismo, encontrou o segredo para dar forma à sua esperança fazendo um estudo profundo da teologia da história, desenvolvida em seu livro *A cidade de Deus*. Ali, superando muito a "teologia oficial" do Império, o santo nos apresenta um princípio hermenêutico determinante de seu pensamento: o esquema dos "dois amores" e das "duas cidades". Em síntese, é esta a base de seu argumento: existem dois "amores"; o amor de si, algo predominantemente individualista, que organiza os outros para os próprios fins, considera o solo comum enquanto se refere à própria função e se rebela contra Deus; e o amor santo, que é eminentemente social, organiza-se para o bem comum e leva adiante os mandamentos do Senhor. Em torno desses "amores" ou finalidades, organizam-se as duas cidades: a cidade terrena e a cidade de Deus. Em uma delas vivem os "ímpios". Na outra, os "santos".

No entanto, o interessante do pensamento agostiniano é que essas "cidades" não são constatáveis historicamente, no sentido de identificar-se plenamente com uma ou outra realidade secular. A cidade de Deus, claramente, não é a Igreja visível: muitos da cidade celestial estão na Roma pagã, e muitos da terrena, na Igreja cristã. As "cidades" são entidades escatológicas: no Juízo Final, poderão visualizar-se com seus perfis definidos, como o joio e o trigo depois da colheita. Até lá, aqui na história, estão extrinsecamente entremeadas. O "secular" é a existência histórica das duas cidades. Se, por um lado, do ponto de vista escatológico elas são mutuamente excludentes, por outro lado, no *saeculum*, o tempo mundano, não podem ser adequadamente distintas e separadas. A linha divisória que passa pela liberdade dos seres humanos é ao mesmo tempo pessoal e coletiva.

Por que estou relembrando esses antigos pensamentos de um bispo do século V? Porque eles nos ensinam uma maneira de ver a realidade. A história humana é o campo ambíguo onde são julgados vários projetos, mas nenhum deles está humanamente imaculado. No entanto, analisando todos eles, podemos considerar que modificam o "amor maculado" e o "amor santo" sobre os quais Agostinho falava. Apesar de todo o maniqueísmo ou dualismo, é possível discernir vendo, por um lado, os acontecimentos históricos como "sinais dos tempos", as sementes do reino, e colocar de lado as realizações que – desvinculadas da finalidade escatológica – só abonam a frustração do mais sublime do homem. Ou seja, é preciso perceber a realidade mediante uma valorização teológica e espiritual, do ponto de vista das ofertas de graça e das tentações ao pecado que se confrontam com o livre-arbítrio.

Levando em conta esse critério evangélico, eu me atrevo a compartilhar com vocês estas reflexões acerca da realidade atual de nosso país e, acima de tudo, dos valores que estão em jogo: valores ou "amores". Os amores são apenas aquilo que atrai e mobiliza nossos desejos e nossas energias, levando-nos à graça ou ao pecado, tornando-nos membros de uma "cidade" qualquer, adequando-se à complexa rede de nossa realidade histórica secular e, portanto, nos mostrando o caminho concreto de salvação que Deus coloca diante de nossos pés. Tentarei abstrair dos acontecimentos recentes algumas direções fundamentais que parecem ser necessárias, a fim de colaborar para uma busca comunitária de discernimento e conversão, como nos propôs João Paulo II.

Depois dos panelaços, o que aconteceu?

Pode ser lugar-comum, mas todos sabemos que naquela noite do panelaço (e me refiro à primeira) algo mudou em nossa cidade. Não exatamente na administração, mas nas pessoas.

Dentro das famílias, havia a consciência de cada um dos cidadãos que decidiu abandonar o negativismo ao qual se prendia – à amargura – para reconhecer o vizinho, o compatriota. Sentiam-se solidários, ainda mais por não ter sido motivo de tédio e bronca. Em alguns instantes, a rua deixou de ser um lugar de passagem, o âmbito do alheio, e tornou-se um espaço comum, no qual era possível buscar outras coisas comuns que pareciam ter sido tiradas de nós. Contra toda a mitologia tecnológica, o público voltou a ser a praça, e não apenas a plateia. Os próprios meios de comunicação, sempre onipresentes e, por vezes, quase criadores da "realidade", viram-se transbordados e tiveram de focar em um ou dois pontos principais, enquanto as pessoas invadiam tudo cantando e batendo panelas em uma passeata a pé, de bicicleta ou de carro.

Logo vieram os acontecimentos que todos conhecemos e também os exageros, bem como as diversas interpretações e leituras dos panelaços. Não pretendo aqui falar sobre elas. Apenas quero esmiuçar aquele momento de participação coletiva, que foi um sinal de tentativa de recuperação do "comum", um ponto de partida para a leitura da realidade que nos rodeia. E proponho a vocês um caminho "indireto", o qual tem a ver com nossa história de ser passional que, espero, possa ajudar: estudar os versos de "Martín Fierro", à procura de algumas chaves que nos permitam descobrir algo nosso para retomar nossa história com sentimento de continuidade e dignidade. Tenho consciência dos riscos da leitura que estou incentivando-os a compartilhar. Às vezes, pensamos nos valores e nas tradições, até na própria cultura, como uma espécie de joia antiga e inalterável, algo que permanece em um espaço e um tempo à parte, que não se altera com as idas e vindas da história concreta.

Permitam-me dizer que uma mentalidade assim só nos levará ao museu e, a longo prazo, ao sectarismo. Nós, cristãos, temos sofrido muito as polêmicas estéreis entre tradicionalismo e progressismo para nos deixar levar de novo por atitudes desse tipo.

O que aqui me parece mais útil é reconhecer em "Martín Fierro" uma narração, uma espécie de "exposição" do drama da constituição de um sentimento coletivo e inclusivo. Essa narração, até mesmo além de seu gênero, de seu autor e de seu tempo, pode nos inspirar, 130 anos depois. Obviamente, haverá muitos que não se sentirão identificados com um gaúcho matreiro, fugitivo da justiça (e, de fato, personalidades importantes de nossa história cultural costumavam questionar a exaltação de um personagem aparentemente comum elevado à categoria de herói épico nacional). No entanto, não faltará quem reconheça (em segredo) que prefere Juez ou Viejo Vizcacha, pelo menos no que diz respeito à sua maneira de compreender o que vale e o que não vale a pena na vida. Outros, sem dúvida, serão notados, como Moreno, cujo irmão foi apunhalado por Fierro.

Existe lugar para todos. E não é questão de instalar um novo maniqueísmo. Em uma obra desse tamanho, não existem pessoas tão boas nem tão ruins. E ainda que não tenha faltado intenção política e até pedagógica a José Hernández quando criou "A ida e a volta", a verdade é que o poema foi além de suas circunstâncias para dizer algo que forma a essência de nossa convivência. Com base nessa transcendência, nos ecos que pode causar em nós, e não com base em uma dialética inútil sobre modelos anacrônicos, é preciso esmiuçar esse poema.

"Martín Fierro",
um poema "nacional"

A pergunta sobre a "identidade nacional" em um mundo globalizado

É curioso. Só de ver o título do livro, antes até de abri-lo, encontro motivos que sugerem reflexão a respeito dos núcleos de nossa identidade como nação. *O gaúcho Martín Fierro*: foi assim que foi chamado o primeiro livro publicado do autor, depois conhecido como *Ida*. O que o gaúcho tem a ver conosco? Se vivêssemos no campo, trabalhando com os animais, ou ao menos em povoados rurais, tendo maior contato com a terra, seria mais fácil compreender... Em nossas cidades grandes – mais precisamente em Buenos Aires –, muita gente vai se lembrar do cavalo dos estábulos ou dos currais de Mataderos como o mais próximo da experiência equestre que já tenha vivido na vida. E é preciso notar que mais de 86% dos argentinos vivem em grandes cidades. Para a maioria de nossos jovens e crianças, o mundo de Martín Fierro é muito mais alheio que os cenários místico-futuristas dos desenhos japoneses.

Isso está muito relacionado, é claro, com o fenômeno da globalização. De Bangcoc a São Paulo, de Buenos Aires a Los Angeles ou Sydney, muitos e muitos jovens escutam as mesmas músicas, as crianças assistem aos mesmos desenhos animados, as famílias se vestem, comem e se divertem nas mesmas redes. A produção e o comércio circulam além das fronteiras nacionais, cada vez mais permeáveis. Conceitos, religiões e formas de vida nos aproximam pelos meios de comunicação e do turismo.

No entanto, essa globalização é uma realidade ambígua. Muitos fatores parecem nos levar a suprimir as barreiras culturais que impediam o reconhecimento da dignidade comum dos seres humanos, fazendo-nos aceitar a diversidade de condições, raças, sexo ou cultura. Jamais a humanidade teve a possibilidade de formar uma comunidade mundial de múltiplas facetas e solidária como está tendo agora. No entanto, os desequilíbrios sociais crescentes, cada vez maiores, a imposição de valores e costumes de algumas culturas, a crise ecológica e a exclusão de milhões de seres humanos dos benefícios do desenvolvimento são fatores que nos levam a questionar seriamente essa latente globalização. Nesse contexto, a formação de uma família humana solidária e fraterna continua sendo uma utopia.

Esse verdadeiro aumento de consciência da humanidade não pode redundar em outra coisa senão na prática do diálogo e do amor. Diálogo e amor implicam aceitar e reconhecer o outro, aceitá-lo em sua diversidade. Só assim é possível fundamentar o valor da comunidade: não posso querer que o outro se submeta a meus critérios e prioridades, sem "absorvê-lo"; ao contrário tenho de reconhecê-lo como valioso celebrando essa diversidade que enriquece a todos. O inverso é simples narcisismo, mero imperialismo, mera tolice.

Isso também pode ser avaliado sob outra ótica: como posso dialogar, como posso amar, como posso construir algo comum se permito que isso se dilua, se perca, desapareça daquilo que eu havia colaborado? A globalização, como imposição unidirecional e uniformizadora de valores, práticas e objetos, segue ao lado da integração entendida como imitação e subordinação cultural, intelectual e espiritual. Dessa forma, são meros profetas do isolamento, ermitões em um mundo globalizado, anencéfalos e miméticos passageiros do fim do trem, admirando os fogos de artifício do mundo (dos outros), com a boca aberta e aplausos vazios de plateia comprada.

A nação como continuidade de uma história comum

Só poderemos dar início a nosso "poema nacional" se levarmos em conta que o que é narrado ali tem a ver diretamente com nós mesmos aqui e agora, e não porque somos gaúchos[1] ou usamos poncho, e sim porque o drama narrado por Hernández localiza-se na história real, cujo devir nos trouxe até aqui. Os homens e mulheres refletidos no tempo do relato viveram nesta terra, e suas decisões, produções e ideais formaram a realidade da qual hoje fazemos parte, a que hoje nos afeta diretamente. Essa "produtividade", esses "efeitos" e essa capacidade de ser ambientado na dinâmica real da história são o que torna "Martín Fierro" um "poema nacional". Não a guitarra, o *malón*[2] e a *payada*[3].

Aqui se faz necessário um apelo à consciência. Nós temos uma grave tendência a pensar que tudo começa hoje e a nos esquecer de que nada nasce de repente nem cai do céu como um meteorito. Isso já é um problema: se não aprendermos a reconhecer

---

[1] Refere-se a gaúchos da Argentina, que em muito se assemelham aos gaúchos brasileiros.
[2] Palavra traduzida como "festa surpresa" ou "grupo de arruaceiros". No contexto, significa uma festa típica com muita animação e música.
[3] Forma de fazer poesia cantada, acompanhada por uma guitarra. É caracterizada por dois ou mais trovadores que improvisam um tema. Geralmente, os temas abordados são origem da vida, amor, lar ou morte.

e assumir os erros e acertos do passado que deram origem aos bens e aos males do presente, estaremos condenados a repeti-los eternamente, o que, na verdade, não é eterno, porque a corda se estende até certo limite... mas isso vai além: se cortarmos a relação com o passado, a mesma coisa faremos com o futuro. Já podemos começar a olhar ao nosso redor... e para dentro de nós. Será que não houve uma negociação futura, uma total falta de responsabilidade em relação às gerações seguintes, à rapidez com que trataram as instituições, os bens e até as pessoas de nosso país?

A verdade é uma só: somos pessoas históricas. Vivemos no tempo e no espaço. Cada geração precisa das anteriores e deve muito às seguintes. E isso, em grande parte, é o sentido de uma nação: entendermos que devemos continuar com a tarefa de outros homens e mulheres que já deram tudo, e devemos construir um âmbito comum, uma casa, para os que virão depois. Como cidadãos "globais", a leitura de "Martín Fierro" pode nos ajudar a "situar" e delimitar essa "globalidade", reconhecendo as pessoas que construíram nossa nacionalidade, criando ou analisando seus ideais e questionando as razões de seu sucesso ou fracasso para seguir adiante como um povo.

Ser um povo implica, acima de tudo, uma atitude ética que nasce da liberdade

Diante da crise, torna-se necessário respondermos à pergunta: em que se baseia o que chamamos de "vínculo social"? O que dizemos estar em sério risco de se perder, o que é, definitivamente? O que é que me "vincula", me "liga" a outras pessoas em determinado lugar, até o ponto de compartilhar de um mesmo destino?

Permitam-me adiantar a resposta: trata-se de uma questão ética. A base da relação entre a moral e o social está nesse espaço (muito esquivo, no entanto) no qual o homem é homem na sociedade, animal político, como diriam Aristóteles e toda a tradição republicana clássica. É essa natureza social do homem que fundamenta a possibilidade de um contato entre os indivíduos livres, como propõe a tradição democrática liberal (tradições muitas vezes opostas, como nos revela a variedade de conflitos de nossa história).

Dessa forma, expor a crise como um problema moral supõe a necessidade de voltar a se referir aos valores humanos, universais, aqueles que Deus semeou no coração do homem e que vão amadurecendo com o crescimento pessoal e comunitário. Quando os bispos repetem várias vezes que a crise é fundamentalmente moral, não se trata de esgrimir um moralismo barato, reduzir o político, social e econômico a uma questão individual da consciência. Isso seria uma "lição de moral". Não estamos "levando água para o próprio moinho" (uma vez que a consciência e a moral são dos campos que mais competem adequadamente à Igreja), mas tentando apontar os valores coletivos que vêm sido expressos em atitudes, ações e processos do tipo histórico-político e sociais. As ações livres dos seres humanos, além do próprio peso no que tange à responsabilidade individual, têm consequências de longo alcance: produzem estruturas que permanecem no tempo, difundem um clima no qual determinados valores podem ocupar um papel central na vida pública ou permanecer marginalizados da cultura vigente. E isso também se encaixa no âmbito moral. Por isso, devemos encontrar o modo particular, em nossa história, para conviver e formar uma comunidade.

Com base nesse ponto de vista, retomamos o poema "Martín Fierro". Como todo relato popular, esse poema começa com uma descrição do "paraíso original". Mostra uma realidade idílica, na qual o gaúcho vive o ritmo calmo da natureza, cercado de seus afetos, trabalhando com alegria e habilidade, divertindo-se com seus companheiros, vivendo um modo de vida sensato e humano. O que isso indica? Em primeiro lugar, o autor não foi levado por uma espécie de nostalgia pelo "Éden gauchesco perdido". O recurso literário de descrever uma situação ideal desde o começo não passa de uma apresentação inicial do mesmo ideal. O valor a ser seguido não está atrás, na "origem", e sim adiante, no projeto.

Trata-se de "colocar o fim no começo" (ideia que, porém, é profundamente bíblica e cristã). A direção que damos à nossa convivência terá a ver com o tipo de sociedade que queremos formar. Aí está o segredo da disposição de um povo. Isso não significa ignorar os elementos biológicos, psicológicos e psicossociais que influenciam o campo de nossas decisões. Não podemos deixar de levar conosco, incorporar, somar e integrar (não só no sentido negativo no que diz respeito a limites, condicionamentos, empecilhos, mas também no sentido positivo) a herança recebida, as condutas, as preferências e os valores que vêm sendo constituídos ao longo do tempo. No entanto, sob a perspectiva cristã (e esta é uma das contribuições do cristianismo à humanidade em seu conjunto) sabemos valorizar tanto "o dado", o que já está no homem e não pode ser de outra forma, como o que surge de sua liberdade, de sua abertura definitiva ao novo, de seu espírito como dimensão transcendente, sempre de acordo com a virtualidade do que é "dado". Agora, tanto os condicionamentos da sociedade e a forma que eles adquiriram como os achados e as criações do espírito de acordo com a ampliação do horizonte humano, em conjunto com a lei natural inserida em nossa consciência, estão em jogo e realizam-se de modo concreto no tempo e no espaço: em uma comunidade concreta, compartilham uma terra, propondo objetivos comuns, construindo um modo próprio dos seres humanos de cultivar juntos os diversos vínculos, ao longo de tantas experiências compartilhadas, preferências, decisões e acontecimentos. Assim se criam uma ética comum e a abertura para um destino de plenitude que define o homem como ser espiritual.

Essa ética comum, essa "dimensão moral", é a que permite que as pessoas se desenvolvam juntas, sem se transformar em inimigas umas das outras. Pensemos em uma peregrinação: sair do mesmo lugar e dirigir-se ao mesmo destino permite que a coluna se mantenha assim, além do ritmo distinto ou do passo de cada grupo ou indivíduo.

Então, sintetizemos esta ideia: o que leva muitas pessoas a formar um povo? Em primeiro lugar, existe uma lei natural e, também, uma herança. Em segundo lugar, existe um fator psicológico: o homem se faz homem (cada indivíduo ou a espécie em sua evolução) na comunicação, na relação, no amor a seus semelhantes. Isso ocorre na palavra e no amor. Em terceiro lugar, esses fatores biológicos e psicoevolutivos atualizam-se, realmente entram em jogo, nas atitudes livres, na vontade de nos ligarmos aos outros de determinada maneira, de construir nossa vida com nossos semelhantes em um leque de preferências e práticas compartilhadas (Santo Agostinho definia o povo como "um conjunto de seres racionais associados pela comunidade conforme objetos amados"). O "natural" cresce no "cultural", "ético"; o instinto gregário adquire forma humana no livre-arbítrio de sermos "nós". Essa escolha, como toda atitude humana, logo tende a tornar-se um hábito (no melhor sentido da palavra), a alimentar um sentimento enraizado e a produzir instituições históricas ao ponto de pensarmos que cada um de nós vem a este mundo no seio de uma comunidade já constituída (a família, a "pátria"), sem que isso negue a liberdade de cada pessoa. E tudo isso tem uma base sólida nos valores que Deus deu a nossa natureza humana, no hábito divino que nos anima de dentro para fora e que nos torna filhos de Deus. Essa lei natural nos foi dada e nos foi imposta para que "se consolide no decorrer tempos, se desenvolva com o passar dos anos e cresça com o peso do tempo" (cf. Vicente de Lerins, *Primer. Conmonitorio*, cap. 23). Essa lei natural que – ao longo da história e da vida – há de se consolidar, desenvolver e crescer é a que nos salva do chamado relativismo dos valores consensuais. Os valores não podem ser consensuais: simplesmente são. No jogo cômodo de "estabelecer o consenso de valores", corre-se sempre o risco, que é resultado anunciado, de "nivelar por baixo"; então não é feito de modo sólido, pois envolve a violência da degradação. Alguém disse que nossa civilização, além de ser uma civilização descartável, é uma civilização "biodegradável".

Voltando ao nosso poema: Obviamente "Martín Fierro" não é a Bíblia, mas é um texto no qual, por diversos motivos, nós nos reconhecemos; é apenas um suporte para contarmos algo de nossa história e sonhar com nosso futuro:

> *Conheci esta terra*
> *Na qual o camponês vivia*
> *E onde tinha seu ranchinho*
> *E seus filhos e mulher,*
> *Era uma delícia ver*
> *Como passava seus dias.*

Esta é, portanto, a "situação inicial", na qual se desencadeia o drama. O poema "Martín Fierro" é, acima de tudo, includente. Tudo será logo transformado por uma espécie de mudanças que estão por vir; podemos estar encarnados, entre outros, em Juez, Aalde, Coronel. Nossa suspeita é a de que esse conflito não seja meramente literário. O que existe por trás desse texto?

"Martín Fierro", poema includente

Um país moderno, mas para todos

Antes de ser um "poema épico" abstrato, "Martín Fierro" é uma obra de denúncia com uma intenção clara: opor-se à política oficial e propor a inclusão do gaúcho no país que estava sendo construído:

> *É o pobre em sua orfandade*
> *Da fortuna, o resíduo*
> *Porque ninguém leva a sério*
> *O defender de sua raça*
> *O gaúcho deve ter casa,*
> *Escola, igreja e direitos.*

"Martín Fierro" ganhou vida além do que pretendia o autor, transformando-se no protótipo do perseguido por um sistema injusto e excludente. Nos versos do poema, percebe-se certa sabedoria popular recebida do ambiente, e assim Fierro não fala apenas da conveniência de promover uma mão de obra barata, mas da dignidade do homem em sua terra, assumindo seu destino com o trabalho, o amor, a festa e a fraternidade.

A partir daqui, podemos começar a avançar em nossa reflexão. Não interessa saber onde apoiar a esperança e com base em que reconstruir os vínculos sociais que têm sido tão castigados ultimamente. O panelaço foi como uma faísca autodefensiva, espontânea e popular. Sabemos que as panelas não resolveram os conflitos com golpes: hoje, o mais importante é ter o que colocar dentro delas. Devemos recuperar de modo organizado e criativo o protagonismo ao qual nunca devemos renunciar; portanto, também não podemos voltar a enfiar a cabeça no buraco, deixando que os líderes façam o que bem entenderem. E não podemos fazer isso por dois motivos: porque já vimos o que acontece quando o poder político e econômico desliga-se das pessoas, e porque a reconstrução não é tarefa de alguns, mas sim de todos, assim como o país não é apenas a classe dirigente, e sim todas as classes que vivem neste canto do planeta.

Então, e agora? Parece significativo o contexto histórico apregoado por "Martín Fierro": uma sociedade em formação, um projeto que exclui uma parte importante da população, condenando-a à orfandade e ao desaparecimento, e uma proposta de inclusão. Não estamos, hoje em dia, em situação parecida? Não temos sofrido as consequências de um modelo de país armado em troca de determinados interesses econômicos, que exclui as maiorias, que gera pobreza e marginalização, que está tolerante a todo tipo de corrupção, desde que isso não afete os interesses do poder mais concentrado? Não temos feito parte deste sistema perverso, aceitando em parte seus princípios – desde que não mexa com nosso bolso –, fechando os olhos para os que ficam de fora em razão da brandura da injustiça, até que ela praticamente expulse todos?

Hoje em dia, devemos, sim, articular um programa econômico e social, mas fundamentalmente um projeto político em seu sentido mais amplo. Que tipo de sociedade queremos? O personagem Martín Fierro orienta nosso olhar, nossa vocação como povo, como nação. Ele nos convida a dar forma a nosso desejo de ter uma sociedade na qual todos tenham espaço: o comerciante portenho, o gaúcho do litoral, o pastor do norte, o artesão do nordeste, o aborígine e o imigrante, a ponto de que nenhum deles queira ter totalidade, expulsando o outro da terra.

O gaúcho deve ter escola...

Durante décadas, a escola foi um importante meio de integração social e nacional. O filho do gaúcho, o migrante do interior que chegava à cidade e até o estrangeiro que desembarcava nessa terra encontravam, na educação básica, os elementos que lhe permitiam transcender a particularidade de sua origem para buscar um lugar na construção comum de um projeto. Ainda hoje, com a pluralidade enriquecedora de propostas educadoras, devemos voltar a apostar: não só na educação, mas em tudo à nossa volta. Recentemente, nos últimos anos, e com a ideia de um país que já não se preocupava muito em incluir todos e, inclusive, não era capaz de projetar um futuro, a instituição educativa perdeu seu prestígio, perdeu os apoios e recursos e seu lugar no coração da sociedade. O conhecido termo "escola *shopping*" não serve apenas para criticar algumas iniciativas pontuais que pudemos presenciar. Coloca em destaque toda uma concepção segundo a qual a sociedade é mercado e nada mais. Desse modo, a escola tem o mesmo lugar de qualquer empreendimento lucrativo. E devemos nos lembrar sempre de que não foi esta a ideia que desenvolveu nosso sistema educativo e que, com erros e acertos, contribuiu para a formação de uma comunidade nacional.

Nesse ponto, os cristãos têm dado uma contribuição inegável há muitos séculos. Não é minha intenção entrar em polêmica e apontar diferenças que apenas consomem esforços. Simplesmente pretendo chamar a atenção de todos, em especial dos educadores católicos, a respeito da importante tarefa que temos em mãos. Depreciada, desvalorizada e até atacada por muitos, os afazeres do dia a dia de todos aqueles que mantêm as escolas funcionando, enfrentando dificuldades de todo tipo, com baixos salários e dando muito mais do que recebem, continuam sendo um dos melhores exemplos daquilo no que é preciso voltar a apostar: a entrega pessoal a um projeto de um país para todos. Esse projeto, que tem por base o educativo, o religioso ou social, torna-se político no sentido mais amplo da palavra: a construção da comunidade.

Esse projeto político de inclusão não é tarefa apenas do partido governante, nem sequer da classe dominante em seu conjunto, mas sim de todos nós. O "tempo novo" é criado com base na vida concreta e cotidiana de cada um dos membros da nação, em cada decisão diante do próximo, diante das próprias responsabilidades, no pequeno e no grande, mais ainda no seio das famílias e em nossa rotina escolar ou de trabalho.

> *Mas Deus há de permitir*
> *Que isso melhore.*
> *Mas há de se lembrar*
> *Para fazer bem o trabalho*
> *Que o fogo para esquentar*
> *Deve vir sempre de baixo.*

Isso, porém, merece uma reflexão mais completa.

"Martín Fierro", compêndio de ética cívica

Certamente, até mesmo Hernández sabia que os gaúchos "verdadeiros", os de carne e osso, não iam se comportar como "senhores ingleses" na "nova sociedade a endurecer". Vindos de outra cultura, sem cercas, acostumados a décadas de resistência e luta, alheios em um mundo que ia sendo construído com parâmetros muito distintos daqueles nos quais haviam vivido, eles também deveriam realizar um forte esforço para se integrar, uma vez que fossem abertas as portas.

Os recursos da cultura popular

A segunda parte de nosso "poema nacional" teve a intenção de ser uma espécie de "manual de virtudes cívicas" para o gaúcho, uma "chave" para se integrar à nova organização nacional.

E como é dito em minha língua

>*Todos devem ter fé.*
>*Assim, entenda-me,*
>*Com cobiças, não me mancho.*
>*Não há de chover no rancho*
>*Por onde este livro passe.*

"Martín Fierro" está repleto de elementos que o próprio Hernández havia retirado da cultura popular, elementos que, junto com a defesa de alguns direitos concretos e imediatos, valeram a ele a grande admiração que recebeu. E mais: com o tempo, gerações e mais gerações de argentinos releram "Martín Fierro"... e o reescreveram, pondo sobre suas palavras as muitas experiências de luta, as expectativas, as buscas, os sofrimentos... "Martín Fierro" cresceu a ponto de representar o país decidido, fraterno, amante da justiça, indomável. Por isso, ainda hoje tem algo a dizer. É por isso que aqueles "conselhos" para "domesticar" o gaúcho ultrapassaram o significado com que foram escritos e continuam até hoje sendo um espelho de virtudes cívicas não abstratas, mas profundamente enraizadas em nossa história.

Vamos dar atenção a essas virtudes e a esses valores agora.

Os conselhos de "Martín Fierro"

Convido todos a ler o poema mais uma vez. Façam isso não apenas com interesse literário, mas como forma de conhecer a sabedoria de nosso povo, que tem sido exposta nessa obra singular. Além das palavras, além da história, vocês verão que o que continua batendo dentro de nós é um tipo de emoção, um desejo de acabar com toda a injustiça e mentira e seguir construindo uma história de solidariedade e fraternidade, em uma terra comum onde todos possamos crescer como seres humanos. Trata-se de uma comunidade onde a liberdade não é um pretexto para faltar à justiça, na qual a lei não seja apenas para o pobre e todos tenham seu lugar.

Espero que sintam o mesmo que eu: que não é um livro que fala do passado, mas também do futuro que podemos construir.

Não vou prolongar esta mensagem – já muito extensa – falando do desenvolvimento de muitos valores que Hernández coloca na boca de Fierro e de outros personagens do poema. Simplesmente, eu os convido a se aprofundar neles, por meio da reflexão e também de um diálogo em cada uma de nossas comunidades educativas. Aqui, apresentarei apenas algumas das ideias que podemos resgatar, entre muitas outras.

Prudência ou "astúcia": trabalhar pela verdade e pelo bem... ou por conveniência

> *Nasce o homem com a astúcia*
> *Que há de lhe servir de guia.*
> *Sem ela, sucumbiria,*
> *Mas, segundo minha experiência,*
> *Em uns, transforma-se em prudência*
> *E em outros, astúcia.*
> *Há homens que, de seu conhecimento,*
> *Estão com a cabeça tomada;*
> *Existem sábios de todos os tipos,*
> *Mas digo, sem ser muito douto,*
> *É melhor que aprender muito*
> *O aprender de coisas boas.*

Um ponto de partida: "prudência" ou "astúcia" como formas de organizar os próprios dons e a experiência adquirida; um modo de agir adequado, conforme a verdade e possível aqui e agora, ou a conhecida manipulação de informações, situações ou interações com base no próprio interesse; um mero acúmulo de ciência (utilizável para qualquer fim) ou verdadeira sabedoria, que inclui o "saber" em seu duplo sentido, conhecer e saborear, e que se guia tanto pela verdade como pelo bem. "Tudo me é permitido, mas nem tudo me convém", diria São Paulo. Por quê? Porque além de minhas necessidades, de meus desejos e preferências estão os do outro. E o que satisfaz um à custa do outro acaba destruindo os dois.

A hierarquia dos valores e a ética do êxito do "ganhador"

Nem o medo nem a cobiça
Devem ocorrer.
E não se assustem
Com os bens que perecem.
Que ao rico nunca sejam oferecidos
E que ao pobre jamais faltem.

Longe de nos chamar ao desprezo dos bens materiais como tais, a sabedoria popular que se expressa nessas palavras considera os bens perecíveis como o meio, a ferramenta para a realização de uma pessoa a um nível mais elevado. Por isso, recomenda-se que não seja oferecido ao rico (comportamento interessado e servil que se recomendaria à "astúcia" de Viejo Vizcacha) e não seja oferecido com mesquinhez ao pobre (que precisa de nós e, como diz o Evangelho, não tem nada com que nos pagar). A sociedade humana não pode ser uma "lei da selva", na qual cada um tente manipular o que quiser, custe o que custar. Já sabemos, e muito dolorosamente, que não existe nenhum mecanismo "automático" que garanta a equidade e a justiça. Apenas uma opção ética, transformada em práticas concretas, com meios eficazes, é capaz de evitar que o homem prejudique o homem. Entretanto, isso é a mesma coisa que determinar uma ordem de valores que é mais importante do que o lucro pessoal e, portanto, um tipo de bem que é superior aos materiais. E não estamos falando de questões que exigem determinada crença religiosa para serem compreendidas: estamos nos referindo a princípios, como a dignidade da pessoa, a solidariedade, o amor:

> *Vós me chamais Mestre e Senhor, e dizeis bem, porque eu o sou. Logo, se eu, vosso Senhor e Mestre, vos lavei os pés, também vós deveis lavar-vos os pés uns dos outros. Dei-vos o exemplo para que, como eu vos fiz, assim façais também vós*
>
> (Jo 13,13-15)

Uma comunidade que deixa de se ajoelhar diante da riqueza, do êxito e do prestígio e que seja capaz, ao contrário, de lavar os pés dos humildes e necessitados estaria mais de acordo com esse ensinamento que a ética do "ganhador" (a qualquer preço) que temos visto recentemente.

O trabalho e o tipo de pessoa que queremos ser

> *O trabalhar é a lei porque é preciso adquirir...*
> *Não sofram uma triste situação.*
> *Sangra muito o coração daquele que tem que pedir.*

É preciso comentar? A história tem marcado a fogo nosso povo no sentido da dignidade do trabalho e do trabalhador. Existe algo mais humilhante do que não poder ganhar o pão? Existe forma pior de decretar a inutilidade e a inexistência de um ser humano? Será que uma sociedade que aceita tamanha diferença escondendo-se atrás de considerações abstratas técnicas pode ser caminho para a realização de uma pessoa?

Infelizmente, esse conhecimento não é praticado. Não apenas pelas condições óbvias responsáveis pelo terrível desemprego atual (condições que, por não ficarem ocultas, são originadas de uma forma de organizar a convivência que coloca a ganância acima da justiça e do direito), mas também por uma mentalidade de "vivacidade" (também crioula!) que chegou a fazer parte de nossa cultura. "Safar-se" e "salvar-se"... pelo meio mais direto e fácil possível, "dinheiro chama dinheiro", "ninguém fica rico trabalhando", entre outras, são algumas crenças que têm alimentado a cultura da corrupção, que tem a ver, sem dúvida, com esses "atalhos" pelos quais muitos têm tentado ganhar o pão sem o suor do rosto.

A ajuda urgente aos mais fracos

A cegonha, quando é velha,
Perde a visão, e suas filhas pequenas
Procuram cuidar dela na maturidade.
Aprendam com as cegonhas
Esse exemplo de ternura.

Na ética dos "ganhadores", o que se considera inútil é retirado. É a civilização do "descarte". Na ética de uma verdadeira comunidade humana, neste país que gostaríamos de ter e que podemos construir, todo ser humano é valioso, e os maiores o são por mérito próprio, por diversas razões: pelo dever do respeito filial já presente no decálogo bíblico; pelo indubitável direito de descansar no seio de sua comunidade, que ganhou aquele que viveu, sofreu e ofereceu o que é seu; pela contribuição que só ele pode dar ainda à sociedade, já que, como disse o próprio Martín Fierro, "É da boca do velho/ de onde saem as verdades". Não é preciso esperar até que o sistema de segurança social seja reconstituído, atualmente destruído pela depredação: enquanto isso, existem inúmeros gestos e atitudes de auxílio aos maiores que estariam ao alcance de nossa mão com um pouco de criatividade e boa vontade. E, da mesma maneira, não podemos deixar de considerar de novo as possibilidades concretas que temos de fazer algo pelas crianças, pelos doentes e por todos aqueles que sofrem por diversos motivos. A convicção de que existem questões "estruturais", que têm a ver com a sociedade em seu conjunto e com o próprio Estado, de modo nenhum nos exime de nossa colaboração pessoal, por menor que seja.

Nunca mais o roubo, a propina e o "não se meta"

> *Ave de bico curvo*
> *Costuma roubar,*
> *Mas o homem de razão*
> *Não rouba nunca um cobre,*
> *Porque não é vergonha ser pobre*
> *E é vergonhoso ser ladrão.*

Talvez em nosso país esse ensinamento tenha sido um dos mais esquecidos. Entretanto, além disso, além de não permitir nem justificar nunca mais o roubo e a propina, teríamos de dar passos mais decididos e positivos. Por exemplo, perguntamos não apenas pelas coisas que devemos deixar de lado, mas também como podemos contribuir. Como poderíamos entender que também são "vergonha" a indiferença, o individualismo e a subtração (roubo) da própria colaboração à sociedade para ficar apenas com a certeza de "fiz minha parte"?

> *Mas ele, querendo justificar-se, perguntou a Jesus: "E quem é o meu próximo?". Jesus então contou: "Um homem descia de Jerusalém a Jericó, e caiu nas mãos de ladrões, que o despojaram; e depois de o terem maltratado com muitos ferimentos, retiraram-se, deixando-o meio morto. Por acaso desceu pelo mesmo caminho um sacerdote, viu-o e passou adiante. Igualmente um levita, chegando àquele lugar, viu-o e passou também adiante. Mas um samaritano que viajava, chegando àquele lugar, viu-o e moveu-se de compaixão. Aproximando-se, atou-lhe as feridas, deitando nelas azeite e vinho; colocou-o sobre a própria montaria e levou-o a uma hospedaria e tratou dele. No dia seguinte, tirou dois denários e deu-os ao hospedeiro, dizendo-lhe: 'Trata dele e, quanto gastares a mais, na volta to pagarei'. Qual desses três parece ter sido o próximo daquele que caiu nas mãos dos ladrões?". Respondeu o doutor: "Aquele que usou de misericórdia para com ele". Então, Jesus lhe disse: 'Vai, e faze tu o mesmo"*
>
> (Lc 10,29-37).

Palavras vãs, palavras verdadeiras

Procurem, se forem cantores,
O cantar com sentimento.
Não toquem o instrumento
Pelo simples gosto de falar
E acostumem-se a cantar
Coisas com fundamento.

Comunicação, hipercomunicação, incomunicação. Quantas palavras "sobram" entre nós? Quanto falatório, quanta difamação, quanta calúnia? Quanta superficialidade, banalidade, perda de tempo? Esse dom maravilhoso, que é a capacidade de comunicar ideias e sentimentos, não sabemos valorizar nem aproveitar em toda a sua riqueza. Não poderíamos nos propor a evitar todo "canto" que só seja "pelo gosto de falar"? Seria possível ficarmos mais atentos ao que dizemos de mais e ao que dizemos de menos, especialmente aqueles que têm a missão de ensinar, falar e comunicar?

Conclusão: palavra e amizade

Por fim, citemos aquela estrofe na qual vimos tão refletido o mandamento do amor em circunstâncias difíceis para nosso país. Aquela estrofe que se transformou em lema, em programa, em ordem, mas que devemos relembrar de vez em quando:

Que os irmãos se unam,
Porque essa é a primeira lei.
Tenham união verdadeira
Em qualquer momento que seja,
Porque, se eles brigarem entre si,
Serão devorados pelos de fora.

Estamos em um momento crucial de nossa pátria. Crucial e fundamental: por isso mesmo, cheio de esperança. A esperança está muito distante de ser facilmente alcançada ou de se esquivar em timidez. Exige o melhor de nós mesmos na tarefa de reconstruir o comum, o que nos faz um povo.

Essas reflexões têm pretendido apenas despertar um desejo: o de colocarmos mão à obra, animados e iluminados por nossa história; o de não deixar desaparecer o sonho de uma pátria de irmãos que guiou tantos homens e mulheres nesta terra.

O que dirão sobre nós as próximas gerações? Estaremos à altura dos desafios que aparecem?

Por que não? Esta é a resposta. Sem grandiloquência, sem messianismo, sem certezas impossíveis, é preciso voltar a mergulhar com coragem em nossos ideais, naqueles que nos guiaram em nossa história, e começar agora mesmo a colocar em andamento outras possibilidades, outros valores, outras condutas.

Quase como uma síntese, apresento o último verso que citarei de "Martín Fierro", um verso que Hernández atribui ao filho mais velho do gaúcho, em sua amarga reflexão sobre a prisão:

> *E que de todos os bens,*
> *Em minha ignorância, digo*
> *Que dê ao homem altaneiro*
> *Sua divina majestade,*
> *A palavra é o primeiro,*
> *E o segundo, a amizade.*

A palavra que nos comunica e vincula, fazendo que compartilhemos ideias e sentimentos, sempre e quando falemos com a verdade. Sempre, sem exceções.

A amizade, inclusive a amizade social, com seu "braço comprido" da justiça, é o maior tesouro, aquele bem que não se pode sacrificar por nenhum outro, aquele do qual é preciso cuidar acima de todas as coisas.

Palavra e amizade: "E o Verbo se fez carne e habitou entre nós" (Jo 1,14). "Ninguém tem maior amor do que aquele que dá a sua vida por seus amigos. Vós sois meus amigos, se fazeis o que vos mando. Já não vos chamo servos, porque o servo não sabe o que faz seu senhor. Mas chamei-vos amigos, pois vos dei a conhecer tudo quanto ouvi de meu Pai" (Jo 15,13-15). Se começarmos agora mesmo a valorizar esses dois bens, pode ser que mudemos a história de nosso país.

Quaresma, 2003

Ser criativos para uma esperança ativa

Um ato de esperança

Há exatamente um ano eu dava início à minha mensagem às comunidades educacionais falando de um momento crítico e decisivo na vida de nosso povo. Muitas coisas se passaram desde então: sofrimento, desconcerto, indignação, mas também muita solidariedade de tantos homens e mulheres que se ofereceram ao próximo sem se justificar na indiferença ou no afã de se "salvar" dos outros. Como balanço, encontramos a convicção de que não temos de esperar nenhum *salvador*, nenhuma proposta mágica que vá nos fazer seguir em frente ou cumprir nosso verdadeiro destino. Não existe verdadeiro destino, não existe magia. O que existe é um povo com sua história repleta de perguntas e dúvidas, cujas instituições mal se sustentam, cujos valores são postos entre pontos de interrogação, com as ferramentas mínimas para sobreviver pelo menos um dia. São coisas pesadas demais para serem confiadas a um carismático ou a um técnico. São coisas que só mediante uma ação coletiva de criação histórica podem dar lugar a um rumo mais venturoso. E não me julgo equivocado quando intuo que a tarefa de vocês como educadores vai ter de se destacar nesse desafio. Criar coletivamente uma realidade melhor, com os limites e possibilidades da história, é um ato de esperança. Não se trata de certezas ou meras apostas: nem destino nem acaso. Exige crenças e virtudes, pondo em jogo todos os recursos, mais um toque imponderável que lhe dará certa dramaticidade.

A reflexão deste ano também versa sobre a esperança, mais particularmente sobre um componente essencial de sua dimensão ativa: a criatividade. Porque, se estamos em um momento de criação histórica e coletiva, nossa tarefa como educadores já não pode se limitar a "continuar fazendo o de sempre", nem mesmo a "resistir" diante de uma realidade extremamente adversa: trata-se de criar, de começar a assentar os tijolos para um novo edifício no meio da história; ou seja, situados em um presente que tem um passado e – é o que desejamos – também um futuro.

Utopia e criação histórica

Para nós, falar de criação tem uma conotação crente imediata. A fé em Deus Criador nos diz que a história dos homens não é um vazio sem margens: tem um início e tem também uma direção. O Deus que criou "o céu e a terra" é o mesmo que fez uma promessa a seu povo, e seu poder absoluto é a garantia da eficácia de seu amor. A fé na criação, desse modo, é suporte da esperança. A história humana, nossa história, a história de cada um de nós, de nossas famílias, de nossas comunidades, a história concreta que construímos dia a dia em nossas escolas, nunca está terminada, nunca esgota suas possibilidades; sempre pode se abrir ao novo, ao que até agora não havia sido considerado, ao que parecia impossível. Essa história faz parte de uma criação que tem suas raízes no poder e no amor de Deus.

Uma vez mais, é conveniente deixar claro que não se trata de uma espécie de cotejo entre pessimismo e otimismo. Estamos falando da esperança, e a esperança não se sente à vontade com nenhuma dessas duas opções. Vamos nos centrar na criatividade como característica de uma esperança ativa. Em que sentido nós, seres humanos, podemos ser criativos, criadores? Obviamente, não será no sentido de criar do nada como Deus. Nossa capacidade de criar é bem mais humilde e circunscrita, posto que é um dom de Deus que, acima de tudo, devemos receber. Nós, ao exercermos nossa criatividade, devemos aprender a nos mover dentro da tensão entre a novidade e a continuidade. Isso quer dizer que devemos dar lugar ao novo com base no já conhecido. Para a criatividade humana, não há criação do nada nem idêntica repetição do mesmo. Agir criativamente implica responsabilizar-se seriamente pelo que existe, em toda a sua densidade, e encontrar o caminho pelo qual se manifeste algo novo.

Neste ponto, podemos convocar, como já fizemos no ano passado, um dos mais importantes mestres da fé: Santo Agostinho. Em sua obra *A cidade de Deus*, esse pai da Igreja reflete sobre o sentido da história sob a perspectiva da salvação escatológica realizada em Cristo. A iminente queda do Império Romano anunciava uma profunda novidade histórica: o fim de uma época e o incerto começo de outra. E Agostinho propunha-se a compreender os desígnios de Deus para iluminar a Igreja confiada a seu ministério. Já expusemos os elementos centrais dessa obra na mensagem do ano passado. Em última instância, nós nos referíamos à história humana como lugar do discernimento entre as ofertas da graça, voltadas à plena realização do homem; à sociedade e à história na redenção escatológica, e nas tentações do pecado, pretendendo construir um destino que não se oponha à dinâmica divina de salvação.

Entretanto, há outras dimensões desse pensamento agostiniano que podem nos orientar na busca de uma criatividade histórica. Para aproveitar seu ensinamento, precisamos nos perguntar, antes de qualquer coisa, sobre *o* sentido da utopia. Em primeiro lugar, as utopias são fruto da imaginação, são a projeção no futuro de uma constelação de desejos e aspirações. A utopia toma sua força com base em dois elementos: de um lado, temos a inconformidade, a insatisfação ou o mal-estar gerados pela realidade atual; de outro, a inquebrantável convicção de que outro mundo é possível. Daí sua força de mobilização. Longe de ser um mero consolo fantasioso, uma alienação imaginária, a utopia é uma forma que a esperança assume em uma situação histórica específica.

A crença de que o mundo é perfectível e de que o ser humano tem recursos para alcançar uma vida mais plena alimenta toda construção utópica. Entretanto, tal crença segue junto com uma busca concreta de meios para que esse ideal seja realizável. Embora o termo utopia literalmente remeta a algo que está "em nenhum lugar", algo impossível de localizar, nem por isso aponta a uma completa alienação da realidade histórica. Ao contrário, apresenta-se como um desenvolvimento possível, ainda que por ora imaginado. Vamos anotar este ponto: algo que não existe ainda, algo novo, mas para o qual devemos nos dirigir com base no que existe. Desse modo, todas as utopias incluem uma descrição de uma sociedade ideal, porém incluem ainda uma análise dos mecanismos ou estratégias que a poderiam tornar possível. Diríamos que é uma projeção no futuro que tende a voltar ao presente, buscando seus caminhos de possibilidades, nesta ordem: primeiro, o ideal, delineado vividamente, depois, certos meios que hipoteticamente o fariam viável.

Além disso, em sua ida e volta a partir do presente, apoia-se fundamentalmente na negação dos aspectos não desejados da realidade atual. Brota do repúdio (não visceral, e sim inteligente) a uma situação considerada ruim, injusta, desumanizadora, alienante etc. Dessa forma, devemos assinalar que a utopia propõe o novo, sem nunca se livrar do atual. Esboça a expectativa da novidade pela percepção atual do que seria desejável se pudéssemos nos livrar dos fatores que nos oprimem, das tendências que nos impedem de ter acesso a algo superior. Por dois lados diferentes, então, vemos a indissolúvel ligação entre o futuro desejado e o presente suportado. A utopia não é pura fantasia: também é crítica da realidade e busca de novos caminhos.

Nesse repúdio ao atual em nome de outro mundo possível, articulado como um salto ao futuro que deve depois encontrar seus caminhos para se tornar viável, há dois sérios limites: primeiro, certo aspecto "louco", próprio de seu caráter fantástico ou imaginário que, ao enfatizar essa dimensão e não os aspectos pragmáticos de sua construção, pode transformá-la em mero sonho, em desejo impossível. Isso nos fica claro pelo uso atual do termo. O segundo limite: em seu repúdio ao atual e em seu desejo de instaurar algo novo, a utopia pode recair em um autoritarismo mais feroz e intransigente que aquele que se queria superar. Quantos ideais utópicos não deram lugar, na história da humanidade, a toda forma de injustiça, intolerância, perseguição, desmando e ditadura de diversos tipos?

Pois bem: justamente são esses dois limites do pensamento utópico que provocaram seu descrédito na atualidade – seja por um pretenso realismo que se amarra ao possível, entendendo esse possível como o simples jogo das forças dominantes, descartando a capacidade humana de criar realidades com base em uma aspiração ética, seja pelo cansaço diante das promessas de certos mundos novos que, no último século, só trouxeram mais sofrimento aos povos.

E aqui podemos tornar a ler *A cidade de Deus*. A utopia, tal como a conhecemos, é uma construção tipicamente moderna (embora tenha suas raízes nos movimentos milenaristas que atravessaram a segunda metade da Idade Média). Todavia, Santo Agostinho, ao propor seu esquema das "duas cidades" (a cidade de Deus, regida pelo amor, e a cidade terrena, pelo egoísmo), inextricavelmente justapostas na história secular, oferece-nos algumas chaves para situar a relação entre novidade e continuidade, que são justamente o ponto crítico do pensamento utópico e a chave de toda a criatividade histórica. De fato: a cidade de Deus é, em primeiro lugar, uma crítica à concepção que sacralizava o poder político e o *status quo*. Todo império da antiguidade se apoiava nesse tipo de crença. A religião era parte essencial de toda a construção simbólica e imaginária que sustentava a sociedade em um poder sacralizado. E isso não era só entre os pagãos: uma vez que o cristianismo foi adotado como religião do Império Romano, foi se configurando uma teologia oficial que sustentava essa realidade política como se fosse já o Reino de Deus consumado na terra.

Era justamente a esse tipo de leitura teológica de uma realidade histórica que se opunha Agostinho em sua obra. Ao mostrar as sementes de corrupção na Roma imperial, estava rompendo toda a identificação entre o Reino de Cristo e o reino deste mundo. E, ao apresentar a cidade de Deus como uma realidade presente na história, mas de um modo mesclado com a cidade terrena e só separável no Juízo Final, dava lugar à possibilidade de outra história, vivida e construída com base em outros valores e outros ideais. Se na teologia oficial a história era o lugar exclusivo e excludente do poder autorreferenciado, na cidade de Deus constitui um espaço para uma liberdade que acolhe o dom da salvação e o projeto divino de uma humanidade e um mundo transfigurados. Embora esse projeto seja consumado na escatologia, na história já pode ir gestando novas realidades, derrubando falsos determinismos, abrindo diversas vezes o horizonte da esperança e da criatividade por meio de um sentido especial, de uma promessa que sempre está convidando a seguir em frente.

Também podemos assumir o momento "utópico" de sua crítica aos modelos sacralizados e vinculá-lo ao realismo com que o bispo de Hipona considerava sua pertinência ativa à Igreja, porque outro aspecto de nosso santo está em sua comprometida e concreta luta pela construção de uma Igreja forte, unida, centrada na experiência de fé da qual ele mesmo era uma testemunha privilegiada, realizando-se de um modo histórico e terreno em uma comunidade real. Sua firme posição diante dos donatistas (uma corrente que pretendia uma Igreja dos puros, sem lugar para os pecadores) evidenciava a convicção realista de que a espera de um céu novo e uma nova terra não deve nos deixar de braços cruzados diante dos desafios do presente, em nome de uma pureza ou não contaminação com o terreno; ao contrário, deve nos dar uma orientação e uma energia próprias para amassar o barro do cotidiano, o ambíguo barro de que é feita a história humana, para plasmar um mundo mais digno das filhas e dos filhos de Deus. Não estamos nos referindo ao céu na terra: só a um mundo mais humano, à espera da ação escatológica de Deus.

A criatividade histórica, então, sob uma perspectiva cristã, rege-se pela parábola do trigo e do joio. É necessário projetar utopias e, ao mesmo tempo, é necessário responsabilizar-se pelo que existe. Não existe o "começar do zero". Ser criativo não é jogar fora tudo que constitui a realidade atual, por mais limitada, corrupta e desgastada que se apresente. Não há futuro sem presente e sem passado: a criatividade implica também memória e discernimento, equanimidade e justiça, prudência e força. Se vamos tentar aportar algo a nossa pátria no lugar da educação, não podemos perder de vista os dois polos: o utópico e o realista, porque ambos são parte integrante da criatividade histórica. Devemos nos animar para o novo, mas sem jogar no lixo o que outros (e inclusive nós mesmos) construíram com esforço.

Um criativo
na história Argentina

Vamos tentar ver isso de um modo um pouco mais concreto. Por que não tentar, já que estamos nisso, aprender pela história? Pensando nos primeiros tempos de nossa pátria, veio à minha lembrança um personagem do qual, em geral, não reconhecemos sua relevância na Argentina nascente. Refiro-me a Manuel Belgrano.

O que se pode dizer dele, além de sua participação na Primeira Junta e na criação da bandeira? Não foi um homem bem-sucedido, pelo menos não nos termos em que nos acostumamos a usar essa palavra nestes tempos de pragmatismo e ignorância. Suas campanhas militares careceram do brilho e da profundidade que valeram a José de San Martín o título de Libertador. Carecia da pluma de escritor e propagandista de um Sarmiento. Como político, sempre esteve relegado a uma segunda linha. Sua vida privada também não foi muito chamativa: sua saúde deixava bastante a desejar, não pôde se casar com a mulher que amava e morreu aos 50 anos, na pobreza. Contudo, Sarmiento afirmava que ele era "um dos pouquíssimos que não têm de pedir perdão à posteridade e à severa crítica da história. Sua morte obscura é ainda uma garantia de que foi cidadão íntegro, patriota irrepreensível". De muito poucos bem-sucedidos de nossa história nacional se poderia dizer o mesmo. É que, além de suas incontrastáveis virtudes pessoais e sua profunda fé cristã, Belgrano foi um homem que, no momento justo, soube encontrar o dinamismo, a força e o equilíbrio que definem a verdadeira criatividade: a difícil, mas fecunda, conjunção de continuidade realista e novidade magnânima. Sua influência nos alvores de nossa identidade nacional é muito maior do que se supõe; e, por isso, pode se levantar novamente para nos mostrar, neste tempo não só de incertezas, mas também de desafios, como se faz para assentar alicerces duradouros em uma tarefa de criação histórica.

Um criativo revolucionário

Belgrano viveu em uma época de utopias. Filho de italiano e crioula[4], dedicara-se ao estudo das leis em algumas das melhores universidades da metrópole: Salamanca, Madri e Valladolid. Na convulsionada Europa de fim de século, o jovem Belgrano não só aprendera a disciplina que havia ido estudar, como também se interessara pelo turbilhão de ideias nascentes que estavam configurando uma nova época, sobretudo pela economia política. Firmemente convencido das mais avançadas ideias de progresso de seu tempo, não hesitou em formar um projeto dentro de si: pôr tudo isso a serviço de uma grande causa em sua pátria. Assim, em 1794 foi nomeado primeiro secretário perpétuo do Real Consulado de Indústria e Comércio do Vice-Reinado do Rio da Prata, algo similar ao que hoje seria um cargo de ministro da Fazenda. Não era comum que a Espanha fortemente centralista dos Bourbon colocasse em um cargo tão importante um filho de uma crioula e um estrangeiro. No entanto, em Buenos Aires faltavam homens com uma formação semelhante. O novo secretário não tardou a se confrontar com a realidade americana, ao tentar cumprir sua tarefa de promover a produção e o comércio com um espírito realmente transformador. Logo se deu conta de que os brilhantes ideais de direitos do homem e o progresso chocavam-se com as mentalidades conservadoras da administração colonial

---

4 Pessoa de ascendência europeia nascida em territórios espanhóis na América. (N.T.)

e os setores acomodados de Buenos Aires, comerciantes que se beneficiavam do monopólio espanhol e do contrabando. Ele diria em sua breve autobiografia:

> [...] Soube que nada fariam em favor das províncias uns homens que, por seus interesses particulares, relegavam os comuns. Contudo, já que pelas obrigações de meu cargo podia falar e escrever sobre tão úteis matérias, eu me propus, pelo menos, a jogar as sementes que algum dia seriam capazes de dar frutos, seja porque alguns estimulados pelo mesmo espírito se dedicariam a seu cultivo, seja porque a própria ordem das coisas as faria germinar [...].

Quais eram essas sementes? "Fundar escolas é semear nas almas", dirá nosso prócer. O espírito revolucionário de Belgrano descobriu rapidamente que o novo, o que poderia ser capaz de modificar uma realidade estática e esclerosada, viria pelo lado da educação. Desse modo, promoveu por todos os meios a criação de escolas básicas e especializadas. O *Memorias anuales del Consulado*, o jornal *Telégrafo Mercantil* e, mais tarde, o *Correo de Comercio*, seriam alguns dos meios pelos quais buscaria espalhar essas sementes. Sua prédica insistiria na necessidade do ensino técnico, desenhando projetos de escolas de agricultura, comércio, arquitetura, matemática, desenho. De todas elas, só se puderam concretizar as de náutica e de desenho. Muito antes de outros, Belgrano compreendeu que a educação e a capacitação nas disciplinas e técnicas modernas eram uma importante chave para o desenvolvimento de sua pátria. Se seus projetos não puderam se desenvolver, foi porque – como ele mesmo escreveria anos depois – "todos ou encalhavam no governo de

Buenos Aires ou na Corte, ou entre os próprios comerciantes, indivíduos que compunham esse corpo, para quem não havia mais razão, nem mais justiça, nem mais utilidade, nem mais necessidade senão seu interesse mercantil; qualquer coisa que se chocasse com ele encontrava um veto, sem que houvesse recurso para derrubá-lo". Nem por isso, porém, abandonou seu empenho: por um ou outro lado dava um jeito de continuar difundindo e pondo em prática suas ideias, porque, além de idealista, o criador da bandeira era extremamente perseverante, e não se deixava vencer facilmente, apesar de seu caráter moderado e conciliador.

Além do que se referia ao desenvolvimento econômico, Belgrano acreditava que "um povo culto nunca pode ser escravizado". A dignidade da pessoa humana ocupava em sua mentalidade, ao mesmo tempo cristã e ilustrada, o lugar central. Por isso, lutou também pela fundação de escolas na cidade e no campo que oferecessem a todas as crianças as primeiras letras, além de conhecimentos básicos de matemática, o catecismo e alguns ofícios úteis para ganhar a vida. Escrevia em 1796:

> *Esses miseráveis ranchos, onde se vê uma multidão de criaturas que chegam à idade da puberdade sem ter se exercitado em nada mais que a ociosidade, devem ser atendidos até o último ponto [...] Um dos principais meios que se devem adotar para esse fim são as escolas gratuitas, onde os infelizes possam mandar seus filhos sem ter de pagar coisa alguma por sua instrução; ali se lhes poderiam ditar boas máximas e inspirar-lhes amor ao trabalho, pois em um povo onde reina a ociosidade decai o comércio, e a miséria toma seu lugar.*

Não era outro o espírito de sua insistência (no Regulamento da Escola de Geometria, Arquitetura, Perspectiva e Desenho, escrito por ele mesmo) nos direitos igualitários para espanhóis, crioulos e índios e na provisão de quatro lugares para órfãos, "os mais desapossados de nossa terra". Na mesma linha, Belgrano dá grande importância à educação das meninas, em uma época em que ainda estava muito longe o reconhecimento prático de condições e direitos igualitários para homens e mulheres. Vemos, assim, um verdadeiro criador em ação, alguém que, longe de se considerar satisfeito pela posição alcançada e fazê-la jogar a seu favor, consagrou o melhor de suas energias a tentar plasmar uma sociedade nova, diferente, melhor para todos. Era aberto às ideias mais avançadas de sua época, e, ao mesmo tempo, atento à necessidade de que ninguém ficasse de fora desse novo mundo que ia tomando forma. E ia além: não se tratava de um idealista que ignorava as dificuldades práticas de seus projetos. Para todos eles, buscava prever o modo de financiamento, os recursos materiais e humanos que o fariam possível. Nesse ponto, não hesitou em fornecer ele mesmo elementos que seriam necessários para sustentar um esforço educacional sério. Pouco depois da Revolução de 1810, doou 165 livros para a biblioteca pública de Buenos Aires (hoje Biblioteca Nacional). É sabido que destinou o prêmio de 40 mil pesos que recebeu por sua vitória na batalha de Salta para construir quatro escolas em Tarija, Salta, Tucumán e Santiago del Estero. Ele mesmo redigiu o regulamento para essas escolas, no qual mostrava como esses recursos deveriam ser usados para manter os professores, prover de material e livros as crianças de pais pobres etc. Um detalhe chamava a atenção: afirmava que o mestre devia ser considerado "Pai da Pátria" e deveria ter assento na prefeitura local. Outro detalhe menos importante: essas escolas nunca foram construídas.

"O que você vê não é tudo que existe"

Antes que pareça que o arcebispo esteja tentando tornar-se indevidamente professor de História, eu gostaria de resgatar o que vimos de alguns ensinamentos sobre a criatividade. Independentemente das profundas diferenças de época, há muito de permanente, de vigente, na atitude de Belgrano de procurar olhar sempre além, de não ficar com o conhecido, com o bom ou mau do presente. Essa atitude utópica, no sentido mais valioso da palavra, é, sem dúvida, um dos componentes essenciais da criatividade. Parafraseando (e invertendo) uma expressão popular, poderíamos dizer que a criatividade que brota da esperança significa "o que você vê não é tudo que existe".

Dessa maneira, o desafio de ser criativo exige suspeitar de todo discurso, pensamento, afirmação ou proposta que se apresente como "o único caminho possível". Sempre há mais. Sempre há outra possibilidade. Talvez mais árdua, talvez mais comprometedora, talvez mais resistida por aqueles que estão muito bem instalados e para quem as coisas vão muito bem... Nós, argentinos, já padecemos desse tipo de discurso durante a última década, com todo o peso e o brilho da academia e da ciência, com a suprema sabedoria dos técnicos e seus títulos. São promessas vãs dos gurus da vez, e já vimos aonde desembocaram. Hoje, todo mundo parece saber o que se deveria ter feito em vez do que se fez. E todo mundo parece esquecer que aquilo que se fez era apresentado pelos papas do saber econômico e pelos formadores de opinião da comunicação como o único caminho possível. Ser criativo, no entanto, é afirmar que sempre há algum horizonte aberto. E não se trata somente de um otimismo idiota que tentamos copiar de um prócer de dois séculos atrás. A afirmação de que "o que você vê não é tudo que existe" deriva diretamente da fé em Cristo Ressuscitado, novidade definitiva que declara provisória e incompleta qualquer outra realização, novidade que mede a distância entre o momento atual e a manifestação do céu novo e da nova terra. Só é possível vencer essa distância com esperança e braço ativo: a criatividade que desmente toda falsa consumação e abre novos horizontes e alternativas.

O que dizer, então, das lápides que podemos pôr sobre uma pessoa – um aluno, um companheiro – quando a enquadramos, etiquetamos e empacotamos sob um rótulo, uma definição, um conceito? Quantas vezes podemos fechar os caminhos de renovação e crescimento de uma pessoa ou de uma instituição educacional quando declaramos com resignação que "as coisas são assim", "funcionam assim" ou que "com fulano não há nada a fazer"? De todas as instituições possíveis, justamente as escolas animadas pela fé cristã são aquelas que menos deveriam se resignar e ficar com o "já conhecido". Nossas escolas são chamadas a ser sinais reais e vivos de que "o que se vê não é tudo que existe", que outro mundo, outro país, outra sociedade, outra escola, outra família também são possíveis. São chamadas ainda a ser instituições nas quais se ensaiem novas formas de relação, novos caminhos de fraternidade, um novo respeito ao inédito de cada ser humano, uma maior abertura e sinceridade, um ambiente trabalhista marcado pela colaboração, pela justiça e pela valorização de cada um, em que fiquem de fora as relações de manipulação, competição, maquinações, autoritarismos e favoritismos interesseiros. Todo discurso fechado, definitivo, encobre sempre muitos enganos; esconde o que não deve ser visto. Trata de amordaçar a verdade que sempre está aberta ao verdadeiramente definitivo, o que não pertence a este mundo. Pensamos em uma escola aberta ao novo, capaz de se surpreender e de aprender por si só com tudo e com todos. É uma escola arraigada na verdade, que é sempre surpresa; escola que é semente, no sentido a que se referia Belgrano, e, especialmente, no sentido da palavra evangélica, de um mundo novo, transfigurado.

Faço uma proposta: em uma sociedade na qual a mentira, o encobrimento e a hipocrisia fizeram perder a confiança básica que permite o vínculo social, que novidade há de mais revolucionária que a verdade? Falar com verdade, dizer a verdade, expor nossas opiniões, nossos valores, nossos pareceres. Se agora mesmo nos proibirmos de prosseguir com qualquer tipo de mentira ou dissimulação, seremos também, como efeito superabundante, mais responsáveis e até mais caritativos. A mentira dilui tudo, a verdade mostra o que há nos corações. Primeira proposta: digamos sempre a verdade em nossas escolas. Eu garanto que a mudança será notória: algo novo se fará presente em nossa comunidade.

"Todo o homem, todos os homens"

Há um critério, verdadeiramente evangélico, que é infalível para desmascarar pensamentos únicos que fecham a possibilidade da esperança, até mesmo falsas utopias que a desnaturalizam. É o critério de universalidade. "Todo o homem e todos os homens" era o princípio de discernimento que Paulo VI propunha com relação ao verdadeiro desenvolvimento. A opção preferencial pelos pobres do episcopado latino-americano não buscava outra coisa: incluir todas as pessoas, na totalidade de suas dimensões, no projeto de uma sociedade melhor. Deve ser por isso que nos parece tão familiar a insistência de Manuel Belgrano acerca de uma educação para todos que incluísse particularmente os mais necessitados, a fim de garantir plena universalidade. De fato, pode ser desejável uma sociedade que descarte uma quantidade grande ou pequena de seus membros? Mesmo em uma posição egoísta, como poderei ter certeza de que não serei eu o próximo excluído?

Talvez nossa sociedade tenha aprendido algo com isso no último ano. "Sempre houve pobres entre nós", mas nas últimas décadas foram caindo, uma a uma, as instituições que tentavam garantir para todos pelo menos a oportunidade de viver uma vida digna. O desemprego que aumentava sem parar foi o sinal mais notório. Durante muito tempo, foram desaparecendo e se desvalorizando o trabalho, a seguridade social, foram se desarticulando as economias provinciais... Hoje, ficamos horrorizados ao ver que as crianças morrem de desnutrição. Entretanto, há alguns anos, aqueles que estavam incluídos no mundo do consumo nem sonhavam (nem queriam sonhar) que, ao mesmo tempo em que alguns se tornavam cidadãos do primeiro mundo, outros caíam em uma espécie de submundo, sem trabalho, sem sentido, sem esperança, sem futuro, decretados inviáveis ou só objeto de assistência (sempre insuficiente) de um sistema injusto e sem coração. Até que chegaram o *corralito*[5] e o colapso, e aí muitos argentinos descobriram que a máquina infernal também vinha atrás deles, daqueles que vinham se salvando.

Se aceitamos que alguns sim e outros não, fica a porta aberta para todas as aberrações que vierem depois. E isso é, também, um ponto central da criatividade que buscamos; a capacidade de olhar sempre o que acontece com o lado que não foi considerado nos cálculos; olhar de novo, para ver se não ficou ninguém de fora, ninguém esquecido, por muitos motivos. Em primeiro lugar, sob a lógica cristã todo homem deve ter seu lugar, e cada um é imprescindível. Em segundo lugar, uma sociedade excludente é, na realidade, uma sociedade potencialmente inimiga de todos. E, em terceiro, aquele que foi esquecido não vai se resignar tão facilmente. Se não pôde entrar pela porta, vai tentar entrar pela janela. Resultado: a bela sociedade excludente e amnésica terá de se tornar mais e mais repressiva, para evitar que os Lázaros que deixou de fora peguem algo da mesa do homem rico.

Pois bem, uma imprescindível missão de todo educador cristão é apostar na inclusão, trabalhar pela inclusão. Não foi uma

---

5 Medida econômica tomada pelo governo argentino no fim de 2001 para regular a retirada de dinheiro de contas correntes e de poupança com destino ao exterior ou ao câmbio em dólares, com o intuito de evitar a corrida aos bancos e a quebra do sistema financeiro do país. (N.T.)

prática antiquíssima da Igreja a de levar a educação aos mais esquecidos? Não foram criadas com esse objetivo muitas congregações e obras educacionais? Sempre fomos consequentes com essa vocação de serviço e inclusão? Que ventos nos fizeram perder esse norte evangélico? Porque a Igreja também sonha em oferecer educação gratuita a todos que desejem receber seu serviço, especialmente os mais pobres. Mas onde isso nos coloca?

É óbvio que as coisas não caem do céu como o maná, e que nestes tempos não é fácil sustentar nossas instituições. É claro que o Estado tem também sua responsabilidade e sua função e deve garantir, de diversas maneiras, a educação gratuita e de qualidade para todos, respeitando o direito de escolha que os pobres também têm. Entretanto, agora me refiro mais a uma questão de mentalidade: a mentalidade com que levamos adiante nossos colégios, a mentalidade que transmitimos, a mentalidade com que fazemos determinações e opções. Nossas escolas devem ser regidas por um critério bem definido: o da fraternidade solidária. E esse critério deve ser sua marca distintiva em todas as suas dimensões e atividades e também, permitam-me dizer, o de cada mestre cristão. De modo algum seu trabalho deve ser considerado uma mera mercadoria. Nenhum trabalho deveria ser, mas o de vocês não é por um motivo especial. É um serviço prestado às pessoas, aos pequenos, pessoas postas em suas mãos para que vocês as ajudem a ser o que podem vir a ser. "Pais da Pátria", chamava-os Belgrano, e reclamava para vocês um assento na prefeitura. Quem dera todas as nossas instituições educacionais pudessem recompensar seus mestres como merecem!

Não só recompensar financeiramente, mas também em respeito, participação, reconhecimento. No plano econômico, a realidade nos impõe limites que não podemos negar. Mas todos – professores, diretores, pastores, pais e mães, alunos – podem ser sinais de um mundo diferente onde cada um seja reconhecido, aceito, incluído, dignificado, tanto por sua utilidade como por seu valor intrínseco de ser humano, de filha ou filho de Deus. Chamados a ser criativos neste crítico momento de nossa pátria, teremos de nos perguntar o que fazemos como Igreja, como escola, como mestres para contribuir para uma mentalidade e uma prática verdadeiramente inclusivas e universais e para uma educação que ofereça possibilidades não apenas a alguns, e sim a todos que estejam ao nosso alcance, pelos diversos meios que tenhamos.

Uma segunda proposta: atrevamo-nos a nos comprometer por inteiro com o valor cristão da fraternidade solidária. Não permitamos que a mentalidade individualista e competitiva tão arraigada em nossa cultura cidadã acabe colonizando também nossas escolas. Ousemos ensinar e até exigir o desprendimento, a generosidade, a primazia do bem comum. A igualdade e o respeito a todos: estrangeiros (de países limítrofes), pobres, indigentes. Combatamos em nossas escolas toda forma de discriminação e preconceito. Aprendamos e ensinemos a dar, mesmo com os recursos escassos de nossas instituições e famílias. E que isso se manifeste em cada decisão, em cada palavra, em cada projeto. Desse modo, estaremos dando um sinal muito claro (e até polêmico e conflituoso, se necessário) da sociedade diferente que queremos criar.

"De boas intenções o inferno está cheio"

Há um terceiro critério para orientar nossa criatividade: uma vez mais, reconhecendo-o na ação do criador da bandeira nacional, que procurava sempre assegurar os recursos e meios para a realização de seus projetos. Não bastam as intenções nem as palavras. É preciso pôr as mãos na massa, e de modo eficaz. É muito bonito falar de solidariedade, de uma sociedade diferente, teorizar sobre a escola e a importância de uma educação atualizada, personalizada, com os pés na terra. Existem toneladas de palavras sobre a sociedade da informação, sobre o conhecimento como principal capital do mundo atual etc. Só que "de boas intenções o inferno está cheio". Uma verdadeira criatividade não ignora, como já vimos, os fins, os valores, o sentido, mas também não deixa de lado os aspectos concretos de desenvolvimento dos projetos. A técnica sem ética é vazia e desumanizadora, como um cego guiando outros cegos. Uma postulação dos fins sem uma consideração adequada dos meios para alcançá-los está condenada a se tornar mera fantasia. A utopia, dizíamos, assim como tem essa capacidade de mobilizar situando-se adiante e fora da realidade limitada e criticável, também, e por isso mesmo, tem um aspecto de loucura, de alienação, na medida em que não desenvolve meios para fazer de suas atraentes visões objetivos possíveis.

Por isso, para enfrentar criativamente o momento atual, devemos desenvolver mais e mais nossas capacidades, afinar nossas ferramentas, aprofundar nossos conhecimentos. Reconstruir nosso debilitado sistema educacional, mesmo situados no reduzido ou proeminente lugar que nos caiba ocupar, implica capacitação, responsabilidade, profissionalismo. Nada se faz sem os recursos necessários, e não só os econômicos, mas também os dos talentos humanos. A criatividade não é coisa de medíocres. E nem de iluminados ou gênios: embora sempre sejam necessários os sonhadores e os profetas, sua palavra cai no vazio sem construtores que conheçam seu ofício.

A escola que se comprometa a responder a esses desafios deverá entrar em uma dinâmica de diálogo e participação para resolver os novos problemas de modo novo, sabendo que ninguém tem a soma do saber ou da inspiração e que a contribuição responsável e competente de cada um é imprescindível. A exclusão socioeconômica, a crise de sentido e valores e a labilidade do vínculo social são uma realidade de todos, mas, de modo especial, afetam nossas crianças e nossos adolescentes. É necessário buscar formas eficazes de acompanhá-los e fortalecê-los diante dos riscos que os espreitam. E não são riscos só da Aids ou das drogas, mas também do individualismo, do consumismo frustrante, da falta de oportunidades, da tentação da violência e da desesperança, da perda de vínculos e horizontes, da limitação na capacidade de amar.

Estamos preparados? Contamos com equipes profissionais adequadas? Saímos para buscar experiências, saberes, propostas, ou tendemos a ficar com o que já sabemos, tenha ou não funcionado? Estamos dispostos a criar redes, com abertura generosa para o diocesano? Se somarmos uma prudencial e generosa administração de nossos talentos humanos e institucionais a uma verdadeira mística cristã de abertura ao que vem e de solidariedade universal e concreta, não nos contentando com o que já temos e sim procurando aperfeiçoar mais e mais nossas habilidades e capacidades, teremos condições de responder ao momento atual com uma verdadeira atitude criativa.

E aqui vai a terceira proposta: não hesitemos em buscar o melhor em nossas escolas. Saiamos de certo aplainamento, de certo estilo de "fazer as coisas às pressas", que foi durante muito tempo um hábito em nossas comunidades. Lutemos para que nossos mestres, nossos diretores, nossos capelães, nossos administradores sejam realmente bons e sérios em seu trabalho. O espírito é importante, mas também é preciso haver competência profissional. Não para cair no mito da excelência no sentido competitivo e não solidário em que às vezes se apresenta, e sim para oferecer à nossa comunidade e à nossa pátria o melhor de nós, pondo em jogo e a fundo nossos talentos.

Criatividade e tradição: "construir no lado saudável"

A criatividade, que se nutre da utopia, enraíza-se na solidariedade e procura os meios mais eficazes, pode ainda sofrer de uma patologia que a perverte até transformá-la no pior dos males: a crença de que tudo começa conosco, defeito que, como já apontamos, se degenera rapidamente em autoritarismo.

Voltemos a 1810. Poucos meses depois da Revolução de Maio, Belgrano foi enviado em missão militar ao Paraguai. Um ano mais tarde, seria posto a cargo do Exército do Norte com a missão de combater os importantes focos rebeldes no Alto Peru. Com triunfos e reveses, ocuparia esse posto até 1814, sendo depois substituído por San Martín. Obviamente, não vamos fazer aqui a crônica das campanhas militares do advogado posto a comandar exércitos, mas gostaria de lhes chamar a atenção sobre um detalhe que nos mostra a atitude do prócer e pode nos dar base para desenvolver nossa última reflexão acerca da criatividade. Vocês devem saber que Belgrano era um chefe verdadeiramente reconhecido e querido por seus subordinados, mas que também, na tropa, circulavam sobre sua pessoa alguns comentários jocosos e irônicos: que era um hipócrita, que era fraco de caráter... É verdade que para aqueles soldados um filho de comerciantes abastados, formado nas melhores escolas de Buenos Aires e da Espanha, dedicado sempre aos livros e às tarefas intelectuais, teria sem dúvida um aspecto mais distante. Também é certo que grande parte dessas críticas tinha a ver com sua atitude moderada e, especialmente, com suas estritas proibições no que se referia ao relacionamento com as mulheres, ao consumo de álcool, às brigas, aos jogos de cartas e a outros aspectos concernentes à disciplina da tropa. É que Belgrano acreditava que as campanhas militares realizadas em nome da Revolução tinham de estar à altura dos ideais que as nutriam, ideais de dignidade do homem, liberdade e fraternidade, e tudo isso fundamentado nas virtudes cristãs. Por isso, exigia de sua tropa um verdadeiro testemunho de integridade e de respeito às comunidades por onde passavam.

Era severo sobretudo com todo aquele que pudesse escandalizar as crenças religiosas dos povos do interior. Em uma instrução à tropa ao entrar no Alto Peru, ordenava: "[...] serão respeitados os usos, costumes e preocupações dos povos; quem debochar deles com ações, palavras ou mesmo expressões será passado nas armas".

Além das próprias convicções religiosas, para ele estava em jogo o significado da Revolução e, em última instância, da nação que queria construir. De fato, em uma de suas cartas a San Martín (este último já a cargo do Exército do Norte), Belgrano escrevia:

> *[...] a guerra (no Alto Peru) o senhor a deverá fazer não só com as armas, mas também com a opinião, afiançando-se sempre nas virtudes naturais, cristãs e religiosas, pois os inimigos nos prejudicaram chamando-nos de hereges, e só por esse meio atraíram os bárbaros às armas, dizendo-lhes que estávamos atacando a religião [...]. Não se deve deixar levar por opiniões exóticas, nem por homens que não conhecem o país que pisam.*

Nessas prevenções estava implícito o fato de que chefes militares e civis anteriores haviam escandalizado seriamente os habitantes daqueles lugares com suas atitudes e sua prédica anticatólica, típica da mentalidade ilustrada da Revolução Francesa. Ao contrário, Belgrano sabia que "nada pode ser construído sobre a destruição indiscriminada do anterior e que se deve ter por base o reconhecimento da identidade e do valor do outro".

E é aqui que completamos nossa perspectiva acerca da criatividade situada na tensão entre novidade e continuidade. Se ser criativo tem a ver com ser capaz de se abrir para o novo isso não significa deixar de lado o elemento de continuidade com o anterior. Só Deus cria do nada, afirmamos anteriormente. E, assim como não há jeito de curar um doente se não nos apoiarmos no que tem de saudável, do mesmo modo não podemos criar algo novo na história se não for a partir dos materiais que a mesma história nos proporciona.

Belgrano reconheceu que a América unida e forte com a qual sonhava só podia ser construída sobre o respeito e a afirmação das identidades dos povos. Se a criatividade não é capaz de assumir os aspectos vivos do real e presente, rapidamente se torna imposição autoritária, brutal substituição de uma verdade por outra. Não será essa uma das causas de nossa dificuldade para levar adiante uma dinâmica mais positiva? Se sempre, para construir, tendemos a jogar no chão e pisar sobre o que os outros fizeram antes, como poderemos fundar algo sólido? Como poderemos evitar semear novos ódios que mais tarde joguem por terra o que nós tenhamos conseguido fazer?

Por isso, se, como educadores, quisermos semear verdadeiramente as sementes de uma sociedade mais justa, mais livre e mais fraterna, deveremos aprender a reconhecer as conquistas históricas de nossos fundadores, de nossos artistas, pensadores, políticos, educadores, pastores. Talvez agora estejamos percebendo que na época das "vacas gordas" havíamos nos deixado deslumbrar por alguns espelhinhos coloridos, modas intelectuais, e havíamos esquecido algumas certezas muito dolorosamente aprendidas por gerações anteriores: o valor da justiça social, da hospitalidade, da solidariedade entre as gerações, do trabalho como dignificação da pessoa, da família como base da sociedade...

Nossas escolas deveriam ser um espaço onde nossas crianças e nossos jovens pudessem ter contato com a vitalidade de nossa história, não só se disfarçando de vendedora de biscoitos no evento de 25 de maio, mas também aprendendo a refletir sobre os acertos e erros que configuraram nossa realidade atual. Isso, porém, implica que, antes, todos nós, como educadores, tenhamos conseguido realizar – juntos – esse processo. Além das diversas opções e formas de pensar, é preciso aprender a elaborar acordos básicos, compartilhados – que não nivelem por baixo – e sobre os quais devemos continuar construindo. É a única forma de afirmar uma identidade coletiva na qual todos possam se reconhecer.

Criar a partir do existente implica, também, ser capaz de reconhecer as diferenças, os saberes prévios, as expectativas e inclusive os limites de nossas crianças e suas famílias. Sabemos que a educação não é, de jeito nenhum, um processo unidirecional. Mas será que agimos de forma aberta? Realmente estamos dispostos a nos deixar ensinar, nós, que somos os mestres? Somos capazes de lidar com uma relação na qual todos podemos sair modificados? Acreditamos em nossos alunos, nas famílias de nosso bairro, em nossa gente? A capacidade de "construir no lado saudável" é, então, o quarto e último critério para uma ação criativa que hoje quero compartilhar com vocês.

E faço a última proposta: ousemos propor modelos de vida a nossos alunos. A cultura pós-moderna, que tudo dilui, declarou fora de moda toda proposta ética concreta. Apresentar exemplos valiosos de serviço – de luta pela justiça, de compromisso com a comunidade, de santidade e heroísmo – tende a ser visto como uma espécie de túnel do tempo inútil ou pernicioso. E, sobre um território devastado, o que fica além do instinto de sobrevivência? Parafraseando uma canção conhecida na Argentina – *"Quién dijo que todo está perdido, yo vengo a ofrecer mi corazón"* (Quem disse que tudo está perdido, eu venho oferecer meu coração) –, propomos testemunhos com a convicção de que essas oferendas não foram vãs. E, diante da uniforme máquina de aplainar do "tudo é igual, nada é melhor", teremos dado sinais inocultáveis de que algo novo é possível.

Conclusão

Nossa reflexão nos deixou quatro ensinamentos acerca da criatividade histórica que é preciso aplicar nestes tempos, quatro princípios de discernimento:

- Olhar sempre além: "O que você vê não é tudo que existe". E é preciso ter sempre em conta: "Todo o homem, todos os homens".
- Buscar sempre os meios mais adequados e eficazes: "De boas intenções o inferno está cheio".
- Resgatar os valores e as realizações positivas: "Construir no lado saudável".

E, como forma (não a única!) de ir pondo em prática isso, deixo estas quatro propostas:

- Dizermos sempre a verdade.
- Comprometermo-nos com a fraternidade solidária.
- Desenvolvermos sempre mais nossas capacidades.
- Propormos testemunhos e modelos concretos de vida.

Como no milagre de Jesus, nossos pães e peixes podem se multiplicar (Mt 14,17-20). Como no exemplo dado pelo Senhor a seus discípulos, nossa pequena oferenda tem um máximo valor (Lc 21,1-4). Como na parábola, nossas pequenas sementes transformam-se em árvore e colheita (Mt 13,23.31-32). Tudo isso concretiza-se na fonte viva da Eucaristia, na qual nosso pão e nosso vinho transfiguram-se para nos dar a vida eterna. O que nos é pedido é uma tarefa imensa e difícil. Na fé no Ressuscitado, poderemos enfrentá-la com criatividade e esperança, e situando-nos sempre no lugar dos servidores daquela cerimônia de casamento, surpresos colaboradores do primeiro sinal de Jesus, que só seguiram ordem de uma mulher: "Fazei o que Ele vos disser" (Jo 2,5). Criatividade e esperança fazem crescer a vida. Neste ano, no qual, sintetizando tudo isso, queremos dizer com força: "Educar é escolher a vida", peçamos à nossa Mãe com as palavras de João Paulo II em *Evangelium vitae*:

> *Ó Maria,*
> *aurora do mundo novo,*
> *Mãe dos vivos,*
> *confiamos a Vós a causa da vida:*
> *Olhai, Mãe,*
> *para o número sem fim*

*de crianças a quem é impedido nascer,
de pobres para quem se torna difícil viver,
de homens e mulheres
vítimas de desumana violência,
de idosos e doentes assassinados
pela indiferença
ou por uma pretensa compaixão.
Fazei que todos aqueles que creem
no vosso Filho
saibam anunciar com desassombro e amor
aos homens do nosso tempo
o Evangelho da vida.
Alcançai-lhes a graça de o acolher
como um dom sempre novo,
a alegria de o celebrar com gratidão
em toda a sua existência,
e a coragem para o testemunhar
com laboriosa tenacidade,
para construírem,
junto com todos os homens
de boa vontade,
a civilização da verdade e do amor,
para louvor e glória de Deus Criador
e amante da vida.
Amém!*

Tempo pascal, 2004

Com audácia, todos juntos, um país educacional

Jesus, sabedoria de Deus encarnada

Queridos educadores: não é nenhuma novidade dizer que vivemos tempos difíceis. Vocês sabem, vivenciam-no dia a dia nas salas de aula. Muitas vezes devem ter sentido as forças diminuírem ao enfrentar as angústias que as famílias colocam sobre suas costas e as expectativas que sobre vocês se concentram. O intuito da mensagem deste ano é convidá-los a descobrir uma vez mais a grandeza da vocação que receberam. Se olharmos para Jesus, sabedoria de Deus encarnada, poderemos perceber que as dificuldades tornam-se desafios, os desafios apelam à esperança e criam a alegria de saberem-se artífices de algo novo. Tudo isso, sem dúvida, nos impulsiona a continuar dando o melhor de nós mesmos.

Estas são as coisas que hoje quero compartilhar com vocês. Nós, cristãos, temos uma contribuição específica à nossa pátria, e vocês, educadoras e educadores, devem ser protagonistas de uma mudança que não pode tardar. A isso os convido, e para isso ponho em vocês minha confiança, oferecendo-lhes meu serviço de pastor.

Neste último ano tornou-se popular a afirmação de que nós, argentinos, "recuperamos a esperança". Teríamos de ver se se trata daquela verdadeira esperança que nos abre para um futuro qualitativamente diferente (embora não tenha uma denominação explicitamente religiosa), ou se estamos dispostos simplesmente a nos iludir uma vez mais, com todos os riscos que isso implica. De qualquer maneira, vamos tomar essa mudança de humor como ponto de partida para fazer algumas reflexões. Atendo-nos ao que aqui nos interessa, que é a questão dos valores que sustentam e justificam nossa tarefa como educadores, proponho que nos situemos em um cenário que pode dar lugar a propostas interessantes: o cenário da reconstrução da comunidade.

O panorama dos últimos anos em nosso país levou-nos a reconhecer um problema de fundo, uma crise de crenças e valores, e, como todo reconhecimento, coloca-nos diante do desafio de buscar solução. É aí que a ideia de reconstrução torna-se bem mais que uma metáfora. Não se trata de voltar atrás, como se nada tivesse acontecido ou como se nada tivesse sido aprendido. Nem de tirar algo pernicioso, uma espécie de tumor em nossa consciência coletiva, supondo que antes o organismo tinha plena saúde. Se falamos de reconstrução, é porque temos ciência da impossibilidade de ultrapassar o histórico. Reconstruir significa, nesse caso, tornar a pôr em primeiro plano os fins, os desejos e os ideais, e encontrar formas mais eficazes de orientar nossas ações em direção a esses fins, desejos e ideais, articulando esforços e criando realidades (exteriores e interiores, instituições e hábitos) que permitam sustentar a marcha de forma coerente e compartilhada.

Todo mundo sabe que a educação é um dos pilares principais para essa reconstrução do sentido de comunidade, mas ela não pode dissociar-se de outras dimensões igualmente fundamentais, como a econômica e a política. Uma vez acertado o diagnóstico que situa a crise não só nos erros de uma macroeconomia carente de visão (ou com uma visão distorcida de seu lugar e sua função em uma comunidade nacional), mas também em um âmbito político, cultural e, mais profundamente ainda, moral, a tarefa será longa e consistirá mais em uma semeadura do que em uma série de modificações rápidas. Por isso, não creio exagerar se afirmo que qualquer projeto que não ponha a educação em um lugar prioritário será só "mais do mesmo".

Dessa forma, como educadores cristãos com o desafio de dar nossa contribuição à reconstrução da comunidade nacional, precisamos trazer à tona uma série de discernimentos relativos àquilo que, pelo menos em nosso entender, deve ser priorizado. A fecundidade de nossos esforços não depende somente das condições subjetivas, do grau de entrega, generosidade e compromisso que possamos alcançar. Também depende do acerto "objetivo" de nossas decisões e ações.

Compreender, interpretar e discernir são momentos imprescindíveis de toda ação responsável e consistente, de todo caminho em esperança. Nós, cristãos, temos um ponto de partida, uma referência que nos é oferecida como luz e guia. Não caminhamos às cegas, não tateamos em nossa busca de sentido orientando-nos somente por um método de tentativa e erro.

O discernimento é justamente cristão porque toma como eixo Jesus Cristo, sabedoria de Deus (1Cor 1,24-30). Para entender, dar sentido, saber aonde ir, nós, cristãos, temos uma fonte inesgotável que é a sabedoria divina feita carne, feita homem, feita história. Ali havemos de voltar, diversas vezes, em busca de luz, inspiração e força.

Nosso alicerce: Cristo, sabedoria de Deus

Os três lados da sabedoria O que significa falar de sabedoria? Em primeiro lugar, está claro que se trata de algo da ordem do conhecimento. É um primeiro sentido de saber: conhecer, entender. Ser sábio, viver com sabedoria, implica muitas coisas, mas nunca se pode deixar de lado o aspecto intelectual. Como educadores, o serviço em prol da sabedoria de nosso povo é – em grande medida – em busca de crescimento na ordem cognitiva. Se hoje levamos em conta os aspectos vivenciais, afetivos, vinculares, de atitudes... tudo isso não pode se dar sem uma forte aposta no intelectual. Dessa forma, devemos atribuir sua parte de verdade à matriz, talvez ilustrada ou enciclopedista, da educação argentina fundadora. Uma pessoa que conhece mais, que cultivou sua capacidade de se informar, avaliar e refletir, de incorporar novas ideias e relacioná-las com as anteriores para produzir novos sentidos tem em suas mãos uma ferramenta de valor incalculável não só para abrir caminho no que diz respeito ao trabalho e do sucesso na vida social como também dispõe de elementos valiosíssimos para desenvolver-se como pessoa, para crescer no sentido de ser melhor.

Não foi em vão que a Igreja sempre viu na educação a importância da atividade intelectual além da educação estritamente religiosa. O saber não "não ocupa apenas lugar", como diziam nossas avós, como também abre espaço, multiplicando-o para o desenvolvimento humano.

Aqui, ainda no início de nossa meditação, já temos um ponto concreto para revisar e conversar em nossas comunidades educacionais. Com muita razão, damos ênfase à vida comunitária, à amplificação de nossa capacidade de acolhida e contenção, a criar laços humanos e ambientes de alegria e amor, que permitam a nossas crianças e nossos jovens crescer e dar fruto. E fazemos bem: muitas vezes, esses aportes básicos lhes são negados por uma sociedade cada vez mais severa, centrada no sucesso, competitiva, individualista. No entanto, tudo isso não pode ser feito à custa da tarefa indispensável de alimentar e formar a inteligência. Hoje está na moda a palavra excelência, às vezes com um sentido ambíguo que mais tarde retomaremos, mas é preciso resgatar dessa moda o que é imperativo: trabalhar a sério no plano da transmissão e criação de conhecimentos de todo tipo. Parafraseando esse termo em voga: busquemos uma educação "de inteligência".

No entanto, a sabedoria não se esgota no conhecimento. Saber significa também degustar; é preciso saber conhecimentos e sabores. O que essa dimensão tem a ver com o que estamos dizendo? Com o aspecto afetivo e estético: sabemos e amamos o que sabemos. Educar será, então, muito mais que oferecer conhecimentos: será ajudar nossas crianças e nossos jovens a valorizá-los e contemplá-los, fazê-los carne. Isso implica trabalho não só da inteligência, mas também da vontade. Apostamos na liberdade pessoal como última síntese do modo humano de estar no mundo, mas não constitui uma liberdade indeterminada (inexistente!), e sim abonada por experiências de segurança, de gozo, de amor dado e recebido.

Não estou falando que crianças "gostam" de ir à escola para aprender. A busca de sabedoria como sabor não se reduz a uma questão de motivação, embora a inclua. Trata-se de poder sentir o gozo da palavra, do dar e receber, de escutar e compartilhar, de compreender o mundo que as cerca e os laços que as unem, de maravilhar-se com o mistério da criação e de seu ponto culminante: o homem. Retomaremos essas questões posteriormente. Por enquanto, deixemos registrado que nossa tarefa educacional tem de despertar o sentimento do mundo e a sociedade como lar: uma educação voltada "para o habitar", um caminho imprescindível para sermos humanos e para nos reconhecermos filhos de Deus.

Ainda quero chamar a atenção para um terceiro aspecto, uma terceira dimensão da sabedoria. Sábio é aquele que não só sabe das coisas, contempla-as e as ama, mas aquele que consegue integrar-se a elas por meio da escolha de um rumo e das várias opções concretas e até cotidianas que a fidelidade exige. Trata-se, então, de um lado "prático", no qual se resolvam os dois anteriores. Essa dimensão coincide com o sentido antigo de sabedoria presente na Bíblia: capacidade para se orientar na vida, de modo que uma obra prudente e hábil frutifique em plenitude existencial e felicidade. Saber o que "vale a pena" e o que não vale: um saber ético que, longe de reduzir e inibir as possibilidades humanas, utiliza-as e desenvolve-as ao máximo; um saber moral oposto tanto a imoral quanto a desmoralizado. Também saber "como fazer": um saber "prático" não só em relação aos fins, mas aos meios disponíveis para não ficarmos só nas boas intenções. Essa terceira dimensão de sabedoria é a que pedia o rei Salomão como graça para poder governar seu povo (cf. Sb 9,1-11).

Queremos uma escola de sabedoria, como uma espécie de laboratório existencial, ético e social, na qual as crianças e os jovens possam experimentar quais coisas lhes permitem desenvolver-se em plenitude e construir as habilidades necessárias para levar adiante seus projetos de vida; um lugar onde mestres sábios, ou seja, pessoas cujo dia a dia e cuja projeção encarnam um modelo de vida desejável, ofereçam elementos e recursos que possam poupar um pouco do sofrimento àqueles que iniciam o caminho pelo fato de começarem do zero, experimentando na própria carne escolhas erradas ou destrutivas.

Promover uma sabedoria que implique conhecimento, valorização e prática é um ideal digno de presidir qualquer empenho educacional. Quem puder oferecer algo assim em sua comunidade terá contribuído com a felicidade coletiva de modo incalculável. E, como dizíamos, nós, cristãos, recebemos de Jesus Cristo um princípio e uma plenitude de sabedoria que não temos o direito de reter dentro de nossos espaços confessionais. É disso que se trata a evangelização a que o Senhor nos urge: compartilhar uma sabedoria que desde o início foi destinada a todos os homens e mulheres de todos os tempos. Renovemos com audácia o ardor de anunciar, a proposta que sabemos que acumula as buscas profundas, silenciadas pelos turbilhões da incerteza; façamos isso a cada dia, tentando alcançar a todos.

Edificar sobre rocha

Esta é nossa convicção como cristãos. Entretanto, ainda temos de fazer um longo discernimento para compreender a inovação radical a que somos confiados. Afinal de contas, os fracassos históricos e até os horrores e as aberrações mais incríveis que vivemos como povo tiveram, às vezes, como protagonistas irmãos nossos, que confessavam nossa mesma fé e compartilhavam nossas celebrações. Proclamar o nome de Jesus Cristo não nos exime nem do erro nem da maldade. Já afirmava o próprio Jesus: "Não basta dizer 'Senhor, Senhor!'" se não se faz a vontade do Pai (Mt 7,21-23). Não se trata só de má intenção ou de "lobos em pele de cordeiro". É muito fácil dizer que "afinal de contas, na realidade, no fundo de seu coração, eles nunca foram dos nossos": assim nos preservamos, expulsando quem nos faria questionar acerca da profundidade e da solidez de nossas crenças e práticas.

Continuemos prestando atenção às palavras do Senhor que acabamos de recordar. Nos versículos que se seguem, Jesus prossegue seu ensinamento com a parábola do homem que edifica sua casa sobre a rocha: "Caiu a chuva, vieram as enchentes, sopraram os ventos e investiram contra aquela casa; ela, porém, não caiu, porque estava edificada na rocha" (Mt 7,25). As imagens de chuvas, torrentes e ventos podem dar a essa construção certa impressão de passividade: simplesmente aguente firme. Aguente mantendo sua fé, suas convicções, em meio às adversidades do mundo. Entretanto, a imediata relação da parábola com as declarações anteriores de Jesus ("Nem todo aquele que me diz 'Senhor, Senhor...'") situa-nos em um lugar completamente diferente; remete-nos além. Trata-se de fazer a vontade do Pai que está nos céus (cf. Mt 7,21), ou de fazer o que Jesus, o mestre, nos diz (cf. Lc 6,46). Trata-se de resistir aos embates do mundo e, mais ainda, "pôr as mãos na massa" em uma tarefa que está estreitamente vinculada ao Reino que em Jesus se faz presente.

O que significa, então, "construir sobre rocha" para pôr em prática a vontade do Senhor? Creio que a ideia de sabedoria permite que comecemos a abrir caminho em direção à nossa busca. Se a tarefa, a tarefa concreta que temos nas mãos, a tarefa educacional no contexto de reconstrução da comunidade, requer um sólido compromisso subjetivo e também um sério e lúcido discernimento objetivo, então terá de estar presidida por uma sabedoria intelectual, afetiva, prática que ponha plenamente em jogo o modelo de Jesus nesses três planos. Confessar a Cristo como nosso Senhor, ser seus apóstolos na difusão do Evangelho e na execução de seu Reino implica necessariamente construir sobre a rocha da sabedoria encarnada o edifício de nossa identidade cristã e docente e de nossa ação educacional.

A esse ponto, ao qual sem dúvida todos teremos chegado ao atender a nossa vocação, podem surgir alguns mal-entendidos que dão lugar a verdadeiras tentações.

A primeira é a de ficarmos em uma concepção meramente piedosa da sabedoria encarnada em Jesus de Nazaré. Fazer dela uma só experiência interior, subjetiva, deixando de fora o lado objetivo, o olhar real sobre o mundo, o movimento do coração à luz dessa compreensão, a concreta determinação que inclui a criação de meios eficazes para nos aproximarmos do ideal. É a tentação permanente das tendências pseudomísticas da existência cristã.

Essa perspectiva, sem deixar de constituir um dos aspectos do Mistério cristão (e de toda a mística religiosa), acaba se reduzindo a uma espécie de elitismo do espírito, a uma experiência extática de escolhidos que rompe com a história real e concreta. As elites ilustradas, por dinamismo interno, despojam-nos do sentido de pertinência a um povo, nesse caso o Povo de Deus, que agora é a Igreja. As elites ilustradas enclausuram todo o horizonte que nos estimula a continuar andando e repreendem nossa ação em um imanentismo sem esperança. Na base desse elitismo do espírito, que tira a potência de toda a sabedoria, está a negação da verdade fundamental de nossa fé: o Verbo é vindo em carne (1Jo 4,2).

Há no Novo Testamento um exemplo concreto dessa ênfase redutora: a primeira comunidade cristã de Corinto, que motivara uma enérgica carta de São Paulo. Esses cristãos de origem grega haviam desenvolvido uma concepção de fé do tipo carismática, mas dissociando as experiências "no Espírito" (dom de línguas, êxtase etc.) de seu respectivo compromisso moral e social. São Paulo lhes chama a atenção acerca dessa espécie de cristianismo espiritual que perdia conexão com a vida cotidiana no plano concreto. Trata-se de uma concepção mais apta para desenvolver o que hoje chamaríamos de uma religiosidade *new age* do que uma verdadeira fé em Jesus de Nazaré e sua Boa-Nova. Em tempos de orfandade e falta de sentido como os que vivemos hoje, essa unilateralidade do místico constitui uma experiência sem dúvida consoladora e benéfica. Entretanto, o certo é que, depois de um tempo, o mistério da condição pecadora do ser humano desmente as pretensões de "elevação acima do mundano" que essa deficiente espiritualidade implica, bem como a obriga a revelar sua faceta oculta de mentira e autoengano.

Semelhantemente, de que modo a acentuação da sabedoria cristã afetará nossa tarefa em sala de aula? Entre outras formas, por meio de uma concepção mágica da fé e às vezes dos sacramentos. Não tenho a intenção, agora, de analisar a vida sacramental de nossas comunidades educacionais. Apenas menciono algumas situações ocorridas entre as várias possíveis: rotina e ausência.

Às vezes damos caráter de absoluto aos sinais do encontro com Deus, a ponto de não voltar a atenção ao que esses sinais deveriam significar; só o que fazemos é invalidá-los, fazê-los perder consistência e mecanizá-los. Da mesma forma, às vezes confiamos demais na exaltação do emocional na convivência catequista, no retiro de jovens, no bom momento vivido no dia da família. Momentos de gratuidade, sim, de festa e alegria, mas às vezes muito inconsistentes... A louvação e o gozo no Senhor não são instrumentos ou "meios" para nada; expressam o resplendor de uma vida verdadeiramente evangélica, o descanso no caminho efetivamente transitado, a antecipação da felicidade esperada.

Por fim, existe outra forma de nos parecermos com os coríntios de São Paulo: o culto à espontaneidade, traduzida em improvisação. A justa crítica ao burocrático, à formalidade sem sentido, ao apego ao procedimento e ao regulamento, bem como o culto à prioridade do espírito sobre a palavra também podem nos levar à mediocridade e à inoperância, até mesmo ao mero culto da personalidade e, enfim, à deserção da missão que nos foi atribuída, fazendo-a naufragar em uma lamentável paródia de comunidade viva e criativa que, como a mentira, tem "pernas curtas".

No outro extremo, a sabedoria cristã transforma-se em um fato predominantemente "objetivo", uma "bandeira" que, sobre o ícone do Cristo histórico que não permaneceu no sepulcro e foi exaltado como Senhor, perfila uma nova ordem social e cultural baseada na observação, uma série de certezas relacionadas a alguma realização histórica concreta. A objetividade da Ressurreição de Cristo, segundo essa concepção redutora, daria lugar à objetividade de sua vitória na história, à forma de distinguir entre o Reino de Deus e o deste mundo, que diversas vezes se reedita na história da Igreja e que, já nos alvores do cristianismo, mereceu uma importante página crítica do Evangelho de João no diálogo entre Jesus e Pilatos (Jo 18,33-37). De fato, por que Jesus renunciaria a convocar seus anjos para defender seu Reino? Porque esse Reino "não era deste mundo", não se tratava de uma alternativa política, social ou cultural fatalmente amarrada à caducidade de tudo que nasce, cresce e morre no tempo.

E, se o cristianismo místico dava lugar a uma espécie de elitismo ou de "celebração do narcisismo", seu oposto, o extremo histórico, abre as portas a um "autoritarismo do espírito" que, assim como o anterior, acaba, infalivelmente, tocando a carne dos seres humanos. Isso ocorre porque a condição histórica como conflito de subjetividades, como campo ambíguo onde as coisas nunca são absolutamente brancas ou pretas (cf. a parábola do trigo e do joio) sempre faz cair por terra as ordens perfeitas e definitivas e as obriga a mostrar sua inerente capacidade de maldade. Por fim, surge a vontade de domínio que o ser humano leva dentro de si, nesse caso camuflada pela contemplação da vitória de Cristo sobre a morte.

Isso também pode afetar (e distorcer seriamente) nosso serviço na tarefa educacional. É claro (embora não falte quem possa afirmar o contrário ainda hoje) que um modelo de identidades históricas rígidas, carente de lugar para a dissensão e inclusive para opções e orientações diversas e plurais, não pode mais ter lugar, pelo menos não em nossas sociedades ocidentais. O lugar da subjetividade na cultura moderna, reconhecendo desvios e desvarios, já é uma conquista da humanidade. A inspiração evangélica não foi alheia nesse desenvolvimento do conceito do ser humano como sujeito de uma liberdade inviolável. No mesmo plano religioso, a dignidade humana exige um tipo de proposta e adesão às crenças que está muito longe da imposição de uma letra imanente indiscutível que acorrente ou diminua a busca pessoal de Deus, pondo em jogo a rica dotação que o ser humano recebeu para tamanha aventura.

De modo nenhum nossas escolas devem aspirar a formar um hegemônico exército de cristãos que conhecerão todas as respostas; o que devem fazer é ser o lugar onde todas as perguntas são acolhidas, onde, à luz do Evangelho, incentiva-se justamente a busca pessoal, e não sua obstrução com muralhas verbais, muralhas que são bastante fracas e que caem sem respostas pouco tempo depois. O desafio é maior: pede profundidade, pede atenção à vida, pede curar e livrar de ídolos. E cabe aqui a precisão: tanto a concepção mística quanto a histórico-política configuram um triunfalismo, verdadeira caricatura da real vitória de Cristo sobre o pecado e a morte.

Dimensões da sabedoria cristã

Mas e então, como podemos avançar em uma compreensão positiva da sabedoria cristã? Sabemos que não é possível fazer aqui nada além de uma avaliação breve e limitada. Ninguém pode pretender esgotar a infinita riqueza da Palavra feita carne com uma simples coleção de palavras humanas. Trata-se mais de convidá-los a buscar, a orar, a aprofundar na Escritura e nas muitas expressões do magistério e da tradição viva da Igreja, procurando descobrir as ênfases e os destaques próprios de uma fé que se faz vida para o mundo de hoje. Quero exortá-los a manter um olhar mais atento e vigilante aos sinais dos tempos, a um novo fortalecimento da oração e da reflexão comunitária, a recriar aquele diálogo de salvação que, em diversos momentos da história, deu frutos de santidade e abriu instâncias impensadas de evangelização e renovação. Isso exige que arranjemos tempo para o comum, para nos abrirmos com seriedade e entusiasmo à construção junto dos outros, de coração.

Dessa forma, permitam-me compartilhar, como pastor, algumas ideias que podem ser valiosas, simplesmente, alguns aspectos em que a pessoa e a palavra de Jesus dão forma ao ideal de sabedoria esboçado anteriormente.

Em primeiro lugar, é preciso ter a sabedoria cristã como verdade. O próprio Jesus define-se dessa maneira (Jo 14,6). Temos de avançar para uma ideia de verdade cada vez mais inclusiva, menos restritiva. Pelo menos se estivermos pensando na verdade de Deus, e não em alguma verdade humana, por mais sólida que nos pareça. A verdade de Deus é inesgotável, é um oceano do qual vemos apenas a margem. É algo que estamos começando a descobrir nestes tempos: não nos escravizarmos diante de uma defesa quase paranoica de nossa verdade (se eu a tenho, ele não a tem; se ele pode tê-la, então é porque eu não a tenho). A verdade é um dom grande para nós, e justamente por isso nos engrandece, amplifica, eleva. E nos faz servidores desse dom, que não comporta relativismos; a verdade nos obriga a um caminho contínuo de aprofundamento em sua compreensão.

O Evangelho de Jesus nos oferece verdade: acerca de Deus, de um Deus que é Pai, de um Deus que vem ao encontro dos seus, de um Deus livre e libertador que escolhe, chama e envia. Vamos reler as parábolas e comparações do Reino: falam de Deus. Deus vai aos caminhos porque preparou uma festa e quer que todos a aproveitem; Deus está escondido no pequeno e no que cresce, mesmo que não saibamos ver. Deus é infinitamente generoso, espera até o último momento e vai em busca dos que se extraviaram. Paga em demasia os trabalhadores de última hora e também não mesquinha seu amor aos primeiros e ao irmão do filho pródigo: pelo contrário, Ele sempre os mantém junto de si e os convida a transcender a si mesmos e se parecer com Ele.

Deus... Que poderíamos dizer, sem que nossas palavras se tornassem insignificantes diante da infinitude do que Ele é? Quando voltamos a beber no poço do Evangelho, imediatamente percebemos quão patéticas foram, ao longo da história, as representações de Deus que os homens manufaturaram, muitas vezes, à nossa imagem. Entretanto, ainda há mais: estamos falando de um Deus que não ficou instalado em sua "divindade". Tudo que podemos dizer dele teve e tem um modo humano de existir: o de Jesus de Nazaré. Esse Pai infinitamente misericordioso e salvador não é uma figura inalcançável: realizou sua obra nas ações e palavras do Mestre.

Dessa forma, a sabedoria cristã é também verdade sobre o homem, sobre o Deus-Homem e sobre o homem chamado a viver a condição divina. Esta é uma mensagem sempre nova e sempre atual: mesmo em tempos de globalização tecnológica, em que tudo que é humano parece reduzir-se a *bits* e que se decidiu deixar muitos de fora do *reino* que se organiza, há uma palavra de sabedoria que insiste diversas vezes, em nosso ouvido e aos quatro ventos, nos púlpitos e nos areópagos, e também nos gólgotas e nos muitos infernos deste mundo, acerca da fidelidade inabalável de um Deus que quis ser homem para que os homens sejam como Deus, e isso vai justamente ao contrário do sugerido pela Serpente no Éden.

Eu me pergunto se nós, que hoje temos a missão de ensinar, conseguimos ponderar toda a beleza e explosividade dessa verdade que recebemos sobre Deus e sobre o homem. Há mais de um século (este ano completam-se 110 anos de sua morte), um cristão encarnou sua vocação de docente, jornalista e político com essas convicções, assumindo plenamente sua condição de crente e de homem de seu tempo, sem dualismos nem reticências. Estou me referindo a José Manuel Estrada. Creio que seja importante resgatar sua imagem não só nas lutas concretas em sua fidelidade à Igreja e seu amor à pátria, mas também pelo fato de que entendeu a verdade cristã como um potencial imenso de elevação da humanidade, não se conformando com menos: para ele, não se tratava de aguentar o vento e as chuvas, e sim de potencializar suas capacidades a serviço da construção de uma sociedade nova.

De modo pleno em seu tempo, compartilhou a pergunta acerca do sentido da vida humana e apontou de forma certeira para o ponto onde esse sentido torna-se interrogação e convite à busca para todo homem de boa vontade:

> *As ciências de observação pertencem à ordem material, como a química, pertencem à ordem moral, como a filosofia, classificam fatos, definem fenômenos, formulam acaso suas leis imediatas e secundárias, mas são impotentes para descobrir a ligação superior que as vincula, dentro de suas condições metafísicas de produção, a uma harmonia universal, submissa a uma lei excelsa [...] Se a ignorância do homem consistisse tão somente na impotência para apreciar os fenômenos e*

suas condições, o naturalismo bastaria para dissipá-la gradualmente. Mas nem da mente do cristão, nem da mente do ateu lógico, nem do espírito de quem se eleva um mínimo acima do nível em que, por excesso da primitiva graduação, a animalidade pura e a barbárie se confundem quase indissoluvelmente, desaparecerá jamais, mesmo esgotadas todas as curiosidades do mundo visível e escondido pelo porquê circunstancial de todos os fatos experimentais, essa outra curiosidade: o que sou eu? Nem essa outra: de onde vim? Nem, por fim, esse angustiante problema centro das doçuras da fé e das aflições pungentes da incredulidade ou da dúvida: para onde vou?

No entanto, a sabedoria cristã – e também a estrada testemunha disso – não fica em discurso. A dimensão de verdade segue de mãos dadas com a de vida e caminho. Os "três lados" da sabedoria alcançam sua resolução evangélica em Jesus e também naqueles que seguiram seus passos. A verdade sobre Deus e sobre o homem é princípio de outra forma de valorizar o mundo, o próximo, a própria vida, a missão pessoal; é princípio de outro amor. E, necessariamente, é princípio de orientações éticas e opções históricas que dão forma a uma encarnação concreta da sabedoria no tempo que nos cabe viver.

Eu os convido a seguir em frente, refletindo acerca de alguns modos nos quais a sabedoria cristã poderia modelar nossa vocação docente, traduzindo a verdade revelada em valorações profundas e em práticas concretas.

Mestres com o Mestre

Primeiro, recordemos o ponto de partida de nossa meditação: os cristãos comprometidos com a tarefa educacional têm, hoje, uma importante responsabilidade e, ao mesmo tempo, uma oportunidade de dar sua contribuição. Por isso, é necessário mirar nos objetivos mais importantes, com base em uma sabedoria amadurecida na experiência do encontro com o Senhor. Para isso, não é exagero tornar a fazer a pergunta fundamental: para que educamos? Por que a Igreja, as comunidades cristãs investem tempo, bens e energia em uma tarefa que não é diretamente religiosa? Por que temos escolas, e não salões de cabeleireiro, clínicas veterinárias ou agências de turismo? Por acaso é questão de negócios? Haverá quem assim pense, mas a realidade de muitas de nossas escolas desmente essa afirmação. Será que é para exercer uma influência na sociedade, da qual esperamos tirar algum proveito depois?

É possível que algumas escolas ofereçam esse produto a seus clientes: contatos, ambiente, excelência. Entretanto, também não é este o sentido pelo qual o imperativo ético e evangélico nos leva a prestar esse serviço. O único motivo pelo qual temos algo a fazer no campo da educação é a esperança em uma humanidade nova, em outro mundo possível.

É a esperança que brota da sabedoria cristã, que no Ressuscitado nos revela a estatura divina à qual somos chamados.

Com a linguagem e a teologia de seu tempo, Estrada falava claramente dessa finalidade da tarefa educacional sob a perspectiva cristã:

> *Vocês veem aflitos os homens deste século por um anseio inesgotável de perfeição? Também nós amamos o progresso e a perfeição, mas uma perfeição adequada ao homem na totalidade de seu destino e de sua índole moral. É excelente a ciência, e a aplaudo e amo, porque é lei do homem dominar a natureza; mas também é lei nossa aspirar a fins suprassensíveis e imortais; e a purificação da alma e sua união com Deus requerem a adoção de meios sobrenaturais como esses fins. A condição e último objeto de todo progresso é a restauração do sobrenatural nos homens pela virtude de Cristo. Napoleão já adivinhava: educar é criar.*

Tudo isso não é mera poesia. De fato, muitos dos valores vigentes em nossa sociedade perdem de vista essa verdade inclusiva e transcendente que constitui a cifra do homem e a comunidade. A escola pode ser simplesmente a transmissora desses valores ou o berço de outros novos, mas isso implica uma comunidade que creia e espere, uma comunidade que ame, uma comunidade que realmente está reunida em torno do nome do Ressuscitado. Mais do que os planejamentos e currículos, mais do que a modalidade específica que os códigos e regulamentos possam tomar, é preciso saber o que queremos criar. Sei também que, para isso, o conjunto da comunidade docente deve estar envolvido, comungar com força em torno de um mesmo sentir, apaixonando-se pelo projeto de Jesus e trazendo todos para o mesmo lado.

Muitas instituições promovem a formação de lobos, mais que de irmãos; educam para a competição e o sucesso às custas dos outros, com somente algumas normas de ética fracas, sustentadas por paupérrimos comitês que pretendem paliar a destrutividade corrosiva de certas práticas que necessariamente se haverá de realizar. Em muitas salas de aula, premiam-se o forte e rápido e se desprezam o fraco e lento. Em muitas estimula-se a ser o melhor em resultados, e não em compaixão. Dessa forma, nossa contribuição especificamente cristã é uma educação que testemunhe e realize outra forma de seres humanos. Entretanto, isso não será possível se nos limitarmos simplesmente a aguentar as chuvas, as torrentes e os ventos, se apenas criticarmos e nos deleitarmos por estar de fora desses critérios que denunciamos. Outra humanidade possível exige uma ação positiva; senão, sempre vai ser outra meramente invocada, enquanto essa continua vigente e cada vez mais instalada.

Acredito que uma postura mais ativa exija infalivelmente que superemos algumas antinomias que, além de esclarecer, nos paralisam. Alguns antagonismos rígidos acabam extremando tanto o balanço entre claro-escuros que dão potencialidades àquelas orientações que consideramos mais negativas. Um compromisso real, decidido e responsável nos convida a dar mais um passo em direção ao discernimento e superar alguns clichês muito arraigados em nossas comunidades. Para isso, então, eu proponho três desafios encadeados entre si: pretender que nossa tarefa dê frutos sem descuidar dos resultados; privilegiar o critério de gratuidade sem perder eficiência; e criar um espaço em que a excelência não implique uma perda de solidariedade.

"Frutos" e "resultados"

Nossa tarefa tem uma finalidade: provocar algo nos alunos que nos foram confiados; provocar uma mudança, um crescimento em sabedoria. Desejamos que, após passar por nossas salas de aula, as crianças ou jovens tenham vivido uma transformação, tenham mais conhecimentos, novos sentimentos e, ao mesmo tempo, ideais realizáveis. Para o docente que quer ser mestre de sabedoria, não basta "cumprir suas obrigações" com capricho e atenção. O olhar vai além da necessária competência e da probidade profissional; centra-se naquilo que suscita nos educandos, que são a razão de ser de sua vocação.

Essa transformação que desejamos e esperamos, para a qual dedicamos toda a nossa capacidade, tem diversos aspectos que devem estar unidos para que tragam algo melhor. De modo talvez esquemático, mas útil para entendermos, podemos situá-los em duas dimensões que se chamam mutuamente: *"produzir resultados"* e *"dar frutos"*.

O que implicam esses dois objetivos? "Dar frutos" é uma metáfora proveniente da agricultura, é o modo como o novo se faz presente no mundo dos seres vivos. Também poderíamos usar a ideia da gestação: dar vida a um novo ser. Seja vegetal, seja animal, a ideia diz respeito a um processo interior nos sujeitos. O fruto é formado da própria identidade do ser vivo, alimenta-se das forças que já passaram a fazer parte de seu ser, enriquece-se com as várias identificações internas e é algo único, surpreendente, original. A natureza não dá dois frutos exatamente iguais. Do mesmo modo, um sujeito que dá frutos é alguém que amadureceu sua criatividade em um processo de liberdade, gestando algo novo com base na verdade recebida, aceita e assimilada.

Como isso se vincula a nosso trabalho concreto? Um mestre que com sapiciência visa a que sua tarefa dê frutos nunca se limitará a esperar algo predeterminado, conformando-se com que o sujeito esteja adequado a um molde considerado desejável. Não descartará o diferente e o que questiona alguma de suas práticas habituais. Não se enganará com o cumprimento sem questionamento por parte de seus alunos. Sabe que uma pergunta do aluno vale mais que mil respostas e incentivará as buscas sem deixar de estar atento aos riscos inerentes. Diante do questionamento e da rebeldia, não pretenderá subjugar e impor, mas promoverá a responsabilidade por meio de uma crítica inteligente, com uma disposição aberta e flexível que não hesita em aprender ensinando e ensinar aprendendo. E, quando deparar com o fracasso ou o erro, em vez de negá-lo ou acentuá-lo, vitoriosa ou amargamente, retomará pacientemente o processo no ponto em que encontrou o obstáculo ou desvio, promovendo a aprendizagem paciente ao passo que também aprende.

Por sua vez, a metáfora da "produção de resultados" pertence ao âmbito da indústria, da eficácia seriada e calculável: um resultado que se pode prever, planejar e medir. Implica um controle sobre os passos que vão sendo dados; um conjunto de ações perfeitamente determinadas que terão um efeito previsível.

Uma sociedade que tende a transformar o homem em uma marionete da produção e do consumo sempre opta pelos resultados. Precisa de controle, não pode dar espaço para a novidade sem comprometer seriamente seus fins e sem aumentar o grau de conflito já existente. Prefere que o outro seja completamente previsível, a fim de tirar o máximo proveito com o mínimo gasto.

No entanto, a sabedoria não implica o amadurecimento apenas na ordem dos conteúdos e valores, mas também das habilidades. Toda transformação verdadeira com foco nesse outro mundo possível a que aspiramos requer também um saber fazer, uma competência instrumental que é preciso incorporar, compreendendo sua lógica. Nossos alunos têm direito, acima de tudo, à própria autonomia e unicidade; mas têm também o direito de desenvolver habilidades socialmente reconhecidas, provadas, para poder plasmar no mundo real seus desejos e contribuições. O mestre que se arraiga na sabedoria cristã não despreza a necessária eficácia que deve alcançar, mesmo com todo o esforço que isso possa causar a ele e aos alunos. Sabe que, para passar das boas intenções às realizações, tem de transitar o árduo caminho da técnica, da disciplina, da economia de esforços, da incorporação das experiências dos outros, e é capaz de perseverar com seus alunos nesse caminho, mesmo que tanto ele quanto os alunos prefiram às vezes pegar um atalho ou ficar em algum remanso.

O problema é que muitas vezes nós, cristãos, dissociamos os "frutos" dos "resultados". Desse modo, descuidamos de nossa formação e baixamos o nível quando seria melhor para os alunos que encontrássemos a forma de motivar e sustentar o esforço; conformamo-nos em conseguir um bom clima e estabelecer bons vínculos, em vez de construir sobre essa urdidura uma dinâmica de criatividade e produtividade. Ou, ao contrário, refugiamo-nos em condutas estereotipadas, crenças corretamente formuladas, expressões concordantes com a norma, tudo isso em uma liberdade mais "domada" que fortalecida, pensando que com isso "educamos"!

Nada pior do que uma instituição educacional cristã concebida na uniformidade e no cálculo, como aquela "máquina de moer" caricaturada de forma tão crua pelo filme *The Wall* há alguns anos. Nosso objetivo não é só formar "indivíduos úteis à sociedade", e sim educar pessoas que a possam transformar! Isso não se conseguirá sacrificando o amadurecimento de habilidades, o aprofundamento dos conhecimentos, a diversificação dos gostos, porque, no fim, o descuido desses "resultados" não dará lugar a "homens e mulheres novos", e sim a flácidas marionetes da sociedade de consumo.

Trata-se de resolver as duas polaridades integrando-as entre si: "educar para o fruto", oferecendo todas as ferramentas possíveis para que esse fruto se concretize em cada momento de modo eficaz, "produzindo resultados". Com a objetividade da verdade, proponhamos ideais e modelos abertos, inspiradores, sem imprimir o formato que nós encontramos para veicular essa dinâmica, desenvolvendo, por sua vez, os meios necessários para que as crianças possam motorizar suas escolhas. Prefiramos educandos livres e responsáveis, capazes de se interrogar, decidir, acertar ou errar e seguir em frente, e não meras réplicas de nossos próprios acertos... ou de nossos erros. E, justamente para isso, sejamos capazes de fazê-los ganhar a confiança e a segurança que brotam da experiência da própria criatividade, da própria capacidade, da própria habilidade para levar à prática até o fim, de forma bem-sucedida, as próprias orientações.

Isso exige acreditar seriamente em todas as instâncias do diálogo, na força da palavra: uma palavra não idealizada; uma palavra que possa estimular e urgir, abrir portas e estabelecer limites, convidar e perdoar; tudo que exige também algumas virtudes extremamente difíceis (humildade para saber relativizar as próprias posturas, paciência para saber esperar o tempo do outro e magnanimidade para perseverar e não decair no esforço de dar o melhor).

Gratuidade com eficiência

Com muita razão, nós, cristãos, procuramos privilegiar em nossas escolas o critério de gratuidade. Em primeiro lugar, por seu valor intrínseco: é o sinal por excelência do amor de Deus e do amor entre os seres humanos segundo o modelo incondicional de Cristo. E, em segundo lugar, porque conhecemos e padecemos as consequências da extensão dos critérios economistas a toda atividade humana.

Se por eficiência entendemos obter os máximos resultados com um mínimo de gasto de energia e recursos, é óbvio que uma educação para o fruto, para o valor e para a liberdade tenderá a repensar todas essas relações. Sem dúvida, a energia investida em nossas crianças e jovens será imensa, e os resultados nem sempre serão os desejados. E, em última instância, o fruto dependerá de cada sujeito, o que não nos exime de avaliar nossa tarefa.

Um critério de eficiência nos levaria a investir mais onde houvesse mais garantia de sucesso. É exatamente o que faz o modelo vigente, focado no sucesso e privatista. "Para que gastar com aqueles que nunca sairão de sua prostração?", pergunta-se o investidor que visa ao rendimento acima de qualquer coisa. Qual é o sentido de investir cada vez mais para que os mais lentos ou conflituosos possam encontrar seu caminho? Para que os menos dotados (e agora se quer contabilizar também a genética para determinar quem é ou não) dilapidem os bens da comunidade, já que, de qualquer maneira, nunca vão alcançar o nível requerido?

Entretanto, essa lógica de mau humanismo pedagógico muda quando consideramos o núcleo de nossa fé: o Filho de Deus fez-se homem e morreu na cruz pela salvação dos homens.

Qual é a proporção entre o investimento feito por Deus e o objeto desse gasto? Poderíamos dizer sem ser irreverentes: não há ninguém mais ineficiente que Deus. Sacrificar seu Filho pela humanidade, e humanidade pecadora e mal-agradecida até o dia de hoje. Não restam dúvidas: a lógica da história da salvação é uma lógica do gratuito. Não se mede por dever e haver, nem sequer pelos méritos que fazemos valer.

Uma vez que lemos no Evangelho que o grão de mostarda, tão pequena semente, transforma-se em um enorme arbusto e captamos a desproporção entre a ação e seu efeito, então sabemos que não somos donos do dom e procuramos ser administradores cuidadosos e eficientes. Devemos ser eficientes em nossa missão porque se trata da obra do Senhor, e não primordialmente da nossa. A Palavra semeada frutifica segundo a própria virtualidade e de acordo com a terra onde cai. Nem por isso o semeador vai fazer seu trabalho com descuido. O que se relaciona com a gratuidade divina são a adoração e o agradecimento do homem; essa adoração e esse agradecimento resultam de um extremo respeito pela sabedoria compartilhada, pelo dom precioso da Palavra e das palavras.

Não nos confundamos: a eficiência como valor em si, como critério último, não se sustenta de nenhum modo. Quando hoje, no âmbito da empresa, enfatiza-se a eficiência, está claro que se trata de um meio para maximizar o lucro. Pois bem: devemos ser eficientes para que o "lucro" possa se dar gratuitamente. A eficiência deve estar a serviço de uma tarefa educacional que seja verdadeiramente gratuita. Não me refiro aqui a taxas e aportes (se pudéssemos encontrar a fórmula para que os pobres mais pobres pudessem exercer seus direitos cidadãos de escolher nossos colégios porque também são gratuitos!), mas a uma atitude de fundo que a fundamente. Nem o sentido nem a eficácia de nossa tarefa são dados principalmente pelos recursos utilizados e seu cálculo; mas justamente por isso devemos dar o melhor de nossa parte. Jesus também levou em conta essa dimensão: não foi em vão que nos ensinou a parábola dos talentos.

Isso nos compromete seriamente, como docentes cristãos, a dar gratuita e cuidadosamente o que gratuita e cuidadosamente recebemos, do mesmo modo que devemos tentar fazer parte do conteúdo daquilo que transmitimos. O professor deve fazer da sabedoria cristã seu princípio de vida, e o sentido e o conteúdo de sua vocação voltarão sua atenção para o ambiente da sala de aula e da instituição toda, nas atitudes que assumir e promover, levando-o a fazer intercâmbios cotidianos e a buscar plasmar em tudo isso uma atmosfera de gratuidade, cuidado e generosidade. Nunca haverá uma atmosfera de interações calculadas, medidas e interesseiras, embora às vezes sinta a tentação de mesquinhar a sua entrega; tampouco uma atmosfera de descuido e desprezo pelos bens, pelo tempo, pela sensibilidade e pelo esforço de cada um dos interlocutores em sua tarefa: alunos, colegas, colaboradores, famílias. Mesmo que a cultura profundamente vazia de solidariedade em que vivemos no dia a dia o impulsione a dar de ombros dizendo "não estou nem aí", ele se sentirá grandemente responsável por não dilapidar o que pertence aos outros: seu saber, sua escola com todos os que dela participam, a vocação docente.

E, com isso, chegamos a nosso terceiro e último desafio.

Excelência da solidariedade

O critério que quebra a lógica do individualismo competitivo é, finalmente, o da solidariedade. É aqui que a contribuição dos educadores cristãos pode tornar-se mais crítica e relevante, porque, além dos discursos, a "ética" da competição (que não passa de uma instrumentação da razão para justificar a força) tem plena vigência em nossa sociedade.

Educar para a solidariedade significa não só ensinar a ser bom e generoso, recolher donativos, participar de obras para o bem público, apoiar fundações e ONGs. É preciso criar uma mentalidade que pense em termos de comunidade, que priorize a vida das pessoas em vez de apropriar-se de seus bens; uma mentalidade nascida daquele velho ensinamento da doutrina social da Igreja acerca da função social da propriedade ou do destino universal dos bens como direito primário, anterior à propriedade privada, a ponto de esta se subordinar àquele. Essa mentalidade deve fazer-se carne e pensamento em nossas instituições, deve deixar de ser letra morta para moldar-se em realidades que vão configurando outra cultura e outra sociedade. Urge lutarmos pelo resgate das pessoas concretas, filhos e filhas de Deus, renegando toda pretensão de uso indiscriminado dos bens terrenos.

A solidariedade, então, além de uma atitude afetiva ou individual, é uma forma de entender e viver a atividade e a sociedade humanas. Deve refletir-se em ideias, práticas, sentimentos, estruturas e instituições; exige uma análise global das diversas dimensões da existência; leva a um compromisso de moldá-la nas relações reais entre os grupos e as pessoas; exige não só a atividade privada ou pública que busca paliar as consequências dos desequilíbrios sociais, mas também a procura de caminhos que impeçam que esses desequilíbrios surjam. Esses caminhos não serão simples nem muito menos festejados por quem optou por um modelo de acumulação egoísta e beneficiou-se dele.

Essa solidariedade essencial passa a ser uma espécie de marca de fábrica, de certificado de autenticidade do estilo cristão, daquela forma de vida e daquela forma de levar adiante a tarefa educacional. Não precisamos de nenhuma ideologia crítica ao cristianismo para propor nossa novidade. Ou somos capazes de formar homens e mulheres com essa nova mentalidade ou teremos fracassado em nossa missão. Isso resultará também na reavaliação dos critérios que guiaram nossas ações até o dia de hoje. Cabe questionarmos: onde está, entre nós, essa solidariedade transformada em cultura? Não podemos negar que existem vários sinais de generosidade em nosso povo; mas por que não se refletem em uma sociedade mais justa e fraterna? Onde está, então, a marca do Ressuscitado no país que construímos?

Talvez se trate, uma vez mais, de uma dissociação entre os fins e os meios. Entretanto, essa afirmação merece um desenvolvimento um pouco mais detalhado. Já mencionei que hoje se fala muito de "excelência", às vezes com base em uma concepção não solidária e elitista. Os que podem exigem excelência porque pagam para isso. Este, lamentavelmente, é um discurso muito ouvido, e não se pode ignorá-lo. O problema é que nunca se pergunta seriamente o que acontece com os que não podem, e muito menos quais são as causas que fazem que uns possam e outros não possam. Como tantas outras ocorrências oriundas de uma longa cadeia de ações e decisões humanas, essa situação é considerada um fato, algo tão natural quanto a chuva ou o vento.

Então, o que aconteceria se invertêssemos a proposta e nos propuséssemos a alcançar uma excelência da solidariedade? O dicionário define excelência como "qualidade do que é excelente; qualidade muito superior". Indo além, sabemos que na Grécia antiga a excelência era um conceito muito próximo da virtude: a perfeição disposta em alguma ordem socialmente valorizada. Não só o apreço, mas aquele que o merece: a capacidade superior que se evidencia na qualidade da ação. Desse modo, falar de excelência da solidariedade implicaria, em um primeiro plano, postular a solidariedade como um bem desejável, enaltecer o valor dessa disposição e dessa prática. Implica, acima de tudo, fazer bem o que nos compete com base no espírito da missão própria de todo mestre, que começa – como o próprio Jesus apontou ao lavar os pés de seus discípulos – com uma profunda conversão pessoal, afetiva e efetiva, que se traduza em testemunho: "Logo, se eu, vosso Senhor e Mestre, vos lavei os pés, também vós deveis lavar-vos os pés uns dos outros. Dei-vos o exemplo para que, como eu vos fiz, assim façais também vós" (Jo 13,14-15).

Em segundo lugar, é preciso aperfeiçoar essa solidariedade. Há momentos que nos invocam a dar mais, a avançar sobre o que vínhamos trabalhando e brindando por ordem ou exigência da realidade premente. Poderíamos falar de uma solidariedade superficial e uma solidariedade fecunda. A primeira nós conhecemos: são meras declarações, ostentações de generosidade, ajudas pontuais que às vezes hipocritamente escondem a verdadeira raiz dos problemas. A segunda, sem ir tão longe, não passa de mero sentimentalismo, falta de visão, superficialidade e ingenuidade. Pelo contrário, a excelência da solidariedade implicaria um modo de pensar e de viver, como afirmamos anteriormente; e mais: uma preocupação efetiva em fazer de nossas práticas solidárias ações que realmente produzam uma mudança.

Aqui visualizamos uma possível razão do que parece uma impotência da solidariedade. Não basta sermos "bons" e "generosos": é preciso sermos inteligentes, capazes, eficazes. Nós, cristãos, enfatizamos tanto a retidão e a sinceridade de nosso amor na conversão do coração que às vezes prestamos menos atenção ao acerto objetivo de nossa caridade fraterna, como se a única coisa importante fosse a intenção. E descuidamos dos meios adequados. Isso não basta; não basta para nossos irmãos mais necessitados, vítimas da injustiça e da exclusão, a quem "o interior de nosso coração" não ajuda em sua necessidade. Também não basta para nós mesmos: uma solidariedade inútil só serve para paliar um pouco os sentimentos de culpa. São necessários fins elevados... e meios adequados.

Assim vemos, por fim, que não há razão para contrapor solidariedade e excelência, se as entendemos desse modo. Um mestre sapiencialmente arraigado no modelo de Jesus de Nazaré será capaz de discernir no próprio coração os motivos de seu compromisso e de sua entrega, e encontrará em sua vocação, em suas capacidades pessoais e em uma ativa preocupação pela formação e pela reflexão pessoal e comunitária o modo de promover uma mudança em seus educandos, visando a uma sociedade inclusiva e fraterna. E isso ele o fará com iniciativas concretas que incluem desde o tipo de relação que mantém e promove com cada um de seus alunos até sua participação na comunidade educacional em um sentido mais integral, desde seu espírito de companheirismo e solidariedade no trabalho até a firmeza de suas opções éticas e espirituais, procurando sempre descobrir, com um olhar que conjugue inteligência e amor, o melhor de cada uma de suas crianças para promover nelas a excelência da virtude, a vocação pessoal por meio da qual serão chamadas a viver e semear o Reino.

Dessa maneira, chegamos ao fim de nossa reflexão. Pensando naquilo com que hoje podemos e devemos contribuir para nossa pátria, pusemos no centro de nossa consideração a dimensão de sabedoria que o Evangelho de Jesus revela, um ideal digno de presidir o melhor dos empenhos educacionais!

A sabedoria cristã, verdade, vida e caminho, iluminou-nos para discernir algumas orientações éticas e opções históricas para nossa tarefa docente. Não nos deter em palavras, mas construir sobre rocha, significará levar a sério o sentido de nossa missão: se em nossas escolas não se gestar outra forma de sermos humanos, outra cultura e outra sociedade, estaremos perdendo tempo. Para avançar nessa tarefa, eu lhes propus o desafio de superar algumas antinomias que não nos permitem crescer:

Primeiro, é preciso propor a nós mesmos provocar em nossas crianças e nossos jovens uma transformação que dê frutos de liberdade, autodeterminação e criatividade e – ao mesmo tempo – seja visualizada em resultados no que diz respeito a habilidades e conhecimentos realmente operacionais. Nosso objetivo não é formar ilhas de paz em meio a uma sociedade desintegrada, e sim educar pessoas com capacidade de transformar essa sociedade. Então, deve ser feita de "frutos" e "resultados".

Para isso, urge optar sem hesitação pela lógica do Evangelho: lógica da gratuidade, do dom incondicional, mas procurando administrar nossos recursos com maior responsabilidade e maior seriedade. Só assim poderemos distinguir o gratuito do indiferente e descuidado: gratuidade com eficiência.

E, finalmente, superando a destrutiva ética da competição todos contra todos, convém exercer uma prática da solidariedade que mire as raízes do egoísmo de modo eficaz, não se detendo em meras declamações e queixas, mas envidando nossos melhores esforços a serviço desse ideal. Com fins elevados e meios adequados, atingiremos a excelência da solidariedade.

Mestres com o Mestre: testemunhas de uma nova sabedoria, nova e eterna, porque o Reino que Deus estabeleceu em nossa história nos chama a esperar sempre mais que todas as buscas e tentativas com que possamos sonhar. Nessa novidade universal podemos ser sementes de uma humanidade melhor, sinal do que virá.

Nossa vocação não é nada menos que isso. Esquecemos nossa fragilidade? Ao contrário, ela nos move a que nos deixemos nos levar, com confiança de criança, pela força de quem nos sustenta e alenta, de quem faz novas todas as coisas: o Espírito Santo. Esse Espírito torna Jesus Vivo presente em cada Eucaristia celebrada, como sinal do inesgotável amor do Pai; reunindo-nos e enviando-nos com audácia a criar, todos juntos, um país educacional.

Tempo pascal, 2005

Uma oportunidade para amadurecer

Uma nova oportunidade da Providência

Queridos educadores: uma vez mais, a festa central de todos os cristãos constitui a oportunidade para refletir acerca da tarefa a que somos convocados. Tentamos tomar o pulso dos tempos em que vivemos e compreender de que modo podemos recriar nossa experiência espiritual, de maneira que responda de forma acertada às perguntas, angústias e esperanças de nossa época.

Esse esforço é realmente imprescindível. Em primeiro lugar, partindo do mais evidente, porque estamos imersos em uma situação na qual vemos, cada vez com maior clareza, as consequências dos erros cometidos e as exigências que a realidade de nosso povo demanda de nós. Temos a sensação de que a Providência nos deu uma nova oportunidade de nos constituirmos em uma comunidade verdadeiramente justa e solidária, onde todas as pessoas sejam respeitadas em sua dignidade e promovidas em sua liberdade, para cumprir seu destino como filhas e filhos de Deus.

Essa oportunidade é também um desafio. Temos em nossas mãos uma grande responsabilidade, derivada justamente da exigência de não dilapidar a oportunidade que nos é oferecida. É óbvio apontar que a vocês, queridos educadores, cabe uma parte muito importante dessa tarefa Essa tarefa está repleta de dificuldades, cujo desenvolvimento certamente demandará diálogos e até – por que não – árduas discussões que tenham por objeto contribuir para o bem comum sob uma perspectiva aberta e verdadeiramente democrática, superando a tendência verdadeiramente nossa às mútuas exclusões e à descrença (ou condenação) naquele que pensa ou age diferente.

Eu me atrevo ainda a insistir: nós, argentinos, temos uma longa história de intolerâncias mútuas. Até o ensino escolar que recebemos articulava-se em torno do derramamento de sangue entre compatriotas, em qualquer uma das versões – oficiais – da história do século XIX. Com esse pano de fundo, no relato escolar que considerava a organização nacional a superação daquelas antinomias, entramos como povo no século XX, mas para que eles continuassem nos excluindo, proibindo-nos, assassinando--nos, bombardeando-nos, fuzilando-nos, reprimindo-nos, para que fôssemos desaparecendo mutuamente. Quem é capaz de recordar sabe que o uso desses verbos que acabo de escolher não é assim tão metafórico.

Estaremos agora em condições de aprender? Poderemos amadurecer como comunidade, para que esta deixe de ser tão dolorosa quanto a atual indesejada profecia do poema "Martín Fierro" acerca dos irmãos devorados pelos de fora, ou, pior ainda, que se devoram entre si?

Outros olhares mostraram-nos, graças a Deus, que entre nós frutifica também todo tipo de vontade e iniciativa que promovem a vida e a solidariedade, que clamam pela justiça, que tentam buscar a verdade. Será que é por meio dessas energias pessoais e sociais que teremos de mergulhar para atender ao chamado de Deus de construir, de uma vez por todas e com sua graça, uma pátria de irmãos?

Além disso, o esforço de ler os sinais dos tempos para compreender o que Deus nos pede em cada situação histórica é requerido também pela própria estrutura da fé cristã. Atrevo-me a dizer que, sem esse permanente exercício, nossa vocação cristã – de docentes cristãos, de pastores, de testemunhas da Ressurreição nas diversas dimensões da vida humana – ressente-se, até perder seu verdadeiro valor transformador. Não é possível prestar ouvidos à Palavra de salvação fora do lugar de onde ela vem a nosso encontro, ou seja, na concreta história humana na qual o Senhor encarnou e na qual fundou sua Igreja para que pregasse o Evangelho "até o fim do mundo" (Mt 28,20).

Uma comunidade madura prioriza a vida

Em nossas comunidades eclesiásticas, temos ciência de que o mundo está atravessando tempos de mudança, e que hoje, mais que nunca, fazem-se necessárias a oração e a reflexão para um sério discernimento espiritual e pastoral.

Particularmente, gostaria de chamar a atenção de todos aqueles que têm hoje a seu cargo a tarefa de acompanhar as crianças e os jovens em seu processo de amadurecimento. Creio que seja imprescindível procurarmos nos aproximar da realidade que as crianças vivem em nossa sociedade e interrogarmos que papel exercemos nessa tarefa.

Se quisermos partir da realidade, não poderemos deixar de pôr no centro do cenário dois fatos dolorosos que abalaram a sociedade, particularmente os jovens e quem está perto deles. Refiro-me à tragédia de Carmen de Patagones[6] e ao terrível 30 de dezembro no bairro portenho Once[7]. Dois fatos muito diferentes entre si, mas que têm uma mensagem comum para nossa comunidade: o que está acontecendo com

---

6 Em 28 de setembro de 2004, um garoto de 15 anos pegou uma pistola de 9 mm de seu pai e disparou treze tiros, matando três colegas e ferindo outros cinco. A tragédia aconteceu em uma escola de Carmen de Patagones, ao sul de Buenos Aires. (N.T.)
7 Na noite de 30 de dezembro de 2004, durante um *show* da banda Callejeros, uma danceteria da cidade de Buenos Aires, República de Cromañón, sofreu um incêndio. Cento e noventa e três pessoas morreram. (N.T.)

nossas crianças? Ou melhor, o que acontece conosco que não conseguimos nos responsabilizar pela situação de abandono e solidão em que nossas crianças se encontram? Como chegamos ao ponto de perceber os problemas dos adolescentes quando um deles sofre uma crise que o leva a matar seus colegas com uma arma de fogo subtraída de seu pai? Como é que reparamos apenas a negligência de todos aqueles que têm por tarefa cuidar de nossas crianças quando quase duzentas pessoas, em sua grande maioria crianças, adolescentes e jovens, são sacrificadas em nome do negócio, do descuido e da irresponsabilidade? Não cabe a nós, obviamente, determinar responsabilidades, mas sabemos que é imprescindível que essas responsabilidades fiquem explícitas e que cada um assuma a sua. Não é bom diluir ações e omissões humanas que tiveram tão terríveis consequências em uma espécie de culpa coletiva. Como orávamos na missa de um mês da tragédia:

> *Pedimos (a Deus) justiça. Pedimos que seu povo humilde não seja burlado por nenhuma astúcia mundana; que sua mão poderosa ponha tudo em seu devido lugar e faça justiça. A chaga é dolorosa. Ninguém tem o direito de fazer experiências com crianças e jovens. Eles são a esperança de um povo, e devemos cuidar deles com decisão responsável.*

Ainda assim, e enquanto confiamos que, além dos oportunismos políticos, sobressaiam a responsabilidade e a seriedade naquele que há muito tempo o haveria de ter visado (o bem comum em sua mais básica expressão, a vida dos cidadãos), precisamos abrir os olhos e reavaliar as próprias ideias, os próprios sentimentos, atuações e omissões no campo do cuidado, da promoção e da educação das crianças e dos adolescentes.

Outro risco que se pode correr é o de limitar o problema a uma questão de controle nas casas noturnas e em outros locais de diversão; do mesmo modo, há alguns meses, a discussão sobre as situações de violência encontradas na escola poderia ter sido definida pelos médicos como uma mera indicação de psicopatologia e "marcação corpo a corpo" das crianças, algo "psicopatológico". E não estou minimizando a importância de garantir as condições de segurança dos locais, tampouco a contribuição imprescindível dos profissionais da saúde. Simplesmente os estou convidando a que sejamos bem conscientes de que as coisas nunca estão isoladas umas das outras, e todos nós (pais, educadores, pastores) temos em nossas mãos a responsabilidade e também a possibilidade de fazer deste mundo algo muito mais agradavelmente habitável para nossas crianças.

Dessa forma, gostaria de reiterar algumas ideias que compartilhei com muitos de vocês no Fórum para Docentes, em outubro último.

Todos temos ciência das dificuldades cada vez maiores que surgem quando queremos acompanhar nossas crianças nas instituições educacionais. Como eu dizia no fórum, a pressão do mercado, com sua proposta de consumo e competição despiedosos, a carência de recursos financeiros, sociais, psicológicos e morais, a gravidade cada vez maior dos riscos que se deve evitar... tudo isso dificulta às famílias cumprir sua função, e a escola vai ficando cada vez mais sozinha na tarefa de conter, sustentar e promover o desenvolvimento humano de seus alunos.

Essa solidão acaba sendo vivida, inevitavelmente, como excesso de exigência. Sei que vocês, queridos docentes, estão tendo de carregar nas costas não só aquilo para o qual se prepararam, mas também diversas demandas explícitas ou tácitas que os exaurem. A isso se somam os meios de comunicação, que não se sabe se ajudam ou confundem mais os propósitos ao tratar de questões delicadíssimas com a mesma leviandade com que difundem as intimidades das personalidades do mundo artístico, no mesmo bloco que fazem o noticiário, na mesma página do jornal, misturando os fatos com propagandas dos objetos mais inverossímeis possíveis. E tudo isso acontece ao mesmo passo que estamos cada vez mais perto de ser uma sociedade de controle na qual todo mundo desconfia de todo mundo. Ao mesmo tempo, com toda a recente atenção prestada às diversas formas de negligência e abuso e em torno da qual se pratica o mau costume de antecipar-se a fazer denúncias sem checar suficientemente as fontes, acaba faltando escrúpulos às pessoas, que só veem nas instituições uma oportunidade para lucrar a qualquer custo.

E então? O que vocês têm de fazer, do jeito que estão, sobrecarregados e cansados? Tem razão quem disser "minha tarefa é ensinar esta ou aquela disciplina; não vou dar a 'cara a tapa', cada um que faça sua parte"? Sim, quem dera cada um fizesse o que lhe cabe. Entretanto, como eu dizia há alguns meses, a professora não poderá limitar-se a ser a segunda mãe, que era em outras épocas, se não houve antes uma primeira. Tenho certeza de que todos gostamos de recordar como, quando crianças, podíamos brincar na rua, suficientemente alimentados e amados, em famílias nas quais o bem-estar, o carinho e o cuidado faziam parte do cotidiano. Também sei que, mais de uma vez, tentamos discutir quando as coisas deixaram de ser assim, quem começou tudo, quem degradou a educação, quem desmontou a relação entre educação e trabalho, quem debilitou a família, quem enfraqueceu a autoridade, quem pulverizou o Estado, quem levou à anomia institucional, quem corrompeu os ideais, quem desinflou as utopias. Podemos analisar tudo isso até à exaustão, debater, opinar... No entanto, o que não se pode discutir é que vocês enfrentam diariamente meninos e meninas de carne e osso, com possibilidades, desejos, medos e carências reais. São crianças que estão aí, de corpo e alma, como são e como vêm, diante de um adulto, exigindo, esperando, criticando, rogando à sua maneira, infinitamente sozinhos, necessitados, aterrorizados, confiando persistentemente em vocês, mesmo que às vezes façam gestos de indiferença, desprezo ou raiva; atentos para ver se alguém lhes oferece algo diferente ou lhes fecha outra porta.

Trata-se de uma grande responsabilidade que requer de nós não só uma decisão ética, não só um compromisso consciente e esforçado, mas também, e sobretudo, um adequado grau de maturidade pessoal.

Essa maturidade às vezes parece ser um bem escasso em nossa sociedade, sempre querendo começar do zero, como se os que nos precederam não tivessem existido, sempre encontrando um jeito de ressaltar o que nos divide, mesmo quando o que nos une está à vista, sempre se opondo pelas dúvidas, jogando a pedra e escondendo a mão, assobiando baixinho e olhando para o outro lado quando a situação se complica, declamando patriotismo e paixão pela justiça enquanto passamos o envelope por baixo da mesa ou arranjamos um amigo que nos ajude a furar a fila.

Parece que uma meditação sobre a maturidade vai fazer bem a todos, não só porque vamos amadurecer meditando, mas para que possamos nos ver com os olhos mais abertos (talvez como nos veem nossos adolescentes?) e, em consequência, comecemos a modificar apenas as condutas e atitudes que estejam mais a nosso alcance.

A maturidade é mais que crescimento

Não é simples definir em que consiste a maturidade, especialmente porque, mais que um conceito, a maturidade parece ser uma metáfora. Teria sido proveniente da fruticultura? Não sei. Se assim fosse, teríamos de apontar imediatamente que existe uma diferença fundamental entre as maçãs, os pêssegos e os seres humanos. Enquanto o pleno desenvolvimento (porque é disso que se trata) das frutas é um processo que depende diretamente de determinadas programações genéticas do vegetal e das condições ambientais adequadas (o clima, a ação dos insetos, dos pássaros e do vento para a polinização das flores, a umidade, os nutrientes da terra etc.), a maturidade humana não depende só de genética e alimentação, salvo se considerarmos o homem um ser vivo nada diferente dos outros (amebas, cáctus etc.).

Às vezes, quando lemos alguns estudos científicos, ficamos com a impressão de que os genes determinaram, quase em um mesmo nível, que uma pessoa tenha cabelo liso ou enrolado, que o primeiro dente caia aos 5 anos, que vá mal na escola, que seja pobre, que seja sociável, que um dia mate a sogra e que finalmente morra de infarto com cerca de 40 anos.

No entanto, se a maturidade fosse somente o desenvolvimento de algo contido no código genético, realmente não haveria muito que fazer. O dicionário nos propõe um segundo significado de maturidade: "bom juízo ou prudência, sensatez". E aqui nos situamos em um universo muito diferente do da biologia, porque a prudência, o bom juízo e a sensatez não dependem de fatores de crescimento meramente quantitativos, e sim de toda uma cadeia de elementos que se sintetizam dentro da pessoa. Para ser mais exato, sintetizam-se no centro de sua liberdade.

Então, a maturidade, sob esse ponto de vista (que se apresenta como muito mais interessante e rico para nossa reflexão), poderia ser entendida como a capacidade de usar nossa liberdade de um modo "sensato", "prudente". Notem que com isso fugimos não só da redução biológica, mas também da própria perspectiva psicológica, para chegar a uma consideração ética. Vale lembrar que não se trata de escolher entre um e outro enfoque. Sem determinado programa genético, não podemos ser humanos, e sem o desenvolvimento das faculdades que são objeto da psicologia não é possível falar de uma maturidade no sentido ético. Justamente porque o humano implica essa multiplicidade de dimensões, quero destacar a diferença: não me compete, como pastor, "dar aula" de psicologia, mas sim propor a vocês uma série de considerações que dizem respeito à orientação de nosso livre-arbítrio.

Se falarmos de sensatez e prudência, a palavra, o diálogo – inclusive o ensino – terão muito a ver com a maturidade, porque, para conseguir atuar dessa maneira sensata, a pessoa precisa ter acumulado muitas experiências, realizado muitas escolhas e ensaiado muitas respostas aos desafios da vida. É óbvio que não há sensatez sem tempo. Em um primeiro momento, então, ainda muito próximo da perspectiva psicológica e até da biológica, a maturidade requer tempo.

Analisemos a pessoa madura como alguém que faz uso de sua liberdade de determinado modo. Qual é, perguntamo-nos a seguir, esse modo? Isso porque aqui aparece outro problema: existe uma espécie de tribunal de maturidade? Quem determina quando algo é sensato e prudente: os outros (sejam quem forem) ou cada um, com base em sua experiência e sua orientação? Se em primeira instância temos de relacionar maturidade com tempo, a seguir teremos de nos situar no conflito entre o indivíduo e os outros: a liberdade no tempo, a liberdade na sociedade.

Este é, então, o trajeto que lhes proponho: um trajeto que, como veremos, vai nos permitir compreender a maturidade humana sob uma perspectiva mais aberta, porque, no final, encontraremos uma última dimensão da maturidade – o convite divino a transcender o horizonte do intersubjetivo e social para nos abrir ao religioso –, ou seja, partir da maturidade ética para a santidade.

Não vamos, porém, nos antecipar: a reflexão ainda está verde.

A maturidade exige uma experiência no tempo

Para que algo saia do estado verde e passe a maduro de verdade, é essencial que o processo não seja apressado. Quantas vezes nos decepcionamos com frutas de muito boa aparência e pouco sabor! E dizemos: "é congelada", ou seja, muitas vezes não teve o tempo necessário para chegar a seu ponto exato.

Salvo as devidas diferenças, o amadurecimento humano, em sua dimensão ética, também requer tempo. Psicólogos de diversas escolas concordam, independentemente de suas diferenças, que a consciência moral vai se desenvolvendo por meio de um processo que requer etapas e movimentos diversos, transcorrendo necessariamente no tempo.

Funciona assim: para chegar a um ponto de maturidade, ou seja, para que sejamos capazes de tomar decisões verdadeiramente livres e responsáveis, é preciso que tenhamos dado algo de nós e que nos tenham dado tempo para isso.

No tempo ocorrem algumas operações imprescindíveis para formar a liberdade. Por exemplo, a capacidade de esperar. Sabemos que o imediatismo do "quero agora" é o lema das crianças pequenas e daqueles que, em nossa opinião, não amadureceram de forma conveniente. Provavelmente é uma das coisas mais importantes que temos a aprender. Mesmo que seja só porque a passagem da satisfação imediata à espera, a simbolização e a mediação da ação razoável estão entre os fatores que nos definem como humanos. Entre nós, o estímulo não desperta necessariamente uma resposta imediata e automática. É justamente no espaço entre o estímulo e a resposta que construímos toda a cultura.

Isso implica um longo caminho de aprendizagem, com base em capacidades que vão amadurecendo tanto no plano biológico como no psíquico. Às vezes, imaginamos a figura do velho sábio como alguém que chegou a certa impassibilidade. Independentemente de alguns traços próprios da cosmovisão oriental presentes nessas imagens, é verdade que esse distanciamento das coisas e das pressões é um dos aspectos que se ressaltam em todos esses personagens que podem ser vinculados à sensatez e à prudência, pelo menos no que diz respeito à capacidade de não se guiar pelos primeiros impulsos. O homem prudente, maduro pensa antes de agir. Conduz seu tempo.

Será óbvio apontar que tudo isso requer uma série de operações que se tornam muito difíceis na atual cultura digital? O tempo da reflexão não é, de jeito nenhum, o tempo da percepção e resposta imediata dos jogos de computador, das comunicações *on-line*, das operações de todo tipo nas quais o importante é "estar conectado" e "agir rápido". Não se trata de proibir as crianças de interagir com as máquinas eletrônicas, e sim de encontrar um jeito de criar nelas a capacidade de diferenciar as diversas lógicas e não aplicar de modo inequívoco a velocidade digital a todos os âmbitos da vida.

Também se trata de estarmos atentos às próprias tendências de estímulo-resposta imediata. Para dar um exemplo: o auge – de origem midiática – da opinião: todo mundo dá opinião sobre tudo, sabendo ou não, tendo ou não os elementos para avaliar. Como nos darmos lugar para pensar, para dialogar, para trocar opiniões, para construir posições sólidas e responsáveis, se diariamente apresentamos um estilo de pensamento armado sobre o provisório, o lábil e a despreocupação com a coerência? É óbvio que não podemos deixar de fazer parte da sociedade da informação na qual vivemos, mas podemos reservar um tempo para analisar, avaliar possibilidades, visualizar consequências, analisar pontos de vista, escutar outras vozes e ir montando, dessa maneira, a trama discursiva sobre a qual será possível tomar decisões prudentes.

Reservar um tempo para esperar é também dar tempo para construir. As coisas realmente importantes requerem tempo: aprender um ofício ou profissão, conhecer uma pessoa e criar uma relação duradoura de amor ou de amizade, saber como distinguir o importante do prescindível…

Vocês sabem muito bem que não se pode apressar certas coisas em sala de aula. Cada criança tem seu tempo, cada grupo tem seu ritmo. No ano passado eu lhes falei da diferença entre dar frutos e produzir resultados. Bem, uma das diferenças é justamente a qualidade do tempo que requerem as duas finalidades. Na produção de resultados, podemos prever e até racionalizar o tempo; na espera do fruto, não. É apenas espera: o tempo, o ritmo não estão em nossas mãos. Exigem humildade, paciência, atenção e escuta.

O Evangelho nos oferece a belíssima imagem da Sagrada Família dando seu tempo, deixando que Jesus fosse amadurecendo: "E Jesus crescia em sabedoria, estatura e graça, diante de Deus e dos homens" (Lc 2,52). O próprio Deus fez do tempo o eixo principal de seu plano de salvação. A espera de seu povo concentra-se e simboliza-se nessa espera de Maria e José por esse menino que dá tempo para amadurecer sua identidade e sua missão, e mais tarde, já homem, faz da espera de "sua hora" uma dimensão essencial de sua vida pública.

E então, será que há alguma diferença, nesse ponto, entre as frutas que amadurecem em determinado tempo e as pessoas que precisam de tempo para amadurecer sua liberdade? O que o tempo faz conosco para ter um papel tão importante?

O tempo é imprescindível, mas não somente na condição de magnitude cronológica, quantitativa. Tempo é experiência, sim, mas só quando a pessoa se dá a oportunidade de fazer experiência da experiência. Ou seja, não se trata só de as coisas acontecerem, e sim de nos apropriarmos do sentido e da mensagem das coisas que acontecem. O tempo tem sentido dentro de uma atividade do espírito, na qual entram em jogo a memória, a fantasia, a intuição, a capacidade de julgar. Poucos se aprofundaram de modo tão bonito quanto Santo Agostinho:

> *O que é, então, o tempo? Se ninguém me pergunta, eu sei; se o quero explicar a quem me pergunta, não sei [...] O passado e o futuro, como são, posto que o passado já não é, e o futuro não é ainda? Há três tempos: presente do passado, presente do presente e presente do futuro. Existem, de fato, na alma, de certa maneira, esses três modos de tempos e não os vejo em outro lugar: o presente do passado é a memória; o presente do presente é a visão; o presente do futuro é a espera.*
>
> (*Confissões*, Livro XI).

O amadurecimento no tempo é, no ser humano, muito mais que o transcorrer objetivo de um processo biológico. É "relaxamento da alma", dizia Santo Agostinho, ou seja, a experiência do tempo se dá na alma, em seu movimento e em sua atividade. De fato, amadurecer no tempo é pôr em jogo a memória, a visão e a espera. Para o desmemoriado, que não registra o que aconteceu e os próprios acontecimentos internos, o tempo é um mero fluir sem sentido. Sem memória, vivemos um mero presente sem densidade, um presente que sempre está começando, vazio. Ser imaturo é, dessa forma, justamente estar sempre recém-aterrissado, não ter o respaldo das experiências recordadas e ponderadas diante da necessidade de dar respostas aos desafios da realidade.

Às vezes, dizemos que somos um povo imaturo, mas isso não se deve ao fato de termos uma história ainda breve, mas ao fato de que não soubemos ruminar essa história. Pouco é o que aprendemos, e tendemos a tropeçar diversas vezes na mesma pedra. Como não aprendemos, como não nos respaldamos no fundo de experiências anteriores que muito teriam para nos ensinar, só nos restam um presente oco, o presente do imediatismo, o presente do consumismo, a dilapidação, o afã do enriquecimento fácil, a irresponsabilidade (afinal, quem vai se lembrar?) ou, em uma tentativa de nos protegermos, o presente imediato da desconfiança mútua e do ceticismo.

Lembrar, manter desperta a memória dos triunfos e fracassos, dos momentos de felicidade e dos de sofrimento, é a única forma de não ser como crianças no pior sentido da palavra: imaturos, sem experiência, imensamente vulneráveis, vítimas de qualquer isca que apareça revestida de luzes coloridas. Ou como velhos, também no sentido mais triste: descrentes, blindados de amargura. A memória seletiva também não amadurece, pois debulha os dados, os momentos do coração, os episódios da vida, desfigurando a totalidade. Por um lado, cria-se uma espécie de ser mitológico: metade realidade vivida, metade fantasia (isso pode ser denominado ilusão, ideologia, desejo). Por outro lado, é conveniente recordar que a manipulação da memória nunca é inocente; é desonesta.

E a espera, presente do futuro na alma, segundo Santo Agostinho? Como pode haver experiência e sensatez se não sabemos para onde queremos nos dirigir, para onde olhar para escolher entre as possibilidades que se apresentam, em que direção semear, construir e apostar? A dimensão temporal da maturidade também requer que contemos com o relaxamento da espera: transformar o desejo em esperança. O presente, como momento de decisão, como única atualidade da liberdade que escolhe, dilui-se sem essa capacidade de ver o que desejamos nos mínimos movimentos e nas pequeninas sementes que hoje temos nas mãos – sementes que descartaríamos, movimentos que deixaríamos se perder se não pudéssemos alimentar a expectativa de que deles, com tempo e novas decisões, pode crescer o bem que desejamos e aprendemos a esperar ativamente. E assim, segue dizendo Santo Agostinho, o presente é visão: do que foi, do que é e, especialmente, do que pode ser. É um campo próprio da liberdade, próprio do espírito. Sob esse ponto de vista está a dimensão da complementaridade, elemento necessário à maturidade.

Sem essa conjunção de passado, presente e futuro, conjunção que se dá na atividade da alma humana, não há projeto possível, só improvisação: apagar o que aconteceu antes para reescrever sem apoio o que alguém apagará amanhã. Não seria o momento de aprender a projetar, esperar e sustentar o esforço e a espera? Voltemos ao ponto de partida de nossa reflexão: não há algo semelhante na terrível desproteção em que vivem nossas crianças e nossos adolescentes? Não estão eles saindo para a vida sem um relato que lhes permita construir sua identidade e fazer suas opções? E não se trata de voltar ao velho clichê do fim dos relatos, que não foi nada além de um único relato violento, um conto sem tempo, baseado na confiança cega em leis relativas à riqueza, ao esquecimento e à ilusão de que a avalanche de objetos de consumo era realmente a terra prometida? Um conto que ninguém jamais havia confirmado, uma ilusão coletiva que só enterrando a memória e degradando a esperança pode ter credibilidade? Assim ocorre quando a ideologia centra toda a atividade humana e se impõe com um dogmatismo que não sabe de memória, tampouco de realidade ou de visão. Os atuais modismos adolescentes bloqueiam qualquer progresso humano real, tudo em nome de um pretenso progresso, e, mesmo não tendo a força da memória, da realidade e da visão, provocam totalitarismos contra estilos diferentes, tão cruéis como os do século XX; totalitarismos conduzidos pelos democráticos gurus do pensamento único. Confundem o processo de amadurecimento das pessoas e dos povos com uma fábrica de conserva em lata.

Temos hoje a oportunidade de perceber uma das mais horríveis consequências da desorientação dos adultos: a morte de crianças. Se não há passado, não se aprende; se não há futuro, não se arrisca nem se prepara. Ficamos todos pendurados no nada, nessa mentirosa atemporalidade das telas. Tudo hoje, tudo agora, e o que mais importa? E quem não pôde agir perdeu. Perdeu-se. Não tem lugar, não tem tempo. Vagueará pelas ruas e ninguém o verá, como as crianças que aos montes pedem uma moeda ou esmurram um telefone público para recolher alguns centavos. São crianças sem tempo, crianças que não tiveram o tempo de que necessitaram ou, como os adolescentes, que não sabem o que esperar e não têm de onde aprender, com pais ausentes ou vazios, com uma sociedade que os exclui ou os expulsa e os põe no lugar de vítimas ou algozes (rotulando o bando, muitas vezes pela cor da pele), em vez de reconhecê-los como sujeitos plenos de futuro... desde que a comunidade lhes dê o que necessitam para isso.

Esse mesmo imediatismo que produziu adolescentes que hoje, só hoje, acreditam que podem satisfazer-se com qualquer um desses produtos que lhes são oferecidos; hoje, porque tem de vender hoje, não importa se amanhã a criança estará viva ou não, se crescerá ou não, se aprenderá ou não. Esses adolescentes, na exasperação do presente como único horizonte, são muitas vezes vítimas/algozes da compulsão de ter hoje um dinheiro para o que for preciso e a qualquer custo, mesmo que seja o pior, rifando sua vida e a dos outros, porque para eles, de qualquer maneira, o que importa o amanhã? Hoje, só hoje, chegam a matar para arranjar dinheiro, do mesmo modo que outros de seus semelhantes maiores deixaram morrer (ou provocaram a morte) para arranjar um dinheiro infinitamente maior.

É a lei da vida... quando não há relaxamento da alma. Quando o passado não é memória e o futuro não é espera, o presente não é visão, e sim cegueira mortal.

No entanto, permitam-me fazer uma última afirmação: dar tempo não é a mesma coisa que deixar estar. A vigilância é um aspecto essencial da espera. Jesus mesmo, atento à sua hora, não poupou imagens para semear em seus discípulos as parábolas dos servidores esperando seu Senhor, das virgens que esperavam o noivo sábia e prudentemente, e as que não o faziam. Aqui vemos com clareza a virtualidade própria do tempo presente: não é só visão, e sim dom. O presente é aquele que recebemos não para deixar que se transforme em passado inutilmente, mas para transformá-lo em futuro... agindo.

Para concluir esta seção: a liberdade se cumpre plenamente, maduramente quando é responsável. É quando se torna lugar de encontro entre as três dimensões do tempo. Uma liberdade que reconhece o que fez e o que não fez (do presente ao passado) apropria-se de suas decisões no momento certo (o presente) e assume as consequências (do presente ao futuro). Esta é uma liberdade madura.

A maturidade requer liberdade

Uma segunda dimensão da maturidade vinculava-se à tensão entre indivíduo e comunidade, uma tensão que, já podemos apontar desde o começo, é no mínimo inevitável no sentido de que decididamente um não pode existir sem a outra, e vice-versa.

Pulemos, porém, as questões básicas implícitas nesse tema (embora sejam suficientemente articuladas na antropologia bíblica e na visão acerca do homem, pessoa única e ser social ao mesmo tempo) para nos perguntarmos acerca da relação entre ser uma pessoa madura (ou seja, de acordo com a segunda acepção do dicionário, ter "bom juízo ou prudência, sensatez") e ser alguém adaptado à sociedade.

Em uma primeira e rápida aproximação, pareceria que a maturidade tem a ver com essa adaptação. Ao menos comumente logo se vincula o imaturo ao inadaptado. Às vezes (inclusive em nossas instituições), o conceito de imaturidade serve para estigmatizar sem condenar moralmente aquele que foge do esperado, que age de modo surpreendente ou inadequado diante dos critérios comuns. "Não é uma pessoa ruim, é só um pouco imaturo." Esse jeito de falar não é bem comum entre nós? Com isso, o problema é maior. Em primeiro lugar, não é pertinente falar de uma pessoa imatura, e sim de condutas imaturas. E, ainda assim, não é tão simples definir onde está o critério que discrimina umas condutas das outras. Quem define o que é maduro, ou seja, aquilo a que temos de nos adaptar? É a autoridade? A maioria? A lei instituída?

O critério que relaciona maturidade à adaptação fica particularmente complicado quando tomamos algumas situações como exemplos. Não há muito tempo, a autoridade em nosso país dizia que "o silêncio é saúde", e o fazia sentir. Contudo, não faltaram os que elevaram a voz a favor dos direitos humanos e contra os diversos abusos contra os pobres e contra quem não concordava com a ideologia dominante. Outro exemplo: provavelmente a maioria considere mais adequado ao mundo em que vivemos fazer um pequeno agrado ao agente de trânsito ou ao inspetor que pagar uma pesada multa no gabinete correspondente. Será algo de uma pessoa imatura negar-se a entrar nessa rede de corrupção em vez de aceitar isso de forma menos danosa? Obviamente, aqui aparece a figura do já instituído, nesse caso a lei de trânsito ou a regulamentação de comércios ou negócios. Em que pese a muitos, o adequado (e maduro) não estaria bem assim do lado das práticas corruptas, mas difundidas, e sim do lado que a lei exige, mesmo que pouco se cumpra. Contudo, isso volta a se complicar quando os sujeitos se veem obrigados a agir contra as leis em nome do que consideram justo. É a história do movimento trabalhista em todo o mundo: quanta luta, quanto sofrimento, quantas mortes custou o reconhecimento da legitimidade da proteção ao trabalhador e de sua família, da regulamentação do trabalho dos menores etc., contra a rapacidade do capitalismo da época, que havia comprovado a própria legalidade? Podemos dizer que aqueles pioneiros nas lutas pela dignidade do trabalho humano eram pessoas imaturas?

Nós, cristãos, deveríamos ser os primeiros (e nem sempre somos!) a repudiar a associação apressada entre maturidade e adequação. Ninguém menos que Jesus poderia ter se constituí-do, para muitos, em seu tempo, no paradigma do inadequado, e, portanto, imaturo. Assim atestam os próprios evangelhos ao registrar as reações diante de suas práticas: "É um comilão e beberrão, amigo dos publicanos e dos devassos" (Mt 11,19); bem como diante de suas rupturas com os limites que foram marco dos preceitos institucionais: "Quando os seus o souberam, saíram para o reter, pois diziam: 'Ele está fora de si'" (Mc 3,21)"; e diante da resposta de Jesus acerca de sua verdadeira família: "E Ele lhes respondeu, dizendo: 'Quem é minha mãe e meus irmãos?'" (Mc 3,33-35). O mesmo está implicado em sua polêmica com os fariseus e os sumos sacerdotes em relação à Lei e ao Templo. Poderíamos ler os evangelhos completos, sobretudo o de João, como a tentativa de responder a essa pergunta dirigida ao Senhor: "Com que direito fazes isto? Quem te deu autoridade para fazer essas coisas?" (Mc 11,28). Naquela época, na qual não havia uma mentalidade científica nem sequer humanista no sentido moderno, não se considerava imaturo aquele que desa-fiava de algum modo a autoridade, o instituído ou a maioria, e sim "possesso" (Jo 8,48-52) ou "blasfemo" (Jo 10,33). Desse modo, a reação diante da atitude de Jesus culminaria primeiro nas acusações mortais de blasfêmia (Mt 26, 65-66) e depois de rebeldia contra o imperador (Jo 19,12-15).

E o que dizer de São Paulo, malvisto em tantas situações do *establishment* a ponto de chegar à prisão, à lapidação e final-mente à execução? E de tantos e tantas mártires e confessores, afrontando os critérios e valores de seu tempo, atraindo sobre si as iras do poder? Pensando bem, os santos sempre foram como uma pedra no sapato de seus contemporâneos. E não pode ser de outro modo, tendo em vista a fonte da autoridade de Jesus, que transcende a todo bom juízo possível neste mundo.

Se a maturidade fosse mera e simplesmente adaptação, a finalidade de nossa tarefa educadora seria adaptar as crianças – essas criaturas anárquicas – às boas normas da sociedade, sejam quais forem. À custa de quê? À custa de um amordaçamento e uma submissão da subjetividade. Ou, pior ainda, à custa da privação do mais próprio e sagrado da pessoa: sua liberdade. É um imenso desafio: que, por fim, levará à educação para a liberdade e em prol dela, já que implicará para todos nós, docentes e formadores, pastores e mestres, uma abnegada relativização de nossa forma de ver e sentir para nos dispormos a buscar a humilde e sincera verdade.

Por uma via indireta, então, percebemos que a maturidade requer, além da adequação, um modelo imperante, a capacidade de nos posicionar em determinada situação em que nos encontramos. Ou seja, requer a posse da liberdade para escolher e decidir segundo a própria experiência e o próprio desejo, em consonância com os valores a inerentes a ela.

A maturidade torna-se plena no amor

Isso significa, portanto, a canonização automática de todo subjetivismo, de toda excentricidade, de toda pretensão do indivíduo como tal?

De jeito nenhum. A pergunta que os contemporâneos faziam a Jesus era válida por si mesma. Suas palavras e obras não podiam apresentar-se como pura ruptura: deviam ter uma referência de Verdade. O momento negativo da crítica, da rebeldia, da subjetividade como repúdio da sujeição só pode se apoiar no momento positivo da transcendência, da tendência a uma maior universalidade, a uma mais plena verdade. Não foi o poder que os mártires repudiaram: foi o poder que beneficiava só alguns. Não foi a lei que Jesus combateu: foi a lei que se punha acima do reconhecimento do próximo. Não é a maioria que a testemunha da verdade renega: é a maioria que priva de visibilidade e palavra todo o resto, as outras presenças e as outras vozes.

Em outros termos: a liberdade não é um fim em si mesmo, um buraco negro atrás do qual não há nada. Ordena-se a dar vida mais plena ao ser humano, a todos os homens. Rege-se pelo amor, como afirmação incondicional da vida, e o valor de todos e cada um. Dessa forma, podemos dar um passo a mais adiante ainda em nossa reflexão: a maturidade não só requer a capacidade de decidir livremente, de ser sujeito das próprias opções em meio às múltiplas situações e configurações históricas em que estivermos incluídos, mas também inclui a afirmação plena do amor como vínculo entre os seres humanos, nas diferentes formas em que esse vínculo se realiza: interpessoais, íntimas, sociais, políticas, intelectuais etc.

É justamente essa a ideia, que já apresentamos, de uma liberdade responsável. Perante quem seremos responsáveis senão diante do outro e de nós mesmos como membros da família humana? "Alto lá!", dirão. Não somos responsáveis, acima de tudo, perante um enigma... E a prova mais definitiva da veracidade e verdade de nossa responsabilidade perante Ele continua sendo a prova do amor ao próximo (1Jo 4,20), vivido na verdade mais íntima de nossa consciência (1Jo 3,21-24) até as obras mais concretas e eficazes que mostram nossa fé (Tg 2,18). Uma personalidade madura, assim, é aquela que conseguiu inserir seu caráter único na comunidade dos semelhantes. Não basta a diferença: é preciso também reconhecer a semelhança.

O que isso significa para nossa vocação e nossa tarefa de docentes cristãos?

Significa a exigência de construir e reconstruir os laços sociais e comunitários que o individualismo desenfreado quebrou. Uma sociedade, um povo, uma comunidade não são só uma soma de indivíduos que não se importam uns com os outros. A definição negativa de liberdade, que pretende que ela acabe quando começa o limite do outro, fica na metade do caminho. Para que quero uma liberdade que me tranque na cela de minha individualidade, que deixe os outros de fora, que me impeça de abrir as portas e compartilhar com o vizinho? Que tipo de sociedade desejável é aquela em que cada um usufrui só seus bens e para a qual o outro é um potencial inimigo até que prove que nada de mim lhe interessa?

Gostaria que me entendessem bem: não somos nós, cristãos, que vamos cair em uma concepção romântica e ingênua da natureza humana. Para além das formulações históricas, a crença no pecado original quer mostrar que em cada homem ou mulher aninha-se uma imensa capacidade de bem e também de mal. Ninguém está imune; em cada semelhante pode se aninhar também o pior inimigo, até para si mesmo.

Entretanto, essa consideração, realista ou teológica, é só o ponto de partida. Com base nela será preciso pensar em que consistem a tarefa do homem na história, a empreitada das comunidades humanas, a finalidade da civilização. Será que é simplesmente sancionar a periculosidade de uns contra outros, limitando as possibilidades de conflito, ou promover as mais altas capacidades humanas visando a um crescimento da comunhão, do amor e do reconhecimento mútuo voltado para a construção de um vínculo positivo e não meramente negativo?

Muito avançamos e muito resta ainda por avançar na tarefa de trazer à luz as diversas situações de violações à dignidade das pessoas e, sobretudo, aos grupos mais castigados e subjugados. Particularmente importante foi o avanço na consciência dos direitos das crianças, da igualdade dos direitos do homem e da mulher, dos direitos das minorias. Entretanto, é preciso dar mais um passo: não será por meio da entronização do individualismo que se dará o devido lugar aos direitos da pessoa. O máximo direito de uma pessoa não é somente que ninguém a impeça de realizar seus fins, mas efetivamente realizá-los. Não basta evitar a injustiça se não se promover a justiça. Não basta proteger as crianças de negligências, abusos e maus-tratos se não se educar os jovens para um amor pleno e integral por seus futuros filhos, se não se oferecer às famílias todos os recursos de que necessitam para cumprir sua imprescindível missão, se não se favorecer na sociedade uma atitude de acolhimento e amor à vida de todos e de cada um de seus membros pelos diferentes meios com os quais o Estado deve contribuir.

Então, uma pessoa madura, uma sociedade madura serão aquelas cuja liberdade seja plenamente responsável no amor. E isso não cresce só nas margens das estradas. Na verdade, implica um investimento de muito trabalho, muita paciência, muita sinceridade, muita humildade, muita magnanimidade.

Caminhando para a maturidade

De que modo podemos transformar essas reflexões em dicas concretas para que os educadores cristãos realizem as impostergáveis tarefas que lhes são exigidas?

Fortalecer a comunidade eclesiástica

Em primeiro lugar, creio que seja imprescindível reforçar o sentido eclesiástico entre nós mesmos. Não há outro lugar onde possamos nos colocar à escuta do que Deus nos diz como a realidade atual no seio da comunidade crente. Não há outra humilde comunidade eclesiástica real e concreta, não a desejada ou sonhada, com suas falhas e seus pecados, em meio a um processo nunca acabado de penitência e conversão, que busque novas e melhores vias de comunicação mútua, de correção fraterna, de solidariedade, de crescimento em fidelidade e sabedoria. É provável que muitos cristãos, diante das dolorosas divisões e dos pecados que atravessa o corpo eclesiástico, desanimem e busquem fora da comunidade as vias de realização de seu compromisso para com o outro. Talvez, porém, seja dessa maneira que se privam da riqueza que só na comunidade crente vão encontrar. Nem todos pensamos de modo igual, e às vezes as diferenças parecem inconciliáveis. Nem todos agimos como deveríamos, nem todos levamos plenamente à prática a Palavra que recebemos. Entretanto, isso não deveria ser obstáculo para continuar orando, dialogando, trabalhando para que essa Palavra encarne e brilhe para todos. Talvez a primeira aposta, a primeira busca, seja tornar realidade uma comunidade eclesiástica muito mais respeitosa ao outro, menos preconceituosa e mais madura na fé, no amor e no serviço.

Ensaiar novas formas de diálogo na sociedade pluralista

Em segundo lugar, é preciso criar um sentido de liberdade responsável no amor na relação entre os diferentes grupos que formam nossa sociedade. Esta é uma tarefa particularmente importante para nós, porquanto as mudanças sociais e culturais que estão acontecendo em nosso país, como já o fizeram em outras partes do mundo, criam a necessidade de encontrar novas formas de diálogo e convivência em uma sociedade pluralista, e de que por meio delas a sociedade consiga aceitar e respeitar as diferenças e potencializar os espaços e pontos de encontro e concordância. Quantos são os cristãos que trabalham ombro a ombro com irmãos de outras confissões ou grupos religiosos, ou de movimentos políticos e sociais, em tarefas de promoção humana e serviço dos mais necessitados! Talvez ali se esteja gestando uma nova forma de nos relacionarmos que ajude a reconstruir o laço social entre as pessoas e a ampliar nossa consciência de solidariedade para além de toda fronteira religiosa, ideológica e política.

Revitalizar a dimensão especificamente teologal de nossa motivação

Em terceiro lugar, gostaria de apontar brevemente a mais alta dimensão da maturidade, que é a santidade. Se toda essa reflexão não mover os cristãos a retomar diversas vezes a motivação última de nossa existência, teremos ficado na metade do caminho. Para o cristão, a atuação da liberdade no tempo cumpre-se segundo o modelo eucarístico: proclamação da salvação efetuada hoje em Cristo e em cada um pela fé (com palavras e fatos), que dá cumprimento ao passado da história de salvação e antecipa o futuro definitivo. A esperança, em seu mais pleno sentido teológico, torna-se, assim, a chave da experiência cristã do tempo, centrada na adesão à pessoa do Ressuscitado.

É pertinente ter em mente, portanto, o que aponta o Santo Padre em *Mane Nobiscum Domine*[8]: "Para tal missão, a Eucaristia oferece não apenas a força interior, mas também, em determinado sentido, o projeto. Na realidade, aquela é um modo de ser que passa de Jesus para o cristão e, por meio de seu testemunho, tende a irradiar-se na sociedade e na cultura. Para que isso aconteça, é necessário que cada fiel assimile, na meditação pessoal e comunitária, os valores que a Eucaristia exprime, as atitudes que ela inspira, os propósitos de vida que suscita. Como é possível não ver nisso o mandato especial que poderia brotar do Ano da Eucaristia?" (n. 25).

E tudo isso ocorre no seio da comunidade que compartilha a fé arraigada no amor, porque a superação da contradição entre o indivíduo e a sociedade não se esgota, do nosso ponto de vista, em uma mera busca de consensos, mas tem de remontar à fonte de toda a verdade, aprofundar o diálogo para ter acesso mais pleno à verdade, esmiuçando nossas verdades em um diálogo iniciado não por nós, mas por Deus, e que tem

---

8 Carta Apostólica *Mane Nobiscum Domine*, do Papa Paulo II, sobre o Ano da Eucaristia, que teve início em outubro de 2004 e terminou em outubro de 2005. O nome, em latim, pode ser traduzido por "Ficai conosco, Senhor". (N.T.)

no próprio tempo e na própria pedagogia um diálogo que é um caminho para a verdade juntos.

Estabelecer metas concretas na educação para a maturidade

Para concluir, e já nos situando na específica tarefa de educadores, devemos procurar pôr no centro de todas as nossas atividades a formação integral da pessoa, ou seja, a contribuição para o pleno amadurecimento de homens e mulheres livres e responsáveis. Dessa forma, teríamos de poder definir metas concretas e avaliáveis, a fim de não ficarmos em uma retórica narcisista. Se me permitem, não gostaria de terminar esta mensagem sem lhes sugerir algumas questões derivadas da reflexão precedente que poderiam transformar-se em algumas práticas, outras, em objetivos, e outras até mesmo em conteúdos transversais. São seis propostas:

1. Despertar a memória para fazer a "experiência da experiência"

   A ausência de memória histórica é um sério defeito de nossa sociedade. Além disso, é uma nota distintiva da cultura por alguns chamada pós-moderna, a cultura juvenil do "já foi". Toda referência à história é vista como uma questão meramente acadêmica, no sentido mais estéril da palavra história. Creio que seja imprescindível despertar em nossas crianças a capacidade de conectar-se com as motivações, opções e ações dos que nos precederam, descobrindo a inegável relação entre elas e o presente. Conhecer e poder posicionar-se diante dos acontecimentos passados é a única possibilidade de construir um futuro com sentido. E isso não deve ser só o conteúdo de uma matéria específica, mas deve permear toda a vida escolar por meio de diversas atividades e em diferentes espaços. Portanto, é imprescindível o contato com os clássicos da literatura e com os encontros da dimensão meta-histórica da vida social dos povos.

2. Ajudar a viver o presente como dom

Se Deus vem a nosso encontro na história concreta, o presente é o ponto no qual acolhemos o dom e damos nossa resposta. Isso implica ir além do ceticismo que hoje rodeia nossa cultura, mas também requer ir além da onipotência típica. Viver o presente como dom é recebê-lo com humildade e fazê-lo produzir. Na mensagem que lhes dediquei há dois anos, desenvolvi esse tema da relação entre continuidade e novidade em criação histórica. Eu os convido agora a retomá-lo e a encontrar formas de entusiasmar nossos jovens com o enorme potencial transformador que está em suas mãos, não tanto por meio de arengas e discursos, mas convocando-os a desenvolver experiências e situações concretas que lhes permitam descobrir eles mesmos suas capacidades.

3. Desenvolver a capacidade de juízo crítico para sair da "ditadura da opinião"

Não devemos nos cansar de perguntar diversas vezes a nós mesmos se não estamos simplesmente transmitindo informações em vez de educar para a liberdade, que exige a capacidade de compreender e criticar situações e discursos. Se vivemos cada vez mais em uma sociedade de informação que nos satura de dados indiscriminadamente, tudo no mesmo nível, a escola teria de resguardar seu papel de ensinar a pensar, bem como o de pensar criticamente. Para isso, nós, professores, temos de ser capazes de mostrar as razões escondidas por trás das diferentes opções de leitura da realidade, bem como daquele de promover a prática de escutar todas as vozes antes de emitir opiniões. Ainda assim, teremos de ajudar a estabelecer critérios de valores e, como último passo, nem sempre levado em conta, destacar como todo juízo deve deixar lugar para ulteriores perguntas, evitando o risco do absolutismo e de perder a vitalidade rapidamente.

4. Aceitar e integrar a própria realidade corpórea

    Urge sobretudo um acompanhamento na aceitação e na integração da corporeidade. Paradoxalmente, a cultura atual põe o corpo no centro de seu discurso e ao mesmo tempo o submete a todo tipo de constrições e exigências. Uma antropologia mais atenta às novas condições da subjetividade não pode deixar de lado um trabalho concreto dessa forma, em todos os âmbitos em que é problemático (a saúde, a imagem e a identidade, a sexualidade, o esporte, o bem-estar e o lazer, o trabalho), e sempre deve visar a uma libertação integral para o amor a si mesmo, ao próximo e a Deus.

5. Aprofundar os valores sociais

    Sabemos que nossos jovens têm uma grande capacidade de sentir o sofrimento do próximo e de se envolver em ações solidárias. Essa sensibilidade social, muitas vezes só emotiva, deve ser educada para uma solidariedade aprofundada, que possa elaborar de modo reflexivo a relação entre situações evidentemente dolorosas e injustas e os discursos e práticas que lhes dão origem ou as reproduzem. Com uma permanente ida e volta entre experiências de verdadeiro encontro humano e sua iluminação com base no Evangelho, deveremos reconstruir os valores de solidariedade e o sentido do coletivo que o individualismo consumista e competitivo dos últimos tempos minou em nosso povo. Sem dúvida, isso exigirá o aprofundamento e a renovação da doutrina social em nosso contexto específico.

6. Insistir com a pregação do *kerygma*

    Tudo que dissemos anteriormente cairá no vazio se não acompanharmos nossos jovens em um caminho de conversão pessoal à pessoa e à mensagem de Jesus, como motivação última que articule os outros aspectos. Isso exigirá de nós, além de coerência pessoal – não há pregação possível sem testemunho –, uma busca aberta e sincera das formas que a experiência religiosa pode assumir neste novo século. A conversão, queridos irmãos, não é algo que se dá de uma vez para sempre; é sinal de uma verdadeira vida cristã em que possamos adorar a Deus "em Espírito e em verdade", ou seja, onde quer que sopre esse Espírito.

A Argentina desperta...

Encontramo-nos em um momento histórico de dor e de esperança. Sentimos que não podemos nos fazer de distraídos diante da oportunidade que a Providência nos oferece de contribuir com nossos tijolos para a construção de um mundo diferente.

Compartilhamos com dor a constatação do sofrimento e do abandono que padecem muitas de nossas crianças – nos lembrando de duas tragédias ocorridas em 2004, expressas nas páginas anteriores –, e reconhecemos a necessidade de dar uma resposta a essa situação, de nos responsabilizarmos de algum modo, em nossa pobreza, mas também em nossa esperança.

E, nesse contexto, refletimos acerca das condições de maturidade pessoal e coletiva que esse compromisso requer.

É uma maturidade que implica uma capacidade de viver o tempo como memória, como visão e como espera, indo além do imediatismo, para sermos capazes de articular o melhor de nossa memória e de nossos desejos em uma ação pensada e eficaz.

Trata-se de uma maturidade que se concretize em uma liberdade que não se sujeita a nenhuma particularização excludente, que faça ouvidos moucos às meias verdades e aos horizontes de papelão, que não se adapte sem crítica ao que esteja vigente nem critique só para ressaltar sua individualidade, mas que vise à busca de um amor universal e eficaz que fundamente e dê conteúdo a essa liberdade plenamente responsável.

Também é preciso que se abra, em última instância, em uma renovada vida de fé eclesiástica voltada para a sociedade em seu conjunto, bem fundamentada em uma experiência teologal e eucarística.

Com base nisso, propus seis metas para o trabalho com as crianças: despertar a memória; ajudar a viver o presente como dom; desenvolver a capacidade de juízo crítico; promover a aceitação e integração da própria realidade corpórea; aprofundar os valores sociais e insistir com a pregação do *kerygma*.

Se a realidade que hoje nos traz seus desafios encontrar em nós um espírito generoso e valente, o momento presente terá sido também um presente de crescimento para nós. Será assim que a maturidade pessoal e comunitária de nossas comunidades educacionais terá transcendido, pela graça de Deus, a uma experiência de encontro com Ele em uma vida de santidade, como resposta a um dom que nos antecede e envolve, um sinal e uma antecipação na história da plenitude que esperamos.

Eu me despeço de vocês fazendo minhas as palavras do apóstolo: "Por consequência, meus amados irmãos, sede firmes e inabaláveis, aplicando-vos cada vez mais à obra do Senhor. Sabeis que o vosso trabalho no Senhor não é em vão" (1Cor 15,58). E, por favor, peço-lhes que rezem por mim.

Tempo pascal, 2006

"Aqui estou! Eu me comprometo!"

Um Deus comprometido a fundo com o humano

Uma vez mais, a ponto de começar o ciclo letivo, voltamos a encontrar-nos, para compartilhar aquilo que nos anima em nossa tarefa e, mais ainda, constitui o núcleo de nossa identidade cristã e o horizonte último de nossa existência: a fé em Cristo Ressuscitado. Esse Jesus, que confessamos como Cristo, foi alguém que deu e que pediu definições, que tomou partido: escolheu o mais fraco, não negociou a verdade, não se acomodou... Viveu em paz, defendeu a paz, mas não se desdisse quando o quiseram agredir aqueles para os quais sua presença era sentida como um estorvo para que o povo experimentasse uma mensagem nova, descobrisse a força oculta em suas entranhas por aquele que os amou desde o princípio e queria mostrar-lhes que os amaria até o fim.

Nele se nos revela a realidade do Deus em quem cremos: alguém real que para vir ao nosso encontro de modo pleno e definitivo fez-se homem em nossa história concreta de maneira indivisível e inconfundível, falou nossa linguagem e compartilhou nossas preocupações. Em Jesus de Nazaré, Deus ligou (um Deus comprometido a fundo com o humano) as difíceis questões da transcendência e do sentido último à cotidianidade dos homens e mulheres que se questionam por seu pão, por seu amor, por seu teto e por sua descendência;

por sua dor, suas alegrias e suas culpas, pelo futuro de seus filhos e pelo próprio futuro, pela perda dos seres queridos e pela responsabilidade de cada um; pelo que convém e pelo que não convém, pelo que devemos e pelo que nos é devido, pelo que esperamos e pelo que nos espera.

Assim é que não nos é possível ocupar-nos das coisas "do céu" sem ser imediatamente reenviados às coisas "da terra". O Concílio Vaticano II afirmava que "os gozos e as esperanças, as tristezas e as angústias dos homens de nosso tempo, sobretudo dos pobres e de quantos sofrem, são ao mesmo tempo gozos e esperanças, tristezas e angústias dos discípulos de Cristo: nada existe verdadeiramente humano que não encontre eco em seu coração"; a *Gaudim et Spes,* 1, não fazia outra coisa senão prolongar a meditação de São João a respeito do mandamento (e o dom, como no-lo salienta Bento XVI) do amor: "Aquele que diz: 'Amo a Deus', e não ama seu irmão, é um mentiroso. Como pode amar a Deus, a quem não vê, aquele que não ama seu irmão, a quem vê?" (1Jo 4,20).

Este é o motivo pelo qual, ano após ano, dirijo-me a vocês para compartilhar estas reflexões a respeito das "coisas da terra", como visibilidade e antecipação das "coisas do céu". Faço isso porque a tarefa à qual vocês estão consagrados constrói sem dúvida a cidade terrena, ao formar homens e mulheres, cidadãs e cidadãos do país, membros da sociedade, cientistas, artistas, trabalhadores dos múltiplos âmbitos da vida humana. Entretanto, como, além do mais, vocês vivem esta missão como forma concreta de levar em frente a vocação cristã de renovar o mundo com a força do Evangelho, ao construir a cidade terrena, também estão semeando a semente da Jerusalém celeste, como colaboradores da obra definitiva de Deus.

Essa misteriosa imbricação do terreno e do celestial é que fundamenta a presença da Igreja no campo da educação, mais além de qualquer impulso humanitário ou altruísta. Este é precisamente o sentido último da missão educativa da Igreja, o que motiva estas mensagens que todos os anos preparo para vocês.

Uma vez mais, convido-os a refletir a respeito da responsabilidade que, como educadores, lhes compete na construção da sociedade terrena. Neste ano, especificamente, quero centrar-me no desafio de formar pessoas como cidadãos solidários, com o sentido histórico e coletivo de comunidade, sendo responsáveis desde a raiz de sua identidade até a autoconsciência do destino comum de seu povo.

Por que escolher este tema? Existem dois motivos para isso. O primeiro está em sua inevitável centralidade dentro da tarefa docente. A função da escola inclui um elemento fundamental de socialização: de criação do vínculo social que leva cada pessoa a também constituir uma comunidade, um povo, uma nação. A tarefa da escola não se esgota na transmissão de conhecimentos, tampouco só na educação de valores. Pelo contrário, requer que essas dimensões estejam intimamente ligadas àquela que a colocava em destaque; porque povo não é uma massa, nem de súditos, nem de consumidores, nem de clientes, nem de cidadãos emissores de um voto. O segundo motivo que me impulsiona a tomar esta questão como tema de reflexão neste ano é justamente a necessidade de fortalecer ou até mesmo de refundar esse vínculo social. Em tempos de globalização, pós-modernidade e neoliberalismo, os vínculos que conformaram nossas nações tendem a afrouxar-se e às vezes até a romper-se, dando lugar a práticas e mentalidades individualistas, ao "salve-se quem puder", a reduzir a vida social a um simples "pega ou larga" pragmático e egoísta. Como isso traz sérias consequências, as coisas tornam-se mais e mais complicadas, violentas e dolorosas no momento de querer amenizar esses efeitos. Assim, realimenta-se um círculo vicioso no qual a degradação do vínculo social causa mais anomia, indiferença e isolamento.

O que é ser um povo?

Ao iniciar a reflexão sobre o vínculo social, sua crise e os caminhos para seu fortalecimento, deparamos com uma palavra que atravessa a história de um país de lado a lado: o povo.

O termo "povo", mais que uma categoria lógica, é uma categoria mística. É um povo que, na Plaza Mayor, em 1810 queria "saber, por exemplo", como aprendemos, nos velhos relatos escolares, o que é um grupo de conterrâneos ativos, postos a participar de algo público em meio à crise da metrópole; a multidão que se manifestava maciçamente nas praças e avenidas, tudo ao longo do século XX, sob o lema de que "se este não é o povo, o povo onde está"; grupos militantes de causas políticas e sociais, marchando com a convicção de que "o povo unido jamais será vencido", entre outros fatos.

Ou seja, isso é muito mais que um conceito: trata-se de uma palavra carregada de sentido, de emoção, entretecida com histórias de luta, esperança, vida, morte e até de traição; uma palavra bem contraditória e controvertida, que, em tempos de "morte das ideologias", "pós-modernidade" e atitude "*light*" diante da vida, permaneceu apenas guardada no mais alto patamar, entre as coisas da vovó e as fotos que nos entristecem, mas que ninguém se atreve a jogar fora.

Não nos esqueçamos de que alguma vez ressoou entre nós com força o grito de "morram todos". O que faltou escutar, passadas aquelas noites de fogueira, nervosismo e incerteza, foram, ao menos, em multidão e com o vigor suficiente, vozes que se elevassem para dizer: "Aqui estou, eu me comprometo!".

Precisamente disso trata a questão do "povo". Se pudéssemos (e nem sempre podemos nem devemos) abstrair a apelação de "povo" dos diversos e antagônicos contextos nos quais foram esgrimidas – e conseguiram mobilizar – vontades em nossa história nacional, creio que conseguiríamos recolher um sentido fundamental: só se pode nomear o "povo" com base no compromisso, na participação. É um vocábulo que traz consigo tanta carga emocional e tanta projeção de esperanças e utopias que se desnaturaliza se tomado só como uma questão "objetiva", externa ao que o inclui em seu discurso. Mais que uma palavra, é um chamado, uma convocação a sair do encerramento individualista, do interesse próprio e demarcado, da lacunosidade pessoal, para lançar-se no amplo leito de um rio que avança, e avança reunindo em si a vida e a história do amplo território que atravessa e vivifica.

Por isso, esse chamado também é tão temido e criticado: pela força convocadora que liberta para o bem ou para o mal, após causas coletivas, estas que fazem história ou são também de ilusões que culminam em escândalo e dor: o povo. Como não estremecer de paixão ou de indignação, segundo o caso, diante das ressonâncias que a palavra traz?

Queridos educadores, convido-os a continuar aprofundando um pouco no significado da palavra "povo" como um chamado à presença, à participação, à ação comprometida; a redescobrir o sentido do "povo" com o pano de fundo de uma ordem que a cada um nos oriente na busca: "Aqui estou! Eu me comprometo!". E a que façam isso com uma convicção:

hoje, mais que nunca, é preciso ser povo e atrever-se a educar. Quando as estruturas educativas se veem ultrapassadas por forças sem rosto, que colocam em circulação propostas, mensagens, modelos, consumos, sem se tornar responsáveis pelas consequências que produzem nos mais pequeninos e nos adolescentes, temos de continuar dando o presente. Para poder penetrar mais no significado da palavra "povo", reflitamos em duas direções: 1) uma geografia e uma história; 2) uma decisão e um destino.

Uma geografia e uma história

Em primeiro lugar, um povo vincula-se a uma geografia. Melhor dizendo: a uma terra. Costuma-se dizer, às vezes, que existem povos da planície, povos da montanha... e outras especificações ambientais que, sem deixar de ter sentido, ficam amplamente superadas pela dinâmica das sociedades modernas, predominantemente urbanas e atravessadas por todo tipo de mestiçagem, entre cruzamentos e mutações. Ainda assim, a geografia tem sua força de atração, como paisagem não tanto "turística" e sim existencial e também como matriz de referências simbólicas que, ao ser compartilhadas, geram significações e valores coletivos.

Poderíamos talvez reler essa dimensão no meio da grande cidade pensando no bairro como lugar de enraizamento e cotidianidade. Se bem que o crescimento da urbe e o ritmo da vida façam perder em grande medida a força de gravidade que o bairro tinha antigamente, não deixam de ter vigência muitos de seus elementos, apesar do remoinho da fragmentação. Porque o bairro (ou a terra), como espaço comum, implica uma variedade de cores, sabores, imagens, recordações e sons que tecem o trançado do cotidiano; daquele que, justamente por ser pequeno e quase invisível, é imprescindível. As personalidades do bairro, as cores do clube de futebol, a praça com suas transformações e com as histórias de brincadeiras, de amor e de companheirismo que nela aconteceram, as esquinas e os lugares de encontro, a recordação dos avós, os sons da rua, a música e a textura da luz nesses quarteirões, nesse rincão, tudo isso pertence fortemente ao sentimento de identidade, identidade pessoal e compartilhada ou, melhor dizendo, pessoal quando compartilhada.

Será que a funcionalização de todos os espaços na lógica do crescimento selvagem e mercantilista condenará à morte a dimensão de enraizamento? Será que em pouco tempo transitaremos só por espaços virtuais ou virtualizados através de telas e rodovias? Ou será melhor que encontremos novas formas de plantar símbolos em nosso derredor, de significar o espaço, de habitar?

Ser um povo: habitar juntos o espaço. Aqui temos então um primeiro caminho pelo qual voltar a lançar nossa resposta ao chamado: abrir os olhos ao que nos rodeia no ambiente do cotidiano. Aos que nos rodeiam: recuperar a vizinhança, o cuidado, a saudação. Romper o primeiro cerco do mortal egoísmo reconhecendo que vivemos juntos com outros, com outras pessoas, dignas de nossa atenção, de nossa amabilidade, de nosso afeto. Não existe laço social sem essa primeira dimensão cotidiana, quase microscópica: o estar juntos na vizinhança, encontrando-nos em diversos momentos do dia, preocupando-nos com o que nos afeta, socorrendo-nos mutuamente nas pequenas coisas de todos os dias.

E um ponto especial de reflexão para nós: a escola deve estar localizada no bairro, contribuindo ativamente para vincular, para criar identidade, para valorizar os espaços compartilhados. A escola relaciona as famílias entre si e com a comunidade maior do bairro, com as instituições, com as redes que dão forma à vida da cidade. A escola é um ponto de referência e coração do bairro para muitas famílias, desde que seja bem inserida em sua realidade e não apenas uma ilha ocupada só com suas problemáticas intramuros.

A dimensão espacial, além disso, vincula-se a seguir com outra, tão fundamental como aquela, ou até mais: a do tempo feito história. É no bairro que alguém passa sua infância ou até os próprios filhos a estão passando agora e vão se recordar disso no futuro. A pátria evoca também aquele fragmento de espaço onde estão enterrados os pais. E o que nos une no espaço compartilhado, mais do que as questões práticas imediatas, é o legado dos que viveram antes de nós e a responsabilidade que temos para com os que nos seguem. Legado e responsabilidade plasmam-se em valores e em símbolos compartilhados.

Um povo, então, é uma realidade histórica, constitui-se ao longo de muitas gerações. E por isso mesmo tem a capacidade de perdurar para além das crises. Entretanto, além disso, o tempo humano passa mediante a transmissão de uma geração para outra. A transmissão das gerações sempre tem algo de continuidade e algo de descontinuidade. O filho é parecido com o pai, mas diferente. Não é o mesmo um filho e um clone: existe algo que continua de uma geração para outra, mas também existe algo novo, algo que mudou. Um povo é necessariamente dinâmico. A cultura de um povo, esses valores e símbolos comuns que o identificam, não é a esclerótica repetição de uma mesma coisa, mas a vital criatividade sobre a base do recebido. Por isso, nunca é uniforme; ao contrário, ao mudar em múltiplos níveis e linhas, inclui em si a diversidade. Só as expressões que procuram "fixar" ou "congelar" a vida de um povo acabam sendo excludentes. A cultura viva tende a expandir o povo, levando-o a integrar, multiplicar, compartilhar, dialogar, dar e receber entre si e entre outros povos com os quais mantém relação.

A reconstrução do lazer social, a resposta ao chamado a ser um povo, o "pôr-se" a fazer algo no campo do bem comum requerem tanto uma escuta atenta do legado dos que nos precederam como uma grande abertura para os novos sentidos que aqueles que vêm depois criam ou propõem. Ou seja, é preciso um compromisso com a história. Não existe sociedade viável na contração do tempo a um puro presente. Ser povo exige uma visão ampla e longa, para abranger todos os que couberem e para constituir a própria identidade com fidelidade ao que foi e continua sendo, embora renovado, e o que ainda não é, mas se preanuncia de múltiplas maneiras no presente enraizado no que foi.

Como não considerar nossas escolas um lugar privilegiado de diálogo entre gerações? Não falamos só de "fazer reuniões de pais" para inseri-los em nossa tarefa docente ou para contribuir para a resolução ou contenção das problemáticas de seus filhos, mas também para pensar em novas formas de promover a consciência da história comum, a percepção de seu sentido e a apropriação dos valores nela esquecidos. É preciso encontrar um modo de despertar o interesse dos pequenos ou jovens pelas inquietações e pelos desejos que os maiores (e seus antepassados) deixaram como obra inacabada, e que isso favoreça o prosseguimento criativo (e até crítico, se for necessário) daqueles sonhos que ficaram no caminho.

Uma decisão e um destino

Pois bem: a dimensão histórica do sentido de povo não se refere só ao modo no qual o passado é compreendido e assumido desde o presente, mas também na abertura para o futuro sob a modalidade do compromisso com um destino comum.

Trata-se da tantas vezes proclamada e mais dificilmente vivida asserção de que "ninguém se salva sozinho". Pensar a possibilidade de realização e transcendência como um empreendimento de toda a coletividade, e nunca fora dela, é o que permite fazer dos "muitos" (e diversos) uma comunidade. A diversidade humana vivida como divisão e as diferenças entendidas como inimizade são um dado da experiência da história real.

Não é preciso nenhuma revelação divina especial para percebermos que a humanidade está atravessada por todo tipo de divisão que se traduz em mútuas desconfianças, lutas pela supremacia de uns sobre outros, guerras e extermínios, enganos e mentiras de toda espécie – ainda mais em um país que, como o nosso, já desde seu nascimento, esteve marcado pela mistura de raças, culturas e religiões, com a carga da ambiguidade ("luzes e sombras") que tem a história humana!

No entanto, ser um povo não significa aniquilar-se a si mesmo (a própria subjetividade, os próprios desejos, a própria liberdade, a própria consciência) a favor de uma pretensa "totalidade" que não seria outra coisa, na realidade, além da imposição de alguns sobre os outros. O "comum" da comunidade do povo só pode ser "de todos" se ao mesmo tempo é "de cada um". Simbolicamente podemos dizer que não existe "língua única", e sim a capacidade inédita de entender-nos cada um na própria língua, como sucedeu em Pentecostes (cf. At 2,1-11).

O que nos une, o que nos permite romper a couraça do egoísmo para reconhecer-nos no presente e reconstruir retrospectivamente nossa história passada é a origem e também a possibilidade de um futuro comum. E essa possibilidade também coloca em marcha a criação das mediações necessárias para que esse futuro comece já a construir-se no presente: instituições, critérios de avaliação, produções (por exemplo, científicas ou artísticas) que concentram o sentido do vivido e do esperado, funcionando como farol no meio da ambiguidade dos tempos. Tudo isso exige uma atitude semelhante à do semeador: planejar para longo prazo, sem deixar de atuar sempre no momento certo e sobretudo no hoje; um modo de pensar, um modo de avaliar as situações, um modo de gerir e de educar, um modo de atuar no aqui e agora sem perder de vista o horizonte desejado.

Para reconstruir o vínculo social, então, é imprescindível começar a pensar não só "a médio ou longo prazo", mas também "a maior prazo". O melhor futuro que possamos sonhar deve ser a medida e o cristal que definam a orientação de nossas ações e a qualidade de nossa contribuição. "Amplo" (para todos e com todos) e "efetivo" (procurando criar os dispositivos e as mediações necessárias a fim de caminhar para esses fins). Falamos de mediações políticas (das quais a mais importante é o Estado, sejam quais forem seus relevos concretos), jurídicas, sociais, educacionais e culturais, sem descartar as religiosas, cuja contribuição pode ir até mesmo muito mais além do simples círculo dos crentes.

Sobre estas questões voltarei a falar mais adiante, com mais detalhe. No momento, gostaria de deixar indicada uma última ideia, uma espécie de conclusão.

Em nossa tentativa de encontrar as dimensões que constituem a existência de um povo e o fortalecimento do vínculo que o constitui, recordemos a definição de Santo Agostinho: "Povo é um conjunto de seres racionais associados pela concorde comunidade de objetos amados". E essa "comunidade concorde" vai se moldando, como já assinalamos, em ações comuns (valores, atitudes fundamentais diante da vida, símbolos) que, geração após geração, vão adquirindo um perfil especial e próprio dessa coletividade.

No entanto, falar de "comunidade concorde" ou de "destino comum" requer, além de uma série de hábitos, uma vontade determinada de caminhar nesse sentido, sem a qual tudo o mais fica sem solução. Requer uma abertura humilde e contemplativa ao mistério do outro, que se torna respeito, aceitação plena baseada não em uma simples "indiferença tolerante", mas na prática comprometida do amor que afirma e promove a liberdade de cada ser humano e possibilita construir juntos um vínculo perdurável e vivo.

Dessa maneira, conseguimos situar a questão de "ser um povo" na raiz que a constitui essencialmente, pelo menos sob nossa perspectiva: o amor como realidade mais profunda do vínculo social, o que nos habilita para continuar a reflexão por um caminho que considero inevitável.

"Quem é meu próximo?"

Quero esclarecer algo: esta mensagem não pretende ser uma fundamentação filosófica do vínculo social dos novos tempos. Outros podem tê-lo feito ou o fazem, sem dúvida, muito melhor que eu. O que me interessa é convidá-los a interrogar-se sobre as raízes fundamentais e o que é que perdemos na mudança de época. Será que os grandes avanços das últimas décadas não nos tornaram mais felizes como povo, não fizeram prosperar a amizade social nem favoreceram a paz? Desse modo, talvez possamos descobrir algumas chaves que nos permitam contribuir com nosso grão de areia (como docentes, como pais, como cidadãos) para uma construção alternativa. Usando a belíssima expressão do papa Paulo VI: para a construção de uma civilização do amor.

Permitam-me sugerir-lhes algumas pistas que encontro no Evangelho.

A primeira gira ao redor de um ensinamento de Jesus que me atrevo a chamar de fundamental: a parábola do Bom Samaritano (Lc 10,25-37). Já comentei sobre esse texto em outras ocasiões, mas parece-me que nunca é demasiado voltar a citá-lo, porque a única forma de reconstruir o vínculo social para viver em amizade e em paz é começar reconhecendo o outro como próximo, isto é, fazer-nos próximos. O que significa isso? A ética fundamental, que nos deixou elementos inapreciáveis como a ideia de "direitos humanos", propõe tomar o homem sempre como fim, nunca como meio. Isto é: não se pode dar valor, reconhecer o outro pelo que ele me pode dar, pelo que pode me servir. Nem mesmo por sua utilidade social nem por sua produtividade econômica. Tudo isso seria tomá-lo como meio para outra coisa. Considerá-lo sempre como fim é reconhecer que todo ser humano, por esse único fato, é meu semelhante, meu próximo. Não é meu competidor, meu inimigo, meu potencial agressor. Esse reconhecimento deve dar-se como princípio, como posição fundamental diante de todo ser humano, e também, na prática, como atitude e atividade.

Mas por que vou considerar esse ser humano, do qual nada sei, que não tem nada a ver comigo, um semelhante? O que ele tem de semelhante a mim? De que me adianta fazer-me próximo dele? A parábola do Bom Samaritano agrega à formulação moderna uma dimensão sem a qual, a meu ver, esta corre o risco de se converter em um imperativo abstrato, um chamado formal a uma responsabilidade autossustentada: a motivação interna.

Por que o Bom Samaritano "coloca o ferido no ombro" e assegura-se de que ele receba o cuidado, a atenção que outros, mais hábeis na Lei e nas obrigações, lhe haviam negado? No contexto do Evangelho, a parábola aparece como uma explicação do ensinamento sobre o amor a Deus e ao próximo como as duas dimensões fundamentais e inseparáveis da Lei. E, se a Lei, longe de ser uma simples obrigação externa ou o fruto de uma "negociação" pragmática, era aquilo que constituía o crente como tal e como membro de uma comunidade, aquele vínculo fundamental com Deus e com seu povo sem o qual o israelita não podia nem sequer pensar por si mesmo, então amar o próximo fazendo-nos próximos é o que nos constitui seres humanos, pessoas. Reconhecer o outro como próximo não me "oferece" nada de particular: constitui-me essencialmente como pessoa humana; e então é a base sobre a qual se pode constituir uma comunidade humana, e não uma horda de feras.

O Bom Samaritano coloca o próximo no ombro porque só assim pode considerar-se ele mesmo um "próximo", um alguém, um ser humano, um filho de Deus. Reparem como Jesus inverte o raciocínio: não se trata de reconhecer o outro como semelhante, mas de reconhecer-nos a nós mesmos como capazes de ser semelhantes.

Que outra coisa é o pecado, nesse contexto das relações entre as pessoas, senão o fato de recusar o "ser próximo"? Desse modo, a ideia de pecado procede do contexto legalista de "não fazer nenhuma das coisas proibidas" para situar-se no mesmo núcleo da liberdade do homem posto face a face diante do outro. É uma liberdade chamada a inscrever-se no sentido divino das coisas, da criação, da história, mas também tragicamente capaz de deslocar-se para algum outro possível sentido que sempre termina em sofrimento, destruição e morte.

Primeira pista: crer que todo homem é meu irmão, fazer-me próximo, é condição de possibilidade de minha própria humanidade. Dessa forma, toda tarefa que me compete (e saliento: toda tarefa) é buscar, inventar, ensaiar e aperfeiçoar formas concretas de viver esta verdade. E a vocação docente é um espaço privilegiado para levar isso à prática. Vocês têm de inventar todos os dias, a cada manhã, novas formas de reconhecer – de amar – seus alunos e de promover o reconhecimento mútuo – o amor entre eles. Ser "mestre" é sim, antes de tudo, uma forma de "exercer a humanidade". Mestre é quem ama e ensina a difícil tarefa de amar todos os dias, dando o exemplo sim, mas também ajudando a criar dispositivos, estratégias, práticas que permitam fazer dessa verdade básica uma realidade possível e efetiva. Amar é muito mais que sentir de vez em quando uma ternura ou uma emoção. É todo um desafio à criatividade! Uma vez mais, será preciso inverter o raciocínio habitual. Primeiro, é necessário tornar-nos próximo, dizer a nós mesmos que o outro é sempre digno de nosso amor. E depois será preciso ver como fazer isso, quais caminhos seguir e com quais energias. É necessário encontrar a forma (distinta a cada vez, seguramente) de contornar os defeitos, limitações e até maldades do outro (dos alunos, em seu caso), para poder desenvolver um amor que seja, concretamente, aceitação, reconhecimento, promoção, serviço e dom.

Talvez possa ser até um exercício matutino (e também um autoexame antes de adormecer): como vou fazer hoje para amar efetivamente meus alunos, meus familiares, meus vizinhos? Que "armadilhas" vou colocar em jogo para confundir e vencer meu egoísmo? Que tipo de apoio vou procurar para mim? Que terrenos vou preparar no outro, nos grupos de que participo, na própria consciência, que sementes vou semear para poder finalmente amar o próximo e que frutos tenho previsão de recolher hoje? Tornar-nos próximos, então, é ter o amor como tarefa, porque assim somos os seres humanos: sempre trabalhando para poder chegar a ser o que desde o princípio somos.

"Quando o vimos faminto e lhe demos de comer?"

A segunda pista será outro ensinamento de Jesus a respeito do amor: a parábola do Juízo Final (Mt 25,31-46). O Bom Samaritano nos mostrava que o amor pessoal, face a face, é absolutamente imprescindível para que os humanos sejam efetivamente humanos, para que a comunidade do povo seja assim, e não um conglomerado de interesses pessoais. Entretanto, será preciso também assinalar seus limites e a necessidade de dar forma a alguns "braços longos" do amor. Embora no imediatismo do "face a face" resida a maior fortaleza do amor, não é suficiente. Vejamos por quê.

Por um lado, no "face a face", o imediato pode impedir-nos de ver o importante. Pode esgotar-se no aqui e agora. Em troca, um amor realmente eficaz, uma solidariedade "de fundo", como afirmei na mensagem do ano passado, deve elaborar de forma reflexiva a relação entre situações evidentemente dolorosas e injustas e os discursos e práticas que lhes dão origem ou as reproduzem, a fim de somar ao abraço, à contenção e à companhia algumas soluções eficazes que coloquem freio nos padecimentos, ou pelo menos os limitem.

Por outro lado, o amor entendido somente como imediatismo da resposta diante do rosto do meu irmão pode ser afetado por outra fraqueza, bem característica de nós, pecadores: nos deixar levar por uma necessidade de exibicionismo ou de autorredenção. Quão impressionante profundidade e finura psicológica revelam as palavras do Senhor, quando recomenda ao que dá esmola que "sua mão esquerda ignore o que faz a direita" (Mt 6,3) ou quando critica o fariseu que ora de pé diante do altar sentindo-se satisfeito por sua virtude (Lc 18,9-14)!

A parábola do Juízo Final faz-nos descobrir outras dimensões do amor que estão na base de toda a comunidade humana, de toda a amizade social. Gostaria de chamar a atenção sobre um detalhe do texto: os que haviam sido declarados "benditos" pelo Filho do Homem por ter-lhe dado de comer, de beber, por tê-lo alojado, vestido ou visitado, não sabiam que tinham feito tais coisas. Ou seja: a consciência direta de ter tocado Cristo no irmão, de ter sido realmente próximo do Senhor ferido na beira do caminho não acontece senão *a posteriori*, quando tudo se cumpriu. Nunca sabemos ao certo quando estamos ajudando realmente as pessoas com nossas ações. Infelizmente ou felizmente, não o sabemos até que essas ações tenham produzido seus efeitos.

Obviamente, isso não se refere ao que diretamente podemos fazer como resposta ao "face a face", que é fundamental, mas a outra dimensão que está ligada a essa primeira atitude. A frase "Quando lhe demos de comer, de beber etc." refere-se a um amor que se faz eficaz "no decorrer", no final de um trajeto. Concretamente, trata-se de uma dimensão institucional do amor, o amor que passa por instituições no sentido mais amplo da palavra: formas históricas de concretizar e de tornar perduráveis as intenções e os desejos. Quais, por exemplo? As leis, as formas instituídas de convivência, os mecanismos sociais que fazem a justiça, a equidade ou a participação, os "deveres" de uma sociedade, que às vezes nos irritam, nos parecem inúteis, mas que, "no decorrer do tempo", tornam possível uma vida em comum na qual todos possam exercer seus direitos, e não só os que têm força própria para reclamá-los ou impor-se.

A parábola do Juízo Final nos fala, então, do valor das instituições no reconhecimento e na promoção das pessoas. Dessa forma, "quando o Filho do Homem vier em sua glória", nos pedirá contas de todas aquelas vezes que cumprimos ou não esses "deveres" cuja consequência no plano do amor não podíamos visualizar diretamente; eles são parte do mandamento do amor. Incluímos também o dever de participar ativamente na "coisa pública", em vez de sentar-nos a olhar ou a criticar.

E aqui é imprescindível voltar a salientar a grandeza da vocação docente, a enorme relevância social e até política, no sentido mais profundo da palavra, que tem essa tarefa cotidiana, abnegada, tão pouco reconhecida em alguns âmbitos... Educar é um gesto de amor. A educação é uma expressão genuína de amor social. Acontece na missão do mestre um verdadeiro paradoxo: quanto mais atento está ao detalhe, ao pequeno, ao singular de cada criança e ao contingente de cada dia, mais sua ação fica enlaçada com o comum, com o grande, com o que faz ao povo e à nação. Para um docente, não é necessário buscar a participação na "coisa pública" muito longe do que faz todos os dias (sem dar por isso menos valor a outras formas de atividade ou compromisso social ou político). Ao contrário, o "trabalho" de ir todos os dias à escola e enfrentar uma vez mais, sem afrouxar nunca, o desafio de ensinar, educar e socializar crianças e jovens é um empreendimento cuja relevância social nunca será suficientemente enfatizada. "Educar para o supremo" não é só um lema grandiloquente do passado.

Cinco propostas para ajudar a recriar o vínculo social

Como já vai sendo uma tradição nestas mensagens, proponho-lhes algumas ideias de ordem mais "prática" que de alguma maneira resumam e esbocem uma resolução operativa das reflexões desenvolvidas e espero que sirvam para abrir o diálogo nas comunidades e deem lugar a novas iniciativas.

A fé cristã como força de liberdade

A primeira proposta aponta para reconhecer mais uma vez a imensa capacidade de renovação da cultura que o Evangelho possui. Nosso compromisso cidadão e nossa tarefa docente não podem prescindir da fé explícita como princípio ativo de sentido e ação. É verdade que em uma sociedade que vem aprendendo a conviver pluralmente criam-se muitas vezes conflitos e diversas desconfianças. Diante dessas dificuldades, muitas vezes nós católicos nos sentiremos tentados a calar-nos e ocultar-nos, procurando romper a cadeia de mútuas incompreensões e condenações para a qual tantas vezes, é preciso reconhecer, contribuímos com nossos erros, pecados e omissões. Minha proposta é esta: animemo-nos a recuperar o potencial libertador da fé cristã, capaz de animar e aprofundar a convivência democrática injetando-lhe fraternidade real e vivida.

Como Igreja na Argentina [e no Brasil também], aos batizados não nos faltam pecados dos quais nos envergonhar e arrepender, mas também não nos faltam exemplos e testemunhos de entrega, de compromisso pela paz e pela justiça, de autêntica radicalidade evangélica a serviço dos pobres e em favor de uma sociedade livre e inclusiva e por uma vida mais digna para a nossa gente. Recuperemos a memória de tantos cristãos que deram seu tempo, sua capacidade e até sua vida ao longo de nossa história nacional!

Eles são testemunho vivo de que uma fé assumida, vivida a fundo e confessada publicamente não só não é incompatível com as aspirações da sociedade atual, mas pode verdadeiramente fornecer-lhe a força humanizante que por momentos parece diluir-se na cultura pós-moderna. Que em cada um de nossos colégios se venere e se transmita a memória de tantas e tantos irmãos nossos que deram o melhor que tinham para construir uma pátria de justiça, liberdade e fraternidade, e que se busque ativamente, em cada uma de nossas instituições, promover novas formas de testemunho de uma fé viva e vivificante!

"Todas as vozes, todas"

A reconstrução de um vínculo social verdadeiramente inclusivo e democrático exige de nós uma prática renovada de escuta, abertura e diálogo, e até mesmo de convivência com outras tendências, sem por isso deixar de priorizar o amor universal e concreto que deve ser sempre o distintivo de nossas comunidades. De forma concreta, proponho-lhes como docentes cristãos que abram sua mente e seu coração à diversidade que cada vez mais é uma característica das sociedades deste novo século. Enquanto vemos que todo tipo de intolerância fundamentalista se apossa das relações entre pessoas, grupos e povos, vivamos e ensinemos nós mesmos o valor do respeito, o amor além de qualquer diferença, o valor da prioridade da condição de filho de Deus de todo ser humano acima de quaisquer que sejam suas ideias, seus sentimentos, suas práticas e mesmo seus pecados. Enquanto na sociedade atual proliferam os guetos, as lógicas fechadas e a fragmentação social e cultural, demos nós o primeiro passo para que em nossas escolas ressoem todas as vozes. Não nos resignemos a viver encerrados em um fragmento de realidade. Reconhecer, aceitar e conviver com todas as formas de pensar e de ser não implica renunciar às próprias crenças.

Aceitar o diverso com a própria identidade, dando testemunho de que se pode ser "alguém" sem "eliminar" o outro. E lutemos, na classe e em todos aqueles lugares onde estejamos representando o ensino, contra toda prática de exclusão *a priori* do outro por motivos sociais, econômicos, políticos, religiosos, culturais ou pessoais. Que em nosso coração, em nossas palavras, em nossas instituições e em nossas classes não haja lugar para a intolerância e a exclusão.

Revalorizar nossas produções culturais

O momento de pluralidade, de diversidade não esgota a dinâmica do vínculo social: justamente, escapa com a força "centrífuga" da unidade dos "muitos e distintos". Entretanto, como a própria história nos ensina a esterilidade de toda "unificação compulsiva", teremos de apostar na "estrada larga", a estrada do testemunho da própria identidade por meio também da força convocatória da arte e das produções históricas. Isso requer um ato definido de confiança no valor de nossas obras de arte, de nossas produções literárias, das múltiplas expressões do pensamento histórico, político e estético, em sua autenticidade e na energia que ainda têm para despertar o sentido de valor do comunitário.

Faz alguns anos, eu lhes propus uma leitura "situada" de nosso poema nacional, o "Martín Fierro". Devemos progredir nessa linha. A Argentina proporcionou ao mundo escritores e artistas de qualidade, desses que inclusive falando do "local" tocam a fibra mais "universal" do homem, à maneira dos clássicos; e o fazem não só no campo do "acadêmico", mas também no da arte e da cultura popular. Por que não insistir em promover sua leitura, sua escuta, sua contemplação, recuperando algo do espaço que hegemoniza tantas produções ocas impostas pelo mercado? As novelas infinitamente superiores aos *best-sellers* que enchem as prateleiras dos supermercados, a música – de todos os gêneros, desde o mais tradicional até os que expressam o olhar das gerações mais jovens –, que digam algo do que somos e o que queremos ser!

Há muita beleza transformada em artes plásticas, em arquitetura; muita reflexão e polêmica com a ironia e a chispa que caracteriza nossos grandes jornalistas e pensadores sobre as diversas circunstâncias de nossa história, inúmeros filmes que "narram" nossas histórias e nossa história!

Não estou propondo ressuscitar ideologias chauvinistas ou uma pretensa superioridade do "nacional" sobre a cultura de outros povos. Revalorizar o nosso não significa de maneira nenhuma deixar de lado a imensa riqueza da cultura universal. Trata-se, porém, de recriar um povo que volte a escutar e a contar as histórias de nossa gente, assim como em uma família as crianças têm de escutar uma e várias vezes os pequenos detalhes da vida de seus pais e avós. A identidade de um povo (assim como a identidade de cada pessoa) constitui-se em grande medida de forma narrativa, situando acontecimentos em uma linha de tempo e em um horizonte de sentido. Trata-se de voltar a contar, voltar a revelar quem somos. E para isso é preciso escutar o que já se disse, voltar a situar-se diante das marcas que a vida do povo deixou por meio da obra de seus criadores.

Dessa forma, convém ter presente que o processo de globalização pode instalar-se em duas formas. Uma progride para a uniformidade, na qual cada pessoa acaba por constituir um ponto na perfeita esfera global. As particularidades aqui são anuladas. Outra forma está no afã de unidade e colaboração de pessoas e povos, unindo-se globalmente, mas conservando na unidade suas particularidades. A figura já não é uma esfera e sim um poliedro; unidade na diversidade. Essa segunda forma de globalização é a correta.

Prestar atenção à dimensão institucional do amor

Para ir finalizando, quero insistir com vocês sobre a importância das formas instituídas de participar da vida comum. Nós temos uma tendência a menosprezar a lei, as normas de convivência, as obrigações e os deveres da vida social: desde as velhas "regras de civilidade", hoje quase inexistentes, até as obrigações legais, como o pagamento de impostos e outras muitas. Tudo isso é imprescindível para que nossa convivência circule por caminhos mais firmes, mais respeitosos com as pessoas e mais factíveis de criar um sentido de comunidade. A coisa "por baixo da mesa", a "trapaça", o "jeitinho", "a esperteza" não ajudam a superar esse transe de anomia e fragmentação. É preciso que apostemos sem duvidar no fortalecimento das muitas instâncias de participação e resguardo do comum que foram ficando esfumadas em meio à história de prepotências, violências, arbitrariedades, egoísmos e indiferenças que temos vivido.

Celebrar juntos o amor de Deus

Por último, esse desejo de querer estar juntos dos jovens e esse gostar da emoção de fazer parte de uma experiência que os engloba e lhes dá identidade podem mostrar-nos um caminho que nos ajude a propor-lhes o valor da celebração dos mistérios sagrados. É verdade que na cultura do útil e do pragmatismo a gratuidade e a aparente inutilidade do culto não parecessem atraentes; não obstante, é interessante que toda essa sensibilidade para o encontro amistoso, ao lado do gosto pela música e outras manifestações artísticas, seja um modo de aproximar-se do desenvolvimento de uma cultura aberta a Deus e com capacidade de profunda empatia com o humano, uma cultura que sabe adorar e orar e por sua vez possibilita um compromisso intenso e forte com o mundo dos homens e mulheres deste tempo. Dessa forma, não podemos nos permitir titubear; devemos abraçar a tarefa da profunda herança humana que transmitimos às crianças e aos jovens quando os conduzimos ao sublime ato da adoração a Deus tanto na solidão como na ação litúrgica.

Portanto, enxergamos com maior clareza o enorme processo de conversão que exige a recriação do vínculo social. É preciso voltar a crer em nossas instituições, voltar a confiar nos mecanismos que como povo nos demos para caminhar para uma felicidade coletiva; e isso é tarefa de todos: de governantes e governados, de fortes e fracos, dos que têm e podem e dos que pouco têm e menos podem. De todos: não só passivamente, cumprindo o mínimo e esperando tudo dos outros. De todos: animando-nos a criar situações, possibilidades, estratégias concretas para voltarmos a ter vínculos e a ser um povo. Temos vivido uma história tão terrível, que "não estar interessado em nada" passou a ser sinônimo de seriedade e virtude. Talvez tenha chegado (e, definitivamente, não é tarde demais!) o momento de abandonar essa mentalidade, para recuperar o desejo de sermos protagonistas comprometidos com os valores e as causas mais nobres. É preciso abandonar essa mentalidade da qual fique inteiramente descartado um diálogo final como este: "Senhor, quando foi que não lhe dei de comer, de beber etc.?".

"Quando você me disse 'não se intrometa' enquanto eu morria de fome, de sede, de frio, estava jogado na rua, sem escolaridade, envenenado pelas drogas ou pelo rancor, desprezado, enfermo, sem recursos, abandonado em uma sociedade onde cada um só se preocupava com suas coisas e com sua segurança."

Recordemos o que nos diz o Salmo, como expressão do que desejamos ardentemente para nossa terra: "Quão bom e agradável é que os irmãos vivam unidos! ... Ali o Senhor dá sua bênção, a vida para sempre" (Sl 132[133],1.4). Por meio dessa oração que pede o amor cristão, animemo-nos a criar um ideal de povo no qual todos possamos gozar da bem-aventurança de "ter se importado" quando a fome, a sede, a doença, a solidão, a injustiça clamavam por respostas autênticas e eficazes.

Ainda há tempo. Junto com esta proposta, reflitamos também no fracasso ao qual nos conduziria o caminho contrário, o fracasso da dissolução e morte do povo de nossa pátria. Refletindo sobre essa fase negativa de uma contracultura de destruição e fragmentação, pode nos fazer bem recitar com o poeta nortista:

> *Morreu-nos a pátria faz já tempo,*
> *na pequena aldeia.*
> *Era uma pátria quase adolescente.*
> *Era uma menina apenas.*
>
> *Velamo-la muito poucos; um grupinho*
> *de crianças da escola.*
> *Para a maioria da gente*
> *era um dia qualquer.*
>
> *Pusemos sobre o guarda-pó branco*
> *as negríssimas tranças.*
> *A Virgem de Luján e uma redonda*
> *e azul insígnia.*
>
> *Homens muito sábios opinavam:*
> *"Foi melhor que morresse".*
> *"Era só uma pátria", nos dizia*
> *a gente da aldeia.*
>
> *Mas estávamos tristes. Essa pátria*
> *era a pátria nossa.*
> *É muito triste ser órfão de pátria.*
> *Depois nos demos conta.*

Portanto, é muito triste ser órfãos de pátria. Que não tenhamos de dizer "tarde nos demos conta"!

Tempo pascal, 2007

Educar, um compromisso compartilhado

Queridos educadores:

A Páscoa da Ressurreição coloca-nos em situação de plenitude para refletir a respeito de nossa identidade, nossa tarefa e nossa missão e nos oferece a oportunidade para compartilhar as inquietações e esperanças que a tarefa educacional desperta em todos nós. Educar é um compromisso compartilhado.

A educação de crianças e jovens constitui uma realidade muito delicada na qual estes devem ser sujeitos livres e responsáveis, formados como pessoas. Sua dignidade, um dom inalienável que brota de nossa mesma realidade originária como imagem de Deus, precisa ser reafirmada. E, uma vez que visa ao verdadeiro desenvolvimento humano, é também preocupação e tarefa da Igreja, chamada a servir ao homem desde o coração de Deus e em direção a um destino transcendente, o qual nenhuma condição histórica jamais poderá ensombrecer.

Caráter pascal da tarefa educacional

Em toda a história da salvação manifesta-se essa insistência misericordiosa de Deus ao oferecer sua graça a uma humanidade que, desde o começo, experimentou o conflito diante da escolha de seu destino. O livro de Gênesis, ao apresentar-nos de modo poético as primeiras pinceladas desse imenso quadro, situa o conflito fundamental da história humana em relação à aceitação ou rejeição, por parte de Adão e Eva, da filiação divina e suas diretas implicações: viver a própria humanidade como um dom, o que, no entanto, lhes exigia certa responsabilidade e obediência; e isso ocorre em um clima de diálogo e escuta da Palavra de Deus, que assinala rumos e adverte contra outros possíveis ou efetivos desvios.

Conflitos semelhantes permeiam a história humana, desde o vértice pascal que consuma a definitiva obediência do homem na Cruz e seu destino na Ressurreição até cada um dos momentos em que colocamos em jogo nossa liberdade pessoal e coletiva. Em toda a história vai se realizando o plano de salvação, e a vida humana caminha para sua mais plena perspectiva entre a oferta da graça e a sedução do pecado.

A educação traz consigo a tarefa de promover liberdades responsáveis, que optem por essa encruzilhada com sentido e inteligência; pessoas que compreendam sem cisões que sua vida e a de sua comunidade estão em suas mãos e que essa liberdade é um dom infinito só comparável à inefável medida de seu destino transcendente.

É isso que está em jogo quando vocês vão todos os dias para seus colégios e enfrentam ali suas tarefas cotidianas – nada mais nem nada menos, ainda que às vezes o cansaço e as dificuldades lhes infundam dúvidas e tentações, ainda que por momentos o esforço pareça insuficiente diante das colossais dificuldades de toda ordem que se interpõem no caminho. Diante dessas dúvidas e tentações, diante dessas pedras, há uma voz que nos diz, uma e outra vez, "não tenham medo".

"Não tenham medo" porque existe uma pedra que foi tirada de uma vez por todas e para sempre: a pedra que fechava o sepulcro de Cristo confinando a fé e a esperança de seus discípulos a uma simples recordação saudosa do que poderia ter sido e não foi. Essa pedra pretendia desmentir o anúncio do Reino que tão categoricamente havia constituído o eixo e núcleo da pregação do Mestre e reduzir a novidade do Deus-conosco a mais outra "falha" boa tentativa. Essa pedra transformava a prioridade da vida sobre a morte, do homem sobre o sábado, do amor sobre o egoísmo e da palavra sobre a simples força em uma irrisória cantilena própria dos fracos e iludidos. Essa pedra aniquiladora da esperança já foi tirada pelo mesmo Deus, que a fez em pedaços de uma vez para sempre.

"Não temam", disse o anjo às mulheres que foram ao sepulcro. E essas duas palavras ecoaram no fundo da memória, despertaram a voz amada que tantas vezes lhes havia insistido a deixar de lado toda dúvida e todo temor; e também reavivou a esperança que a seguir se tornou fé e alegria transbordante no encontro com o Ressuscitado que lhes oferecia o dom infinito de recordar tudo para esperar tudo. "Não temam: eu estou com vocês sempre", terá repetido mais de uma vez o Senhor a seu pequeno grupo de seguidores, e continuará repetindo isso quando esse pequeno grupo aceitar o desafio de ser luz dos povos, primícias de um mundo novo. "Não temam" é o que Deus nos diz hoje aos que se defrontarem com uma tarefa que parece tão difícil, em um contexto que despedaça nossas certezas e diante de uma realidade social e cultural que parece condenar todas as nossas iniciativas a uma espécie de fracasso *a priori*, pois isso não passa de desalento e desconfiança.

Não temam. A tarefa de vocês, educadores cristãos, independentemente de onde se realiza, participa da novidade e da força da Ressurreição de Cristo. É um caráter pascal que não lhe tira nada de sua autonomia como serviço ao homem e à comunidade nacional e local, mas lhe proporciona um sentido e uma motivação transcendentes e uma força que não brota de nenhuma consideração pragmática, mas da fonte divina do chamado e da missão que decidimos assumir.

Um serviço ao homem que promove sua autêntica dignidade

Vocês são educadores; ser educador é comprometer-se a trabalhar em uma das formas mais importantes de promoção da pessoa humana e de sua dignidade. E ser educador cristão é fazê-lo com base em uma concepção do ser humano que tem algumas características que a distinguem de outras perspectivas.

Obviamente, não se trata de dividir e confrontar. Ao dedicar parte de seu esforço, suas pessoas e sua infraestrutura à educação, a Igreja participa de uma tarefa que compete à sociedade toda e deve ser garantida pelo Estado. Ela o faz não para se diferenciar com mesquinhez e proselitismo, para competir com outros grupos ou com o mesmo Estado pela "alma" e pela "mente" das pessoas, mas para oferecer o que considera um tesouro do qual é depositária para compartilhá-lo, uma luz que recebeu para fazê-la resplandecer no aberto. O que nos motiva a fazer no campo da educação é a esperança em uma humanidade nova, segundo o desígnio divino; é a esperança que brota da sabedoria cristã, que em Jesus Ressuscitado nos revela a estatura divina à qual somos chamados.

Não nos esqueçamos de que o Mistério de Cristo "revela plenamente o homem ao próprio homem", como dizia João

Paulo II em sua primeira encíclica. Existe uma verdade sobre o homem que não é propriedade nem patrimônio da Igreja, e sim da humanidade inteira, mas que a Igreja tem como missão contribuir para revelar e promover. Este é terreno próprio de vocês, educadores cristãos. Como não se encher de orgulho e, mais ainda, de emoção e reverência, diante da delicada e fundamental tarefa à qual vocês foram chamados?

Para apoiá-los nessa espécie de avanço humanizador no qual estão comprometidos, compartilho com vocês algumas reflexões sobre a concepção cristã do homem e seu destino.

A antropologia cristã: uma antropologia da transcendência

Na mensagem para a Jornada Mundial da Paz de 2007, Bento XVI nos propôs voltar a considerar o valor da pessoa humana e sua dignidade. Gostaria de usar uma das afirmações feitas por ele para somá-la a esta meditação eclesial.

O Papa fala de uma dignidade transcendente, expressada em uma espécie de "gramática" natural que se desprende do projeto divino da criação. Talvez esse caráter transcendente seja a nota mais característica de toda a concepção religiosa do homem. A verdadeira medida do que somos não se calcula somente em relação a uma ordem dada por fatores naturais, biológicos, ecológicos, até sociais, mas no laço misterioso que, sem nos libertar de nossa solidariedade com a criação da qual fazemos parte, nos torna aparentados com o Criador para não ser simplesmente "parte" do mundo, mas "culminação" do mesmo. A criação "se transcende" no homem, imagem e semelhança de Deus, porque o homem não é só Adão; é acima de tudo Cristo, em quem foram criadas todas as coisas, primeiramente no desígnio divino.

E observem que isso dá lugar, no cristianismo, a uma concepção bastante peculiar do que é "transcendência", uma transcendência que não está "fora" do mundo! Situar-nos plenamente em nossa dimensão transcendental não tem nada a ver com separar-nos das coisas criadas, com "elevarmo-nos" acima deste mundo. Consiste em reconhecer e viver a verdadeira "profundidade" do que foi criado. O mistério da Encarnação é o que marca a linha divisória entre a transcendência cristã e qualquer forma de espiritualismo ou transcendentalismo gnóstico.

Dessa forma, o contrário a uma concepção transcendente do homem não seria só uma visão "imanente" deste, mas sim uma "intranscendente". Isso pode parecer um jogo de palavras. Porque "intranscendente" significa, na linguagem comum e corrente, algo sem importância, fugaz, que "não nos deixa nada", algo do qual poderíamos prescindir sem perder nada. Entretanto, não nos confundamos: esse "jogo de palavras" não é também "intranscendente". Revela uma verdade essencial. Quando o homem perde seu fundamento divino, sua vida e toda a sua existência começa a esfumar-se, a diluir-se, a tornar-se "intranscendente", cai por terra aquilo que o faz único, imprescindível. Perde seu fundamento tudo o que faz de sua dignidade algo inviolável. E a partir daí um homem tornado "intranscendente" passa a ser uma peça a mais em qualquer quebra-cabeças, um peão a mais no jogo de xadrez, um insumo a mais em todo tipo de cadeia de produção, um número a mais. Nada transcendente, só um a mais entre muitos elementos, todos eles intranscendentes, todos insignificantes em si mesmos. Todos eles intercambiáveis.

É um modo "intranscendente" de conceber as pessoas como nós as vimos e as vemos todos os dias: crianças que vivem, adoecem e morrem nas ruas e ninguém se importa; um "coitadinho" a mais ou a menos, ou, pior ainda, um "pivete" a menos (como pude escutar horrorizado dos lábios de um "comunicador" na televisão). Que importância têm? Por que uma menina sequestrada de sua casa e escravizada de forma vergonhosa nos círculos de prostituição que impunemente proliferam em nosso país deveria tirar-nos o sono? É só mais uma... É um menino a quem não foi permitido nascer; uma mãe à qual ninguém dá uma mão para que possa encarregar-se da vida que brota dela; um pai desesperado ou indiferente pela amargura de não poder dar aos filhos o que eles merecem... Que importância tem tudo isso se não afeta os números e as estatísticas com que nos consolamos e tranquilizamos?

Não existe pior antropologia que uma antropologia da "intranscendência" para a qual não existem diferenças: com a mesma vara com que se mede qualquer objeto pode-se medir uma pessoa. Calculam-se "gastos", "danos colaterais", "custos"... que somente começam a "transcender" nas decisões quando os números tornam-se vultosos: demasiados desocupados, demasiados mortos, demasiados pobres, demasiados ágrafos... Diante disso, o que acontece se percebemos que uma antropologia da transcendência se ri desses números mesquinhos e sustenta, sem que lhe trema o pulso, que cada um desses pequenos tem uma dignidade infinita? Cada um deles é infinitamente transcendente: o que se faz ou se deixe de fazer com cada um deles se faz com o próprio Cristo... com o próprio Deus!

A essa luz, compreendemos de modo novo aquela sentença do Senhor segundo a qual "não se pode servir a Deus e ao dinheiro". Não se trata só de uma questão de ascese pessoal, de um item junto de outros para o exame de consciência. O dinheiro é a "medida universal de todas as coisas" no mundo moderno. Tudo tem um preço. O valor intrínseco de cada coisa uniformiza-se em um sinal numérico. Vocês se lembram de que há alguns anos se dizia que, do ponto de vista econômico, tanto fazia produzir tanques ou caramelos, contanto que os números fossem iguais? Do mesmo modo, seria o mesmo vender drogas ou livros, desde que os números conferissem. Se a medida do valor é um número, tudo dá no mesmo enquanto o número não variar. A medida de cada ser humano é Deus, não o dinheiro. Isso é o que quer dizer "dignidade transcendente". As pessoas não podem ser "contadas" nem "contabilizadas". Não há redução possível da pessoa a um denominador comum (numérico ou qualquer outro) entre si e as outras coisas do mundo.

Cada um é único. Todos têm importância total e singularmente. Todos devem ser importantes. Nenhuma violação sequer da dignidade de uma mulher ou de um homem pode justificar-se em nome de algo ou de uma ideia – de nenhuma.

É preciso dizer que levar isso a sério seria o início de uma completa revolução na cultura, na sociedade, na economia, na política, na própria religião? É necessário nomear algumas das práticas normalmente aceitas nas sociedades modernas que se privariam de toda justificativa se realmente se pusesse a dignidade transcendente da pessoa acima de qualquer outra consideração?

Dignidade transcendente: o homem como parte e ápice da criação

Em primeiro lugar, a transcendência da pessoa humana ocorre com respeito à natureza.

Que significa isso?

As pessoas têm uma relação complexa com o mundo em que vivem, precisamente pela nossa dupla condição de filhos da terra e filhos de Deus. Somos parte da natureza; atravessam-nos os mesmos dinamismos físicos, químicos, biológicos que os outros seres que compartilham o mundo conosco. Embora se trate de uma afirmação banalizada e tantas vezes mal-entendida, "somos parte do todo", um elemento do admirável equilíbrio da Criação.

A terra é nossa casa. A terra é nosso corpo. Também nós somos a terra. Não obstante, para a civilização moderna, o homem está dissociado harmonicamente do mundo. A natureza acabou convertendo-se em um simples canteiro para o domínio, para a exploração econômica. E assim nossa casa, nosso corpo, algo de nós acabam se degradando. A civilização moderna traz consigo uma dimensão biodegradável.

A que se deve isso? De acordo com o que temos meditado, essa ruptura (que sem dúvida vai nos custar e já nos está custando muito sofrimento, colocando até mesmo um ponto de interrogação sobre nossa própria sobrevivência) pode ser entendida como uma espécie de "transcendência desnaturalizada". É como se a transcendência do homem em relação à natureza e ao mundo implicasse uma separação. Pusemo-nos diante da natureza, defrontamo-nos com ela, e é nela que consiste nossa transcendência, nossa humanidade. E foi isso que nos aconteceu.

A transcendência em relação à natureza não significa que possamos romper gratuitamente com sua dinâmica. O fato de sermos livres e de podermos investigar, compreender e modificar o mundo em que vivemos não significa que tudo seja válido. Não pusemos nós suas "leis", nem as vamos ignorar sem sérias consequências. Isso é válido também para as leis intrínsecas que regem nosso ser no mundo. Os seres humanos podem levantar sua cabeça acima dos determinismos naturais, mas para compreender sua riqueza e seu sentido e libertá-los de suas falências, e não para ignorá-los; para reduzir o azar, e não para espezinhar as finalidades que se foram ajustando durante centenas de milhares de anos. Esta é a função da ciência e da técnica, que não podem ter lugar dissociadas das profundas correntes da vida. São livres, mas não dissociadas da natureza que nos foi dada. A ciência e a técnica movem-se em uma dimensão criativa, desde a primeira incultura primordial, e criam cultura por meio da inteligência e do trabalho. A primeira forma de incultura transforma-se em cultura. Entretanto, se não se respeitam as leis que a natureza traz em si, então a atividade humana é destrutiva, produz caos; isto é, cria-se uma segunda forma de incultura, um novo caos capaz de destruir o mundo e a humanidade.

Veja o que o Papa emérito Bento XVI falou aos participantes de um Congresso há dois meses: "Nem tudo o que é cientificamente factível é também eticamente lícito. [...] Confiar cegamente na técnica como única garantia de progresso, sem oferecer ao mesmo tempo um código ético que aprofunde suas raízes na mesma realidade que se estuda e desenvolve, equivaleria a fazer violência à natureza humana, com consequências devastadoras para todos".

É justamente pelo fato de não sermos só "natureza" no sentido moderno do termo, de não sermos física, química, biologia, que podemos interrogar-nos pelo sentido e pela estrutura de nosso ser natural e situar-nos em continuidade com isso. Isto é, com sabedoria, e não com arbitrariedade, criando "cosmos", e não "caos".

Pensemos nas múltiplas ramificações que tem essa ideia. Como educadores, terão de assumir o desafio de contribuir para uma nova sabedoria ecológica que entenda o lugar do homem no mundo e que respeite o mesmo homem que é parte do mundo. O sentido da ciência e da técnica, da produção e do consumo, do corpo e da sexualidade e dos meios pelos quais somos participantes da criação e transformação do mundo dado por Deus merece uma rigorosa meditação em nossas comunidades e em nossas aulas; essa meditação não exclui uma conversão da mente e do coração para ir mais além da ditadura do consumismo, da imagem e da irresponsabilidade. E fique claro que não estou me referindo a ações espetaculares: por que, por exemplo, não fazer das nossas escolas um lugar onde se possa realizar um replantio de nossos hábitos de consumo? Não poderíamos começarmos a imaginar, junto com as famílias de nossas comunidades educacionais, novas e melhores formas de alimentar-nos, de festejar, de descansar, de escolher os objetos que acompanharão nossos passos no mundo? É preciso revalorizar o gratuito em vez de só o que tem valia, revalorizar o que implica tempo e trabalho compartilhado em vez de valorizar apenas "o trabalho já feito" para o rápido descarte, revalorizar igualmente a beleza plural e diversa das pessoas em vez de submeter-nos à ditadura dos corpos estandardizados ou das diferenças entendidas como motivos de discriminação.

Um humanismo transcendente nos convida, então, a replantar o modo no qual somos parte da "natureza" sem nos reduzir a ela. Entretanto, isso vai muito além.

Dignidade transcendente: a transcendência do amor

A dignidade transcendente da pessoa implica também a transcendência em relação ao próprio egoísmo, a abertura constitutiva para o outro.

A concepção cristã de "pessoa humana" não tem muito a ver com a entronização pós-moderna do indivíduo como único sujeito da vida social. Alguns autores denominaram "individualismo competitivo" a ideologia que, depois da "queda das certezas da modernidade", se apossou das sociedades ocidentais. A vida social e suas instituições teriam como única finalidade a consecução de um campo o mais limitado possível para a liberdade dos indivíduos.

No entanto, como lhes dizia em uma mensagem anterior, a liberdade não é um fim em si mesma, um buraco negro por trás do qual não existe nada, mas se ordena a uma vida mais plena da pessoa de todo o homem e de todos os homens. Portanto, uma vida mais plena é uma vida mais feliz. Tudo o que possamos imaginar como parte de uma "vida feliz" inclui meus semelhantes. Não existe humanismo realista e verdadeiro se não inclui a afirmação plena do amor como vínculo entre os seres humanos; nas distintas formas em que esse vínculo se realiza: interpessoais, íntimas, sociais, políticas, intelectuais etc.

Essa afirmação poderia parecer óbvia, mas não o é! A relação primordial do homem com seu semelhante foi formulada de outras maneiras na história do pensamento e da política. Recordemos algumas definições: "O homem é lobo para o próprio homem"; "Antes de toda regulamentação estatal, a sociedade é uma guerra de todos contra todos"; "O lucro é o motor principal de toda atividade humana...". Sob algumas dessas perspectivas, o homem (o indivíduo humano) é livre sobretudo para apossar-se dos bens da terra e assim satisfazer seus desejos. Como é evidente, o homem considerará o outro (que também quer esses bens) um limite para sua liberdade. Já conhecemos a máxima: "Sua liberdade termina onde começa a dos outros". Isto é: "Se os outros não existissem, você seria mais livre"... É a exaltação do indivíduo "contra" os outros; a herança de Caim: se é dele, não é meu; se é meu, não pode ser dele.

Essa definição "negativa" da liberdade acaba sendo a única possível se partimos do absolutismo do indivíduo; mas não o é se consideramos que todo ser humano está essencialmente vinculado ao seu semelhante e à sua comunidade. Com efeito, se é verdade que a palavra, um dos traços principais distintivos da pessoa, não nasce exclusivamente em nosso interior, mas que se amassa nas palavras que me foram transmitidas e me converteram no que sou (a "língua materna", língua e mãe), se é verdade que não existe humanidade sem história e sem comunidade (porque ninguém "se faz sozinho", como costumam apregoar as ideologias da depredação e da competição), se nosso falar é sempre resposta a uma voz que nos falou primeiro (e, em última instância, à Voz que nos colocou no ser), que outro sentido pode ter a liberdade a não ser abrir-me à possibilidade de "ser com os outros"? Para que quero ser livre se não tenho nem um cachorro que ladre para mim? Para que quero construir um mundo se nele vou estar sozinho em um cárcere de luxo? A liberdade sob esse ponto de vista não "termina", mas "começa" onde começa a dos outros. Como todo bem espiritual, quanto mais for compartilhada maior será.

Entretanto, viver essa liberdade "positiva" implica também, como afirmado anteriormente, uma completa "revolução" de características imprevisíveis, outra forma de entender a pessoa e a sociedade. Essa forma não se centra em objetos a possuir, e sim em pessoas para promover e amar.

Há certas coisas que acontecem que deveriam nos alarmar: por exemplo, que espécie de loucura é essa em que um adulto pode chegar a denunciar à Justiça uma criança de 5 anos só porque atirou um brinquedo de seu filho no jardim, como realmente nos ocorreu há alguns anos? Nem mais nem menos que a loucura na qual estamos submergidos, em maior ou menor grau: a loucura de arriscar toda a nossa vida, pessoal e social, pelos objetos que possuímos ou não possuímos; a lógica segundo a qual um homem vale o que tem ou o que pode vir a ter; a lógica do que me podem dar (sempre falando materialmente) ou, se quisermos ser mais cruéis, do que posso arrebatar; a lógica baseada na ideia de que a vida humana, pessoal e social, não se rege pela condição da pessoa de cada um de nós, por nossa dignidade e por nossa responsabilidade (nossa capacidade de responder à Palavra que nos convoca), mas por relações centradas em objetos inertes, isto é, a "intranscendência" da pessoa em relação à simples pulsão de apoderar-se de coisas! Observem como, por outro caminho, chegamos à mesma ideia que começou esta reflexão.

Essa antropologia da "intranscendência" encontra sua justificativa e seu caldo de cultura na hiperinflação que, nas últimas décadas, vem tendo o conceito de "mercado". Sob uma perspectiva cristã, não se duvidou denominar essa insistência (em muitos casos, praticamente absolutismo) idolatria.

Esclareçamos um pouco mais os fatos. Não estamos demonizando o mercado como forma de organizar nossos intercâmbios e repensar o mundo da economia. Entretanto, o problema é que a ideia de "mercado", quase em sua origem, não remete a outra coisa senão a muita gente comprando e vendendo. Tudo que não for comprar ou vender não faz parte dele. O problema torna-se maior porque nem tudo se compra e nem tudo se vende – algumas coisas porque "não têm preço", por exemplo, os bens que chamamos "espirituais" (o amor, a alegria, a compaixão, a verdade, a paciência, a coragem etc.) e outras simplesmente porque aquele que deveria comprá-las para satisfazer suas necessidades não pode fazê-lo, porque não tem dinheiro, capacidade, saúde etc.

Isso traz uma nova série de problemas, aos quais não é a primeira vez que me refiro: por exemplo, para "ser alguém" (isto é, para "existir" no mundo como mercado), é preciso "ter" coisas; se não posso tê-las "do jeito certo" (isto é, possuir algo que o mercado considere valioso para oferecer), não me restará alternativa senão aceitar que "não existo", que não existe para mim nenhum lugar, nem mesmo o último... ou procurar tê-las "do jeito errado". E como o mundo da economia não se governa tanto pelas necessidades reais, e sim pelo que é mais rentável (ainda que seja supérfluo), haverá muitos que "não têm", mas querem "continuar sendo". Dessa forma, os que "de fato têm" deverão redobrar seus cuidados e multiplicar suas grades – as da sociedade e também as de suas casas, a fim de que aqueles que foram expulsos não procurem entrar pelas janelas. Conhecem essa história? Exclusão por um lado, autorreclusão por outro são as consequências da lógica interna do reducionismo economicista. Devemos aceitar que estes sejam "os tristes lauréis que pudemos conseguir"? Ou decidiremos sacudir o lastro de "intranscendência" e individualismo que se foi acumulando entre nós, para imaginar e colocar em prática uma nova antropologia?

Qual será a chave para essa nova antropologia? "Consciência de cidadãos", dirão alguns; solidariedade; consciência de povo. Por que não reconduzi-la à sua fonte, ainda que pareça frágil ou romântica, e chamá-la amor? Porque esta, verdadeiramente, é uma das chaves da dignidade transcendente da pessoa.

Dignidade transcendente dos filhos de Deus

Chegamos, assim, à dimensão última da transcendência humana. Não basta reconhecer e viver uma nova consciência ecológica que supere toda redução determinista ao natural-biológico, e uma nova consciência humanística e solidária que se oponha à bruma do egoísmo individualista e economicista. As mulheres e os homens que vivem na terra sonham com um mundo novo que em sua plenitude provavelmente não será visto com os próprios olhos, embora o queira, o busquemos e o sonhemos. Um escritor latino-americano dizia que temos dois olhos; um de carne e outro de vidro. Com o de carne, olhamos o que vemos com o de vidro, olhamos o que sonhamos. Pobre da mulher ou do homem, pobre do povo que se fecha à possibilidade de sonhar, que se fecha às utopias. Por isso, é parte da dignidade transcendente do homem abrir-se à esperança.

Há alguns anos eu lhes dizia que a esperança não é um "consolo espiritual", uma distração das tarefas sérias que requerem nossa atenção, mas uma dinâmica que nos torna livres de qualquer determinismo e de qualquer obstáculo para construir o mundo de liberdade, para libertar esta história das já conhecidas cadeias do egoísmo, da inércia e da injustiça nas quais tende a cair com tanta facilidade. É uma determinação de abertura para o futuro que nos diz sempre existir um futuro possível. Ela nos permite descobrir que as derrotas de hoje não são completas nem definitivas, libertando-nos, assim, do desalento; ela nos permite perceber que os êxitos que podemos obter nem valem a pena, salvando-nos da esclerose e do conformismo. Revela-nos nossa condição de seres inacabados, sempre abertos a algo mais, que estão a caminho. Também nos agrega a consciência crente, a certeza de um Deus que se coloca em nossa vida e nos auxilia nesse caminho.

Essa consciência de transcendência como abertura é imprescindível para vocês, queridos educadores. Sabemos que educar é apostar no futuro. E o futuro é regido pela esperança.

Entretanto, a antropologia cristã não se detém nesse ponto. Essa abertura não é, para o crente, apenas uma espécie de indeterminação difusa em relação aos fins e sentidos da história pessoal e coletiva. Também é possível e sumamente perigoso superar o desânimo e o conformismo... para cair em uma espécie de relativismo que perde toda a capacidade de avaliar, preferir e optar. Não se trata só de construir sem garantias nem raízes memoriais. Trata-se de poder fundar essa construção em um sentido que não fique entregue ao azar das inspirações momentâneas ou dos resultados, à sorte das coincidências ou, finalmente, à voz que consegue gritar mais forte e impor-se sobre as outras.

A transcendência que nos revela a fé nos diz, além do mais, que essa história tem um sentido e um termo. A ação de Deus que começou com uma criação em cujo ápice está a criatura que lhe podia responder à sua imagem e semelhança, com a qual Ele estabeleceu uma relação de amor e que alcançou seu ponto maduro com a Encarnação do Filho, tem de culminar em uma plena realização dessa comunhão de modo universal.

Toda a Criação deve ingressar nessa comunhão definitiva com Deus iniciada em Cristo Ressuscitado, isto é, caminhamos para um termo que é cumprimento, acabamento positivo da obra amorosa de Deus. Esse termo não é resultado imediato ou direto da ação humana, mas uma ação salvadora de Deus, o toque final da obra de arte que ele mesmo iniciou e à qual quis nos associar como colaboradores livres; e o último sentido de nossa existência culmina no encontro pessoal e comunitário com o Deus Amor, muito além até mesmo da morte.

Nós cristãos cremos que nem tudo é o mesmo. Não vamos para qualquer lado. Não estamos sozinhos no Universo. E isso que, à primeira vista, pode parecer tão "espiritual" pode também ser absolutamente decisivo e dar lugar a uma virada radical em nossa forma de viver, nos projetos que imaginamos e procuramos desenvolver, nos sentidos e valores que sustentamos e transmitimos.

É verdade que nem todos compartilham nossas crenças a respeito do sentido teológico da história humana. No entanto, isso não tem por que mudar nem um pouco o significado que traz à nossa ação. Mesmo quando muitos irmãos nossos não professem nosso credo, continua sendo fundamental que nós o façamos, fundamental para nós e também para eles, mesmo que não possam vê-lo sob a perspectiva de que, por esse caminho, estamos colaborando para a chegada do Reino para todos, mesmo para os que não puderam reconhecê-lo nos sinais eclesiais.

A certeza na ação escatológica de Deus, que instaurará seu Reino no fim dos tempos, tem um efeito direto sobre nossa forma de viver e de atuar no meio da sociedade. Proíbe-nos qualquer tipo de conformismo, tira-nos desculpas para o meio-termo, deixa sem justificativa toda combinação ou "ocultamento".

Sabemos que existe um Juízo, e esse Juízo é o triunfo da justiça, do amor, da fraternidade e da dignidade de cada um dos seres humanos, começando pelos pequenos e humilhados; então não há como nos fazer de distraídos. Sabemos muito bem de que lado temos de estar entre as alternativas diante de nós, entre cumprir as leis ou esquivar-nos delas com esperteza "crioula", entre dizer a verdade ou manipulá-la de acordo com nossa conveniência, entre dar resposta ao necessitado que encontramos na vida ou fechar-lhe a porta, entre buscar e ocupar o lugar que nos cabe na luta pela justiça e pelo bem comum, segundo a possibilidade e a competência de cada um, ou "apagarmo-nos olimpicamente", construindo para nós a própria bolha. Entre uma e outra opção em cada encruzilhada cotidiana, sabemos de que lado temos de estar. E isso, nos tempos de hoje, não é pouca coisa.

Uma nova humanidade que pode começar em cada escola

Professar uma crença e sustentar determinada maneira de ver a pessoa e de querer ser seres humanos não é uma atitude com muita difusão nestes tempos de relativismo e de queda das certezas. Em rio revolto lucram os pescadores: quanto menos certezas, mais lugar para nos convencermos de que o único sólido e certo é o que os *slogans* do consumo e da imagem nos propõem.

No entanto, a última coisa que devemos fazer é entrincheirar-nos na defensiva e lamentarmos amargamente o estado em que se encontra o mundo. Não nos é lícito transformarmo-nos em desconfiados *a priori* (isso não é o mesmo que ter pensamento crítico, e sim sua versão obtusa) e felicitarmo-nos entre nós, em nosso mundinho fechado, por nossa claridade doutrinal e nossa insubornável defesa das verdades... defesas que só terminam servindo para a própria satisfação. Trata-se de outra coisa: de fazer contribuições positivas. Trata-se de anunciar, de começar a viver em plenitude de outra maneira, convertendo-nos em testemunhas e construtores de outro tipo de ser humano. Isso não vai ocorrer, convençamo-nos, com olhares foscos e têmpera de criticadores. Trata-se de aplicar nossa vocação mais profunda não enterrando o denário, mas saindo convencidos não só de que as coisas podem mudar, mas de que é preciso mudá-las e de que podemos mudá-las.

Jonas é uma figura da Bíblia que pode nos inspirar em tempos de mudanças e incertezas; é um personagem que pode estar espelhando nossas próprias atitudes, e na maioria das vezes, atitudes de muitos educadores com experiência acumulada, com estilos e formas valorosos de proceder. Ele vivia tranquilo e organizado, com ideias muito claras sobre o bem e o mal, sobre como age Deus e o que Ele quer em cada momento, sobre os que são fiéis à aliança e os que não são. Tanta ordem acabou levando-o a separar com demasiada rigidez os lugares onde era preciso desenvolver sua missão de profetizar. Jonas tinha a receita e as condições para ser um bom profeta e continuar a tradição profética na linha do "que sempre havia feito".

Imediatamente, Deus desmontou sua ordem, irrompendo em sua vida como uma torrente, tirando-lhe todo tipo de segurança e comodidade para enviá-lo à grande cidade a fim de proclamar o que Ele mesmo lhe determinara. Era um convite a assomar-se mais para além da borda dos seus limites, ir para a periferia. Assim, enviou-o a Nínive, a grande cidade, símbolo de todos os separados, afastados e perdidos. Jonas descobriu que, se lhe foi confiada a missão de recordar a toda aquela gente, tão perdida, os braços de Deus estariam abertos e esperando que voltassem para curá-los com seu perdão e alimentá-los com sua ternura. Entretanto, isso quase não condizia com tudo o que Jonas podia compreender, e então ele escapou. Deus o mandou a Nínive, e ele caminhou em direção contrária, para Társis, para o lado da Espanha.

As fugas nunca são boas. O apuro nos deixa bastante desatentos, e tudo pode tornar-se um obstáculo. Quando Jonas embarcou para Társis, ergueu-se uma grande tempestade, e os marinheiros o atiraram na água porque ele confessou-se culpado. Então, dentro do vasto mar um peixe o engoliu. Jonas, que sempre havia sido tão claro, tão cumpridor e ordenado, não havia levado em consideração que o Deus da aliança não volta atrás e não se arrepende do que jurou e teima insistentemente quando se trata do bem de seus filhos. Por isso, quando nossa paciência acaba, Ele começa a esperar, fazendo ressoar muito suavemente sua palavra entranhada de Pai.

Assim como Jonas, podemos escutar um chamado persistente que volta a convidar-nos a viver a aventura de Nínive, a aceitar o risco de protagonizar uma nova educação, fruto do encontro com Deus, que sempre é novidade e que nos estimula a romper, partir e ir mais além do conhecido, em direção às periferias e fronteiras, lá onde está a humanidade mais ferida e onde as meninas e os meninos, por trás da aparência de superficialidade e conformismo, continuam buscando a resposta pelo sentido da vida. Ao ajudar nossos irmãos a encontrar uma resposta, também encontraremos renovadamente o sentido de toda a nossa ação e o gozo de nossa vocação, o lugar de toda a nossa oração e o valor de toda a nossa entrega.

Permitam-me terminar minha mensagem, como em outros anos, com algumas propostas que, junto com outras que possam lhes ocorrer, pode ajudá-los a levar adiante esses desejos e propósitos. Fá-lo-ei na forma de perguntas:

- Por que não tentamos viver e transmitir a prioridade dos valores não quantificáveis: a amizade (tão cara, agora no melhor sentido da palavra) a nossos adolescentes? Por que não tentamos transmitir a capacidade de festejar e desfrutar simplesmente os bons momentos (mesmo que algumas formigas cochichem contra o violino da cigarra)? Por que não tentamos viver e transmitir a sinceridade, esta que produz paz e confiança, e a confiança que anima a sinceridade? É fácil dizê-lo pela forma que ecoa, mas é muito exigente vivê-lo, já que implica arrancar de nós um longo e eficiente materialismo embutido em nossas mais arraigadas crenças... arrancarmos de nós a submissão e a adoração ao deus "gestão com êxito".

- Por que não inventamos formas de encontro com nós mesmos sem segundas intenções? Por que não buscamos ampliar o espaço do qual dispomos em nossos colégios, multiplicando suas potencialidades, imaginando formas de receber colaboração e ideias de várias pessoas, fazendo de nossas casas lugares de inclusão e encontro das famílias, dos jovens, das pessoas mais velhas e das crianças? Não será fácil: exige levar em consideração e resolver milhares de questões práticas. Entretanto, para resolvê-las, é preciso não desistir de fazê-lo.

- Por que não nos atrevemos a incorporar em nossas salas de aula mais testemunhos de cristãos e de pessoas de boa vontade que sonharam com uma humanidade distinta, sem pretender uma correspondência exaustiva com alguma norma preestabelecida, seja ela qual for? Sabemos que esse tipo de figura tem mais força como símbolo da utopia e da esperança do que como modelo para seguir ao pé da letra. Por que não nos alegrar pelo fato de que a humanidade tenha dado filhos seus que permitiram manter a cabeça elevada a gerações inteiras? Por que não recordar e celebrar, segundo o estilo, a cultura e a história de cada comunidade, as mulheres e os homens que brilharam não por seus milhões ou pelas luzes com que os iluminaram, mas pela força de sua virtude e sua alegria, pela qualidade transbordante de sua dignidade transcendente? Obviamente, viemos de uma história de desconfianças, de exclusões, de suspeitas mútuas, de desqualificações... Não será hora de nos apercebermos de que o pior que nos pode ocorrer não é despertar sonhos e esperanças que depois poderão ser amadurecidos e sustentados, mas permanecermos em uma chateação mortal na qual nada tem relevância, nada tem transcendência, ou seja, permanecermos na cultura da tolice?

- Por último, por que não tentar buscar uma forma para que cada pessoa recupere e já não perca aquilo que lhe é próprio, aquilo que é o sinal por excelência de seu espírito, aquilo que radica em seu ser mundano, mas o transcende a ponto de situá-lo em posição de dialogar com seu Criador? Não é preciso dar mais esclarecimentos: refiro-me ao dom da palavra. Esse dom exige muitas coisas de nossa parte: responsabilidade, criatividade, coerência... São exigências que não nos eximem de animar-nos a tomar a palavra e sobretudo, queridos educadores, de dá-la. É preciso tomar e dar a palavra criando o espaço para que essa palavra, nos lábios de nossas crianças e nossos jovens, cresça, fortaleça-se, lance raízes, eleve-se. É preciso acolher essa palavra, que às vezes pode incomodar, questionar e até mesmo magoar, mas também ser criativa, purificadora, nova...

Trata-se de uma palavra humana que adquire bastante relevância quando se faz diálogo com o mesmo Deus, que nos faz grandes em nossa pequenez, que nos faz livres diante de qualquer poder, porque torna habitual o trato com Ele, que é quem mais pode, que desenvolve em nós uma sensibilidade especial ao mesmo tempo em que descortina horizontes, que nos deslumbra e enamora. Essa possibilidade entranhável de orar é um direito que cada criança e cada jovem está em condições de exercer. E então, devemos orar? Devemos ensinar nossos jovens a orar?

Ensaiemos estas e outras tentativas. Veremos que uma nova humanidade irá se manifestando, para além dos reducionismos que diminuíram o tamanho de nossa esperança. Não basta constatar o que falta, o que se perdeu: é preciso que aprendamos a construir o que a cultura não dá por si mesma, que nos animemos a encarná-lo, ainda que seja às cegas e sem plenas seguranças. Isso é o que deve ser encontrado em nossas escolas católicas. Pedimos milagres? E por que não?

Tempo pascal, 2008

Com o coração inquieto

Queridos educadores:

Como todos os anos, dirijo-me a vocês para animá-los nesta grande tarefa, à qual foram chamados e convocados. Minhas palavras de pastor procuram acompanhá-los, animá-los em seus afazeres cotidianos, fortalecendo todo brotamento de vida projetado como crescimento para este ano de 2008 que se inicia.

Educar é uma das artes mais apaixonantes da existência e requer a ampliação permanente de horizontes, passando a colocar-nos a caminho de modo renovado. Além do mais, todos os dias somos questionados acerca das necessidades de um mundo cambiante e acelerado. É preciso vencer o cansaço, superar o mal-estar e medir as forças diante do desgaste do trabalho. Precisamos do bálsamo da esperança para continuar e da unção da sabedoria para restaurar em nós o novo, capaz de assumir o melhor de nossa tradição e de reconhecer aquilo que é preciso mudar, que merece ser criticado ou abandonado.

O tempo nos faz humildes, mas também sábios, se nos abrimos ao dom de integrar passado, presente e futuro a serviço comum de nossas crianças. Espero que estas palavras cumpram esse objetivo.

Assume-se o caminho ao andar

Homo viator

A humanidade sempre concebeu a vida como um caminho; o homem, como um caminhante, quando nasce, põe-se em marcha e, ao longo de sua existência, encontra-se com pessoas e situações que voltam a colocá-lo a caminho (às vezes com uma missão, outras com uma crise). Na Bíblia, essa realidade é constante: Abraão é chamado a permanecer a caminho "sem saber para onde ia"; o Povo de Deus toma o caminho para libertar-se dos egípcios. O mesmo acontece na história ou na mitologia de outros povos: Eneias, diante da destruição de Troia, supera a tentação de permanecer ali e reconstruir a cidade e, tomando de seu pai o calçado, empreende a subida ao monte cujo fim será a fundação de Roma. Outros relatos mitológicos mostram o caminho humano como o retorno ao lar, à pertença primigênia. Da mesma forma o caso de Ulisses ou o de Hölderlin, tão poeticamente expresso em sua ode de retorno ao lar. Tolkien, na literatura contemporânea, retoma em Bilbo e em Frodo a imagem do homem que é chamado a caminhar, e seus heróis conhecem e atuam caminhando nesse drama que se trava entre o bem e o mal. O "homem a caminho" traz consigo uma dimensão de esperança, de "entrar em contato" com a esperança. Em toda a história e mitologia humana, salienta-se o fato de que o homem não é um ser quieto, estancado, mas "a caminho", chamado, "vocado" – daí o termo "vocação" –, e quando não entra nessa dinâmica anula-se como pessoa ou corrompe-se. Mais do que isso, colocar-se a caminho enraíza-se em uma inquietação interior que impulsiona o homem a "sair de si", a experimentar o "êxodo de si mesmo". Existe algo fora de nós e em nós que nos chama a realizar o caminho. Sair, andar, levar a cabo, aceitar a intempérie e renunciar ao refúgio... Este é o caminho.

Caminhar é então, de alguma maneira, "entrar" em uma esperança viva. Assim como a verdade, a esperança é algo no qual devemos aprender a hospedar-nos, um dom que nos move a caminhar e que, muito além de todo desalento diante de tanto mal no mundo, convida-nos a crer que cada dia haverá o pão necessário para a subsistência.

Caminhar na esperança é ter a certeza de que o Pai nos dará o necessário. É a confiança no dom, muito além de toda calamidade ou desventura. Jesus, na oração do Pai-Nosso, expressa essa confiança primordial, que encontra sua representação nos lírios do campo e nos pássaros do céu. Caminhar e esperar transformam-se assim, de alguma maneira, em sinônimos. Podemos caminhar porque temos esperança. Fazer o caminho representa a imagem visível do homem que aprendeu a esperar em seu coração. Caminhar sem se deter ou se extraviar é o fruto tangível da esperança. Com razão o Papa emérito Bento XVI convida-nos, em sua última encíclica, *Spe salvi*, a colocar-nos novamente diante desta pergunta: "O que podemos esperar?" E isso, segundo nos adverte Bento XVI, "torna necessária uma autocrítica da idade moderna no diálogo com o cristianismo e com sua concepção da esperança. Nesse diálogo, os cristãos, com base em seus conhecimentos e experiências, têm de aprender de novo em que consiste realmente sua esperança, o que têm para oferecer ao mundo e o que, pelo contrário, não podem oferecer" (cf. 22).

A tentação é um convite a deter a marcha, a desesperar. Como não cair quando já caíram tantas outras utopias neste começar de um século pós-moderno cada vez com mais guerras e desigualdades? A tentação é séria, e todo aquele que dedicou valentemente seu coração e atuou decidido na busca de uma verdade ou de uma justiça conhece sua possibilidade real. Só ele conhece seu anelo árduo e profundamente problemático, bem como o triste, doce e persistente canto da sereia do desalento, que nos convida a fugir covardemente de nossa responsabilidade histórica. Todo educador sente muitas vezes que tem de enfrentar a cada dia uma dupla desautorização: a de uma sociedade que não o respalda nem o hierarquiza socialmente – negando-lhe, muitas vezes por falta de recursos ou pelo dilapidamento do que ele construiu com esforço na aula, a possibilidade real de educar – e a de pais que não lhe outorgam a devida licença, tampouco o reconhecimento à sua tarefa primordial. Às vezes chegam a desautorizá-lo diante dos filhos. Todo educador, repito, está particularmente tentado ao desespero.

Por isso os convido novamente, queridos docentes, como já o fiz em 2000, a permanecer firmes na esperança a que foram chamados em sua tarefa educativa valiosa e fundamental. Nesse ano, eu lhes recordava a preeminência e a urgência desse tema. Convidava-os a refletir sobre a esperança, "mas não sobre uma esperança 'light' ou desvitalizada, separada do drama da existência humana". "Interroguemos a esperança" – dizia-lhes – "diante dos problemas mais profundos que nos incomodam e que constituem nossa luta cotidiana, em nossa tarefa educativa, em nossa convivência e em nossa própria interioridade". Hoje, oito anos depois, estou ainda mais convencido de que é ela, "a pequena esperança", a que dará "sentido e substância a nossos compromissos e empreendimentos para enfrentar a responsabilidade de educar as jovens gerações e para também assumir aquilo que 'carregamos' com dificuldade, quase como uma cruz".

Com o coração inquieto

Na experiência pedagógica cotidiana, constatamos que as "crianças são inquietas". Essa inquietação engloba diversos significados. Em um plano mais superficial, pode ser semelhante à ação de disciplinar: as crianças provocam confusão e assim pensamos em medidas que estimulem a espontaneidade vital dos alunos. Todos concordamos que é preciso estabelecer limites, mas que não sejam empecilho para o desenvolvimento daquela outra inquietude que se coloca a caminho, afogando a esperança.

A disciplina é um meio, uma ajuda necessária ao serviço da educação integral, mas não pode converter-se em uma mutilação do desejo, assim como reconhece Santo Agostinho, não como tendência à posse, mas como aquilo que "abre espaço". O desejo opõe-se à necessidade. Esta acaba ao ser preenchida a carência; o desejo – por sua vez – é presença de um bem positivo e sempre se acrescenta, instrumentaliza-se, faz um movimento para "mais". O desejo da verdade procede "de encontro a encontro", e a disciplina não deve cortar as asas da imaginação, da sã fantasia ou da criatividade. Proponho a seguinte problemática: como integrar disciplina com inquietação interior? Como fazer para que a disciplina seja o limite construtivo do caminho uma criança que tem de empreender, e não uma muralha que a anule ou uma dimensão da educação que a castre? "Queremos crianças 'quietas'", pode dizer um educador behaviorista. "Mas eu os quero 'inquietos" em sua ansiedade, em suas propostas", responderá um humanista. Uma criança "inquieta" nesse último sentido é uma criança sensível aos estímulos do mundo e da sociedade, uma criança que se abre às crises às quais lhe vai submetendo a vida: uma pessoa que, de um lado, se rebela contra os limites mas, por outro lado, os exige e os aceita (não sem sofrimento) se são justos; uma pessoa inconformada com os clichês culturais que lhe propõe a sociedade mundana; uma criança que quer aprender a discutir... E assim poderíamos prosseguir.

Queridos educadores, para que a disciplina adquira esse selo da liberdade, é necessário um docente que saiba ler a inquietude como linguagem, desde a busca que implica o movimento físico, a inquietação, passando pelo questionamento permanente, até a presença do adolescente que tudo questiona e responde, inquieto por outra resposta.

Esse fato pedagógico nos faz voltar à proposta original: o homem a caminho, esperançoso e moldando seu destino, e o drama do homem quieto, o "instalado". É interessante pensar que essa palavra deriva do latim *stabulum*, estábulo, lugar onde permanecem os animais. Os sistemas mundanos buscam "aquietar" o homem, anestesiar a ansiedade de colocar-se a caminho, com propostas de posse e consumo; trata-se de um consumo aberto permanentemente às últimas novidades que parecem indispensáveis e, dessa maneira, priva-o da possibilidade de reconhecer e orientar-se pela ansiedade maior que brota do coração. Chama a atenção a grande quantidade de "álibis" que reelaboram a ansiedade interior de colocar-se a caminho e oferecem uma paz aparente. A tradição cristã, desde os primeiros séculos, descreve esses "álibis" como estados da alma que privam da liberdade, que escravizam, e denomina-os "pecados capitais": gula, luxúria, avareza, ira, inveja, preguiça e orgulho. Trata-se de armadilhas da alma que impedem caminhar para horizontes de liberdade, que submetem o coração e lhe oferecem certo bem-estar sereno, tranquilo ou, às vezes, de intranquilidade controlável. Quando esses "álibis" enraízam-se no coração, vão tirando dele a liberdade, fazem-no conformista ou enredam-no em problemáticas existenciais superficiais. São verdadeiras travas à busca interior. Tais "álibis" substitutos, que se repetem e se multiplicam de maneira tão persistente, certamente são uma resposta pronta, um refúgio que esconde outra coisa: o medo da liberdade, o medo de perseverar no caminho. Nessa realidade dos "álibis", chama-me a atenção como, ao longo da história e também atualmente, propagam-se os fundamentalismos. No fundo trata-se de sistemas de pensamento e de conduta bem encaixados, que servem de refúgio. O fundamentalismo organiza-se pela rigidez de um pensamento único, no qual a pessoa fica protegida de propostas desestabilizadoras (e de crises) em troca de certa quietude existencial. O fundamentalismo não admite matizes ou novas propostas simplesmente porque tem medo, e – na realidade – tem medo da verdade. Quem se refugia no fundamentalismo é uma pessoa que tem medo de colocar-se a caminho para buscar a verdade: já "tem" a verdade, já a adquiriu, mas a instrumentaliza como defesa, pois chega a viver qualquer questionamento como agressão à sua pessoa.

Nossa relação com a verdade não é estática, pois a Verdade Suma é infinita e sempre se pode conhecê-la cada vez mais; sempre temos de penetrar nela. Aos cristãos, o apóstolo Pedro pede que saibamos "dar razão" da nossa esperança; é que a verdade na qual fundamentamos nossa existência deve abrir-se ao diálogo, às dificuldades que nos proponham as circunstâncias. A verdade sempre é "racional", ainda que eu não o seja, e o desafio consiste em manter-se aberto ao ponto de vista do outro, e a não fazer de nosso ponto de vista uma verdade insistente. Diálogo não significa relativismo, mas é um "logos" que se compartilha, é uma razão que se serve do amor para, juntos, construirmos uma realidade cada vez mais libertadora. Nesse círculo enriquecedor, o diálogo desvela a verdade, e a verdade nutre-se do diálogo. A escuta atenta, o silêncio respeitoso, a empatia sincera, bem como a autêntica disposição a aceitar o estranho e alheio são virtudes essenciais que precisamos desenvolver e transmitir ao mundo de hoje. O próprio Deus nos convida ao diálogo, nos chama e convoca com sua Palavra, a qual abandonou todo ninho e toda guarida ao fazer-se homem.

Aparecem aqui três dimensões que se inter-relacionam: uma dialogal, entre a pessoa e Deus – esta que os cristãos chamam oração –, outra com as pessoas e as circunstâncias, e uma terceira, que é diálogo com nós mesmos. Por meio dessas três dimensões, a verdade cresce, consolida-se e dilata-se no tempo. Para entrar nesse processo, é preciso não ter medo de buscar a verdade.

Diante de tantos abrigos e refúgios sociais e culturais que acobertam e paralisam na busca da Verdade e camuflam o temor de procurá-la em um *modus vivendi*, alguém pergunta: Como ensinar a nossos alunos não temer a busca da verdade? Como educá-los na liberdade, às vezes dolorosa, de seguir o caminho da humanidade que busca a Verdade e recomendar--lhes, desde então, a continuar caminhando para continuar procurando-a? Como formar homens e mulheres livres no caminho da existência, que não acabem confusos entre as mil e uma formas de conformismos paralisantes, tampouco deslumbrados por pregadores de pensamentos fechados, únicos, próprios do fundamentalismo? Como conseguir que nossas crianças "inquietas" na indisciplina acabem sendo "inquietas" na busca? Como ajudá-las a entrar na esperança e, sobretudo, a permanecer nela?

A verdade os fará livres

E é aqui onde devemos perguntar-nos: o que entendemos por verdade? Buscar a verdade é diferente de encontrar as formulações de que disponho e manejá-las a meu gosto. Nesse caminho de busca, empenha-se toda a personalidade, a existência; é um caminho que fundamentalmente traz consigo a humildade. No convencimento de que alguém não se basta por si só e que é desumano usar os outros para bastar a si próprio, a busca da verdade empreende esse laborioso caminho, muitas vezes artesanal, do coração humilde que não aceita saciar sua sede com águas estancadas, mortas. A "posse" da verdade fundamentalista carece de humildade: pretende impor-se aos outros em um gesto que, por si mesmo, é autodefensivo. A busca da verdade não aplaca a sede que a desperta. A consciência da "sábia ignorância" vai recomeçando continuamente o caminho: "sábia ignorância" que, com a experiência da vida, tornar-se-á "douta". Podemos afirmar, a esta altura e sem temor, que a verdade não se tem, não se possui; ao contrário, é encontrada. Para poder ser aquela a que se anseia, a desejada, deve deixar de ser aquela que se pode possuir. A verdade abre-se, desvela-se a quem – por sua vez – abre-se para ela. Essa verdade, precisamente em sua acepção grega – *aletheia* –, tem a ver com o que se manifesta, o que se desvela, o que se torna patente por seu aparecimento milagroso e gratuito. A acepção hebraica, pelo contrário, com seu vocábulo *emet*, une o sentido do verdadeiro ao certo, ao firme, ao que não engana nem defrauda. A verdade, então, tem esse duplo componente: é a manifestação da essência das coisas e das pessoas que, ao abrir sua intimidade, nos regalam com a certeza de sua veracidade, a confiável evidência que nos convida a crer nessa verdade. Essa certeza é humilde, porque simplesmente "deixa-se ser" o outro em sua manifestação, e não o submete às próprias exigências ou imposições. Esta é a primeira justiça que devemos aos outros e a nós mesmos: aceitar a verdade do que somos, dizer a verdade do que pensamos. E, além do mais, é um ato de amor. Nada se constrói sobre o silêncio ou a negação da verdade. Nossa dolorosa história política pretendeu muitas vezes nos calar. O emprego de eufemismos verbais muitas vezes nos anestesiou ou adormeceu diante dela. Entretanto, já é tempo de voltar a irmanar, a religar uma verdade que deve ser profeticamente proclamada com uma justiça autenticamente restabelecida. A justiça só amanhece quando se deu nome àqueles fatos acerca dos quais nos enganamos e traímos nosso destino histórico. E, ao fazê-lo, legamos um dos principais serviços de responsabilidade em prol das próximas gerações.

Levemos em consideração que a verdade não se encontra sozinha. Junto com ela estão a bondade e a beleza. Ou, melhor dizendo, a Verdade é boa e bela. "Uma verdade não de todo boa esconde sempre uma bondade não verdadeira", dizia um pensador argentino. Insisto em que as três vão juntas, e não é possível buscá-las nem encontrá-las uma sem as outras. É uma realidade bem distinta da suficiente "posse da verdade" pretendida pelos fundamentalismos: ali só valem as formulações, vazias de bondade e de beleza, que inclusive chegam a impor-se aos outros com agressividade e violência, causando dano e nos levando a conspirar contra a própria vida. Como fazer que nossos alunos busquem e encontrem a verdade na bondade e na beleza? Como fundar a esperança no bem que o conhecimento da verdade nos acarreta, sabendo que existem verdades que convocam o homem todo, soe não apenas seu intelecto? Como ensinar a perceber a beleza, a fazer experiências autenticamente estéticas, destas que assinalam marcos, revelando sentido em nossa vida? Como ensinar a receber a bondade que o ser desperdiça sem medo e a descobrir o amor em sua gratuidade?

A ilusão enciclopedista pôde, dessa forma, levar-nos a dar um mau passo, quando confundimos a busca da Verdade com o esforço por "saber as coisas". A simples informação atinge apenas a superfície das coisas e a da alma. É parecida com esse "álibi" que os primeiros cristãos descreviam como a parte ativa da preguiça: há muito movimento na superfície, mas não move nem comove a profundidade do pensamento. Nessa ilusão enciclopedista radica a dimensão funcionalista da ação que, em vez de transformar as estruturas, se conforma em ordená-las. É a fantasia dos organogramas. Retomo a repetida história de nossas reformas educacionais que nunca questionam o essencial e, em consequência, nada conseguem mudar. Além disso, a realidade, sob essa perspectiva, precisa ser organizada, ordenada. Dessa forma, a bondade e a beleza só se expressam no desígnio da funcionalidade. O equilíbrio gnóstico subjacente é fascinante: às vezes é só um equilíbrio conceitual, outras vezes é também formal. O enciclopedismo crê que basta construir e explicar os conteúdos, os conceitos e as disciplinas, costuma considerá-los suficientes em seu desenvolvimento e em sua autointerpretação, mas cai na ingenuidade de sonhar com uma hermenêutica asséptica. E esta não existe. O "conteúdo" de um conceito está intimamente relacionado com a expressão que o contém, com o "continente" –, já aqui existe hermenêutica.

Assim como verdade, bondade e beleza seguem juntas e nosso encontro com elas sempre será insuficiente e inaugural, o mesmo ocorre no processo educativo: não basta só apresentar conteúdos; estes devem ser assimilados junto com avaliações e hábitos, junto com o deslumbramento diante de certas experiências. No diálogo com o educando, o conteúdo resplandece e assim provoca ou transmite um valor e finalmente cria um hábito. Por isso, caminhar na busca da verdade supõe uma harmonia relacional de conteúdos, hábitos, valorizações, percepções, que vão mais além do simples "acúmulo de informações" ou de deslocarmos o eixo central para além do absolutismo de seu valor e da redução ao hábito (nesses últimos casos, poderíamos dar lugar às diversas formas de esteticismos e condutismos).

A beleza – não considerada o lindo ou o simplesmente atrativo, mas aquilo que em sua figura sensível nos entrega um fundo maravilhoso em seu mistério – presta aqui um serviço inigualável. Ao resplandecer na beleza, a verdade nos proporciona nesta luz sua clareza lógica. O bem que aparece como belo traz consigo a evidência de seu dever ser realizado. Quantos racionalismos abstratos e moralismos extrínsecos veriam aqui a possibilidade de sua cura se se abrissem a imaginar a realidade primeiramente como bela e, só depois, como boa e verdadeira! Não me canso de advertir o que já lhes disse anteriormente: as três verdades seguem juntas, e separá-las só trouxe como consequência uma falta de unidade entre os conteúdos, atitudes e procedimentos nos quais muitas vezes nos perdemos.

Testemunhas da verdade

Educar na busca da verdade, então, exige-nos um esforço de harmonização entre conteúdos, hábitos e avaliações; uma trama que, ao mesmo tempo, cresce e condiciona-se, dando forma à própria vida. Para conseguir essa harmonia, não basta a informação ou a explicação. O apenas descritivo ou explicativo "aqui" não diz tudo se está sozinho e desaparece. É necessário oferecer, mostrar, uma síntese vital de todos eles... E isso só se faz com testemunho. Entramos assim em uma das dimensões mais profundas e belas do educador: a testemunhal. O testemunho é o que unge "mestre" ao educador e o faz companheiro de caminho na busca da verdade. É uma testemunha que, com seu exemplo, nos desafia, anima, acompanha, nos deixa caminhar, equivocar-nos e até mesmo repetir o erro, para crescer.

Educar na busca da verdade exigirá de vocês, queridos docentes, uma atitude à qual me referi anteriormente: "Saber dar razão", mas não só com explicações conceituais, com conteúdos, mas em conjunto com hábitos e valorizações encarnados. Será mestre quem puder sustentar com a própria vida as palavras ditas. Essa dimensão, de alguma maneira estética, da transmissão da verdade – estética e não superficialmente esteticista – transforma o mestre em ícone vivo da verdade que ensina. Aqui, beleza e verdade convergem-se. Tudo se torna interessante e atraente, e soam, por fim, as campainhas que despertam a sadia "inquietude" no coração das crianças.

O caso paradigmático do mestre-testemunha constitui-se no próprio Jesus. Ele é a "testemunha fiel" por excelência (Ap 1,5; 3,14), aquele que veio ao mundo para dar testemunho da verdade (Jo 18,37). Ele dá testemunho do que "viu e ouviu" ao lado do Pai (Jo 3,11.32s). E dá testemunho do que Ele mesmo é (Jo 8,13). Sua confissão diante de Pilatos é um "testemunho supremo" (1Tm 6,13), que esclarece o plano divino de salvação. Esse testemunho de Jesus, que é preciso aceitar para não transformar Deus em mentiroso (1Jo 5, 9-10), converte-o no mestre autorizado para ensinar-nos a respeito de Deus (Mt 7,29). Daqui que Jesus se dê a si mesmo (Jo 13,13-14), e lho deem repetidamente, o título de *Rabbi*, mestre (Jo 3,2; Mt 8,19 etc.). Por isso, por exemplo, pode dizer-nos com autoridade: "Vocês, pois, rezem assim..." (Mt 6,9), dessa maneira e não de outra.

É notável e maravilhoso descobrir como todo ensinamento de Jesus nunca divide conteúdos de percepções, nem de valorizações e hábitos. Como bom Mestre, Jesus fala a todos os homens, e suas palavras nunca são simplesmente explicativas. Não vêm trazer-nos uma nova versão da Lei, tampouco mais uma explicação nova – por mais genial que essa possa ser. De forma alguma. A absoluta novidade da pretensão de Jesus é ser Ele mesmo a Palavra, o "logos" do Pai, assim como o fez a testemunha João em seu prólogo. Jesus Cristo é o caminho, a verdade e a vida, e por isso só Ele devolve ao homem a unidade perdida por causa do pecado e restaura sua integridade. Vejamos um exemplo. Quando Jesus quer nos transmitir sua atitude íntima diante da oração, a atitude filial, descreve-a assim: "Peçam e lhes será dado; busquem e acharão; chamem e se lhes abrirá. Porque aquele que pede recebe; aquele que busca encontra; e se abrirá a porta na qual chama" (Mt 7,7-8).

Para o mundo bíblico, longe das abstrações da Grécia antiga, o homem era constituído por três aspectos concretos e dinâmicos: o coração, princípio da vida psíquica profunda, que designa todo o âmbito do desejo humano e a intimidade do homem, que é o lugar de suas decisões livres – unido muitas vezes em dupla com os olhos; a língua, que designa o órgão da boca, mas também, e, sobretudo, a linguagem humana, todo o mundo do pensamento, com suas possibilidades de verdade e mentira, muitas vezes unidas na Escritura para complementar os ouvidos; e as mãos, que sintetizam, em sua concretude, todos os gestos da ação humana, funcionais ou simbólicos, muitas vezes unidas aos pés, que representam a direção da ação humana. O homem aparece expresso unitariamente, nos três aspectos que sempre o mencionam inteiramente e que, desde sua concretude, se implicam e referenciam-se mutuamente. Podemos sintetizar a tríade assim: Coração-olhos (todo o mundo do desejar humano); Língua-ouvidos (todo o mundo da "ortodoxia", do falar e do logos humano); e Mãos-pés (todo o universo da ortopráxis, como o atuar significativo pelo qual o homem busca transformar o mundo). Voltemos agora ao texto antes citado. Ali o homem como um todo é aludido por Jesus e convidado a entrar como totalidade no diálogo com Deus. "Peçam" faz referência ao reino do falar, do dizer, da ortodoxia; "busquem" fala mais precisamente a respeito do coração, que é o que se abre ou não para realizar tal busca; "chamem" diz respeito às mãos que tocam a porta, ao atuar humano que, em sua ortopráxis, em geral sempre tende para um sentido. O convite é pedir ao Pai com todo o nosso ser, rezar com toda a nossa pessoa, unificando todos os nossos desejos, pensamentos, ações junto com a confiança básica da criança em seu pai de que lhe dará todo o necessário. Somente quando alcançarmos essa integração, nossa oração será autêntica e cumprirá a vontade do Mestre; que todos nós, sem reservas, nos entreguemos à oração. Que nada no homem fique fora do encontro com Deus; que se unam os mais profundos desejos com o pedido de nossos lábios, e que todos os nossos atos apontem para a mesma direção. Quanta sabedoria a do Mestre, que com uma simples frase é capaz de criar toda uma imagem do homem tal como o pensou Deus, seu Pai! Aqui não há espaço para conteúdos vazios, para valorizações destorcidas ou maus hábitos. Tudo brilha na simplicidade da pessoa de Jesus, que é una com o que diz, que leva seu testemunho até o extremo, amando-nos até a morte, e sela com essa entrega o signo da autenticidade de toda a sua vida. E o Pai referendará essa palavra ao ressuscitá-lo no terceiro dia. Disso somos testemunhas, e aí fundamenta-se nossa esperança, a que queremos anunciar ao mundo para a sua salvação!

O educador, ao acompanhar-nos na busca, oferece um marco de contenção que, sem tirar a liberdade, despeja o medo e anima-nos no caminho. Ele também, como Jesus, deve unir a verdade que ensina, independentemente do âmbito em que se mova, com o testemunho de sua vida, em íntima relação com o saber que ensina. Só assim o discípulo pode aprender a escutar, ponderar, valorizar, responder... Aprender a difícil ciência e sabedoria do diálogo. Dialogar é coisa dos caminhantes. O quieto não dialoga. Dialogar é coisa de valentes. Dialogar é coisa de magnânimos. No diálogo há confronto, porém ninguém se agride; propõe-se em vez de impor-se. Dialogar é compartilhar o caminho de busca da verdade. Supõe entrar no âmago do tempo, que purifica, ilumina, sabe. Quantos foram os fracassos e as guerras por falta de diálogo, por falta de buscar juntos a verdade ou o diálogo a respeito disso! Uma coisa é uma simples entrevista e outra é abrir caminhos juntos. O que se pede a um educador é que ele abra caminho com o educando, e nesse longo caminho forja-se a a proximidade. Esta é outra dimensão fundamental na busca da verdade: não temer a proximidade, tão distante da distância cortês e da promiscuidade. A distância deforma as pupilas, porque nos torna míopes na captação da realidade. Só a proximidade é portadora dessa objetividade que se abre a uma maior e melhor compreensão. No trato pessoal, a proximidade é o que nos cerca: a pessoa que está ao lado é "próximo" e pede que nos façamos "próximo". O educador que "ensina" a não ter medo na busca da verdade é, definitivamente, um mestre, testemunha de como se caminha, companheiro de rota, vizinho, alguém que se faz próximo.

Nesse caminho de busca da verdade, é preciso evitar crer que tudo é um tiro no infinito, um incessante andar, e que tudo é caminho. Não é verdade. Trata-se de um caminho que progride em etapas, consolida-se em encontros que, de alguma maneira, vão pautando a rota. A experiência do encontro com a verdade no caminho é, ao mesmo tempo, total e parcial. É parcial porque ainda temos de continuar caminhando; é total porque, nas realidades autenticamente humanas e divinas, em cada parte está o todo. Daí esse duplo sentimento de "plenitude inacabada" que traz consigo todo encontro. Levar alguém a ter apreço pelo encontro é uma das dimensões desse caminho de busca da verdade, que harmoniza conteúdos, hábitos, valorizações, experiências. Levar alguém a aceitar a incompletude desse caminho nos faz maduros e dilata a esperança para além do eterno. O esplendor do encontro produz essa "surpresa" metafísica própria da revelação humana e divina.

Várias vezes fiz menção ao temor de iniciar o caminho de busca da verdade. Podemos perguntar-nos: por que temer? Simplesmente porque é um dos sentimentos primários que se dão na experiência do êxodo de si mesmo. Sair de si e colocar-se a caminho implica uma dimensão de insegurança, e isso causa medo. Daí o motivo natural de agarrar-nos aos lugares existenciais de estancamento, aos "álibis" confortadores e enganosos, em vez de seguir adiante. Alguns místicos referem-se a isso como "deter-se nas pousadas e não seguir o caminho". Na verdade, dá certo medo continuar andando, e o medo torna surda a inquietação, detendo a marcha da esperança.

Faz uns meses, o Papa emérito Bento XVI não pôde falar em uma universidade porque um grupo ínfimo de professores e alunos assim o impediram, violentamente. Isso me faz pensar no que um autor do século II diz a Herodes a respeito de sua violência: "Você age assim *quia te necat timor in corde* (porque o temor em seu coração o mata)". Todo fechamento, toda agressão, toda violência constituem um andaime externo que suporta um temor da alma. São apenas um pretexto. Nossas crianças são intolerantes? Será que as educamos para que se abram a compartilhar o caminho da existência por meio de uma identidade cristã que saiba descarregar o peso da intolerância? Assim, estamos diante de um verdadeiro desafio: educar para que não temam, educar na abertura do diálogo, buscar a verdade.

No entanto, esse caminho não será fácil de transitar, tampouco estará livre de escólios; o medo do outro e a xenofobia do diferente são o principal inimigo do diálogo. Tudo o que você disser poderá ser utilizado contra si mesmo, visto que é dito com base em suas intenções, tornando as relações algo inseguro, ameaçador. Como dialogar em um mundo no qual tememos uns aos outros? Como exorcizar o medo e permitir a passagem para uma confiança sem ingenuidade e sim com lucidez e abertura? Como educar no diálogo quando, simultaneamente, temos uma linguagem cultural carregada de discriminações inconscientes e segregantes? Existem muitas maneiras de ser fundamentalistas, ainda que não compartilhemos com seitas ou ideologias do tipo enclausuradoras.

Convido-os a refletir juntos e a tornarmo-nos um só na ideia de que só quem ensina com paixão pode esperar que seus alunos aprendam com prazer. Só quem se mostra deslumbrado diante da beleza pode iniciar seus alunos na contemplação. Só quem crê na verdade que ensina pode exigir interpretações verazes. Só quem vive no bem – que é justiça, paciência e respeito pela diferença diante dos afazeres docentes – pode aspirar a modelar o coração das pessoas que lhe foram confiadas. O encontro com a beleza, o bem e a verdade plenifica e produz certo êxtase em si mesmo. O que nos fascina também nos expropria e arrebata. A verdade assim encontrada ou, preferivelmente, que vem a nosso encontro faz-nos livres.

Caminhar em esperança

Para não cair na abstração e poder abraçar essa verdade que nos encaminhará inexoravelmente para a liberdade, devemos achar a "dracma perdida", o tesouro oculto que nos permita libertar o raio de luz diante de tanta dor do mundo, diante de tantas feridas abertas, diante da deformação torpe do rosto da verdade que nos chega pelos fundamentalistas, liberalistas, individualistas ou niilistas, muitas vezes bestiais e indiferentes.

Por isso, busco, e os convido a buscar comigo, novamente, aquele bem ausente e necessário como o pão e o vinho, aquele bem que nos faz recomeçar cada manhã com um alento novo e que nos permite entrever que a vida é verdadeiramente bela, bela apesar de tudo – de tanto horror e de tanto mal –, e que vale a pena ser vivida. Busco aquela esperança que nos una novamente como povo e que, sob a proteção de sua estrela, nos estimule de novo a caminhar.

É a vocês, queridos educadores, que convido de modo urgente e renovado a voltar o rosto para a "criança esperança", para essa pequena virtude que parece arrastar para a frente, em sua humilde persistência e em seu atuar quase "imperceptível", suas irmãs maiores, a fé e a caridade. A pequena esperança avança entre suas duas irmãs maiores e não é levada em consideração. Todavia, é ela a que sempre começa, porque é incansável como as crianças, esses alunos com os quais, dia a dia, nós nos encontramos, incansáveis, como a criança esperança.

Educar é, por si só, um ato de esperança, não só porque se educa para construir um futuro, apostando nele, e sim porque o fato de educar também está atravessando uma desesperança. Os mestres deveriam ter sempre presente a enorme contribuição que dão à sociedade para esse fim – ao se entregar todos os dias em seu afazer com nossas crianças, nossos adolescentes e jovens. Essa indicação fundamental é um sinal redentor e salvador, o da esperança, com a qual, todos os dias, repartem o pão da verdade, convidando-nos todos a seguir a marcha, a retomar o caminho.

Essa imagem precisa do caminho foi a contrassenha que nos permitiu penetrar no terreno da beleza perseguida de forma desinteressada, como também da gratuidade da bondade e do caráter sinfônico de uma verdade que só floresce no diálogo. A humildade que nos torna caminhantes, compreendendo-nos como tais, liberta-nos de todo fundamentalismo e de toda tentativa de fazer da verdade uma arma para nos autoafirmar ou para defender-nos.

Queridos educadores, neste tempo pascal, desejo-lhes que a inquietude, imagem do desejo que move toda a existência do homem, abra-se e se dilate em forma de uma esperança que não defrauda. Também desejo que, como educadores, se transformem em testemunhas autênticas, cercados da proximidade de todos, em especial dos postergados, dos que mais sofrem. Que Maria, mãe e educadora de Jesus, digne-se a ser para nós a Estrela da Esperança, para que possamos deixar para trás qualquer divisão e qualquer desalento.

Queira Deus que, como mestres, possamos cumprir nossa tarefa no espírito do expressado por São João: "O que existia desde o princípio, o que temos ouvido, o que temos visto com os próprios olhos, o que temos contemplado e o que temos tocado com nossas mãos, a respeito da Palavra de Vida, é o que lhes anunciamos. Porque a Vida fez-se visível, e nós a vimos e somos testemunhas, e lhes anunciamos a Vida eterna" (1Jo 1,1-2). Aqui volta a aparecer a tríade antes anunciada no ver, ouvir, tocar. É que a tarefa docente nos reclama inteiros, tão elevada é sua dignidade. Talvez assim, na educação de nossas crianças, possamos fazer que elas, diante da Verdade, possam exclamar como Jó: "Antes o conhecia de ouvir dizer, mas agora o viram meus olhos". Esta será a melhor satisfação que teremos como educadores.

Abril de 2009

O mundo é de vocês; vivam-no na luz

Eu prefiro a luz ou as trevas?

Na passagem do livro dos Atos dos Apóstolos que acabamos de ver, existe uma frase muito sugestiva, quando o anjo abre a prisão dos apóstolos. Diz-lhes: "Vão ao templo e anunciem ao povo tudo o que se refere a esta vida nova". Ou seja, anunciem esta proposta, esta proposta que vêm pregando; um mandato que continua ao longo dos séculos e que não é outra coisa senão o eco de Jesus: "Vão, anunciem, ensinem, batizem". "Vão ao templo e anunciem ao povo tudo o que se refere a esta nova vida." E o que é que se refere a esta nova vida? Muito simples. Que Deus nos amou tanto que entregou seu Filho para salvar-nos. Escutamo-lo no Evangelho que se acaba de proclamar. E Jesus, quando explica isso, diz que "a luz veio ao mundo, que Deus enviou a luz ao mundo".

No entanto, existem homens que preferem as trevas, e o Senhor marca essa divisão secular, não já de bons contra maus, desta cor contra esta cor, mas de uma opção interior: eu prefiro a luz, eu prefiro as trevas... E essa opção continua recobrando forças em nossos dias. E Jesus avança em sua explicação: porque todo aquele que age mal "odeia a luz e não se aproxima dela por temor de que suas obras sejam descobertas". Todo aquele que tem má consciência esconde-se da luz, esconde-se da evidência, nas mil maneiras de esconder-se que existem, mas não se deixa iluminar por essa luz mansa da verdade; em troca, segue Jesus, aquele "que atua conforme a Verdade, aproxima-se da luz para que se coloque de manifesto que suas obras foram feitas por Deus". Aquele que tem a consciência tranquila, aquele que sempre busca o bem abre-se à luz e por aí a luz o faz ver que está equivocado aqui e acolá, e o reconhece, porque tem boa intenção. Esse modo de vida que o Anjo nos manda anunciar é que optemos pela luz.

Neste dia, em que damos oficialmente como inaugurado, assim de maneira espiritual, este ano letivo, em oração, achamos por bem recordar aos que estamos encarregados de educar, a todos os que trabalham em uma comunidade educativa e aos pais também, porque eles trabalham na comunidade educativa. Nossa única opção é levar as crianças, meninos e meninas, pelo caminho da luz.

Isso não é fácil hoje. Vocês todos devem saber! As propostas das trevas estão ao alcance da mão; as trevas da meia verdade; a treva gnóstica da experimentação com as crianças. (Testamos um método, mas a criança acaba tendo uma educação ruim e fracassa. Pobrezinha!). Isso é treva: com as crianças não se fazem experiências. A treva do abandono: quantos meninos e meninas "abandonados" recebemos em nossas aulas, abandonados de carinho, diálogo, alegria, e que não sabem o que é brincar com papai e mamãe! A proposta do atalho fácil, da satisfação ao alcance da mão, a proposta do álcool, a proposta da droga – isso tudo é treva. Vocês não têm ideia do quão grave é essa proposta tenebrosa da droga, essa corrupção que chega até mesmo a ser distribuída nas esquinas das escolas.

Alguns sacerdotes desta arquidiocese acabam de tornar pública uma reflexão, um documento sobre este gravíssimo problema: a droga. No entanto, isso não é uma questão apenas desses sacerdotes; é uma questão de todos nós; é uma questão minha e de todos os bispos auxiliares que apoiam essa declaração! Temos de defender nossa "cria" (perdoem a palavra), e às vezes este mundo das trevas nos faz esquecer-nos desse instinto de defender nossa cria.

E como essas trevas são poderosas! Ainda ontem um dos sacerdotes que fizeram esse comunicado foi ameaçado. Sabemos que essas ameaças não são brincadeira, pois não sabemos onde vão terminar. Mesmo assim você fala. Denuncia uma treva que é oferecida pelos mercadores das trevas nas mesmas portas dos lugares onde estão as crianças, e daí lhe vem a ameaça! No entanto, existem homens e mulheres cuja missão é levar as trevas adiante como felicidade fácil, ao alcance da mão.

Hoje digo a vocês que trabalham com a educação, rodeados por esses meninos e meninas sobre os quais temos responsabilidade, como o Anjo disse aos apóstolos: saiam do encerramento e vão e anunciem este modo de vida. Este modo de vida no qual a luz é a que vence; este modo no qual não se negocia a luz por um simples farolete que deixa atrás de si espaço para as trevas. Anunciem esse modo de vida no qual a treva não tenha lugar e lutem contra esse cansaço tão habitual que os caracteriza em sua vocação, para que cada menino e cada menina abram seu coração à luz e não tenham medo da luz, ainda que lhes possa custar algumas dificuldades.

A vocês, meninas e meninos, simplesmente lhes digo: caminhem pela luz, não se deixem seduzir pelos mercadores das trevas; abram seu coração para a luz, ainda que isso lhes custe. Não se deixem acorrentar por essas promessas que parecem de liberdade e são de opressão; as promessas do gozo fátuo, as promessas das trevas. Sigam em frente. O mundo é de vocês: vivam-no na luz. E vivam-no com alegria, porque aquele que caminha na luz tem um coração alegre. E isso é o que desejo a todos vocês.

Abril de 2010

Estamos educando para a esperança?

Educando para a esperança

Na tarde desse primeiro dia da semana, na qual nos narrava o Evangelho recente, havia muita desorientação: a maioria estava triste, encerrada por medo do ataque daqueles que haviam matado Jesus, por medo que acontecesse a eles o que havia acontecido ao Senhor. "Tinham medo", diz o Evangelho. Tinham as portas fechadas e entre eles conversavam: "Que pena que morreu... Não, recorde que umas mulheres foram de manhã e o viram... ou viram alguns anjos...". E o comentário era confuso: "Estão mal da cabeça", "Tiveram visões", "Não é verdade", e assim iam eles se envolvendo nesse microclima de medo, susto, frustração e desesperança. Os apóstolos, nessa tarde, constituíram a primeira comunidade de cristãos sem esperança, até que o Senhor aparece e, com sua presença, dissipa todo esse mundinho de dúvidas, medos e sustos e coloca tudo em seu lugar. Isso me propõe uma pergunta que me ocorreu nesta manhã ao falar com vocês: estamos educando para a esperança? Ou repetimos o microclima dessa manhã, dessa tarde, dentro da casa onde estavam os discípulos? Sabemos educar na esperança? E me pergunto também, às vésperas de celebrar nossa independência: sabemos o que significa para a pátria que suas crianças, seus jovens, seus universitários sejam educados na esperança?

Muitas vezes, a conjuntura social tapa nossos ouvidos, os problemas do momento nos transbordam como fez com esses apóstolos aos quais a morte de Cristo os superou, os transbordou, e acabam nos tirando os horizontes. E educar para a esperança é fazer que uma criança ou um jovem tenha horizontes: horizontes para a frente e para trás. Educar para a esperança na pátria é ter consciência de que essa criança tem um horizonte para o passado, que recebeu como patrimônio de seus antepassados, daqueles que construíram a pátria; é preciso ensinar a essa criança e a esses jovens que a pátria não começou hoje, porque temos uma herança a receber, a custodiar, bem como uma herança que deve ser trabalhada no presente e ser projetada nas utopias do futuro. O que recebemos de nossos pais, se existe educação para a esperança, temos de transmiti-lo enriquecido a nossos filhos. Este é o desafio que hoje nos propomos na Missa da Educação: o jovem e a criança sabem reconhecer o patrimônio que receberam?

Vocês sabiam que há 200 anos homens e mulheres, que bem ou mal cuidaram da pátria, ainda assim nos deram algo? Ou será que essa criança "se sujou" pelas circunstâncias do momento e não sabe reconhecer nesse horizonte o que recebeu, vivendo como se não tivesse recebido nada? No entanto, esperemos que aquilo que recebeu não fique guardado, enlatado como se fosse uma conserva, mas que sirva para o trabalho de hoje. Será que essas crianças e esses jovens sabem trabalhar hoje o que receberam? Sabem assumir esse patrimônio? São patriotas? Nós os ensinamos a assumir esse patrimônio e a projetá-lo para a frente? Esses jovens têm utopias ou sonhos?

Educar em esperança são estas três coisas: memória do patrimônio recebido e assumido; cultivo desse patrimônio para que não seja um talento esquecido e oculto; e projeção mediante as utopias e os sonhos para o futuro. Creio que precisamos fazer um exame de consciência sobre isso... Será que trabalhamos com esperança? Alguns dizem que a educação é a "prima pobre de nossa estrutura social". No entanto, isso depende da forma como a encaramos. Quando alguém percebe o desgaste dos docentes em um pacto educativo rompido, sem o apoio dos pais, com salários mal pagos que os obrigam a entregar-se a dois trabalhos, com aulas mais cheias do que seria necessário, então alguém se apercebe de que ali existe algo a solucionar, existe uma pobreza. Temos de reconhecer esse trabalho cotidiano desses homens e mulheres que se desgastam na aula em situações às vezes insuficientes e precárias. A Vigararia da Educação vai distingui-los hoje com uma medalha. Saibam ver nessa medalha o reconhecimento a esse trabalho calado, desgastante, que muitas vezes os faz pedir licença para cuidar do estresse. Todos lhes dizemos: Muito agradecidos pelo que fazem.

Olhamos para os jovens. E o exame de consciência tem de nos levar à pergunta: estes jovens, que são chamados a ser educados na esperança, sabem receber, preparamo-los para receber a semente da esperança? Ou lhes damos três ou quatro coisas que terminam fracassando na esquina com aquele que vem para vender-lhes "mercadoria"? Nossas crianças saem da escola e na esquina a podem comprar... Essa responsabilidade recai sobre nossa consciência. Preparamo-los para grandes horizontes ou para o horizonte da esquina onde por alguns pesos [reais] podem comprar a pasta base ou o que quer que queiram. Isto acontece nesta cidade e não só nos bairros periféricos, mas no centro da cidade.

Às crianças queremos pedir perdão porque nem sempre as tomamos a sério. Porque nem sempre colocamos os meios para que seu horizonte não termine na esquina, porque muitas vezes não chegamos a entusiasmá-las com horizontes maiores que as façam valorizar o que receberam e têm de transmitir, porque muitas vezes não soubemos fazê-las sonhar. Gosto muito de uma expressão de um autor americano que diz que Deus nos deu dois olhos, um de carne e outro de vidro. Com o olho de carne vemos o que olhamos; com o olho de vidro vemos o que sonhamos. Ensinamos aos nossos jovens a ver a vida com estes dois olhos? Eles saem com a capacidade de sonhar ou saem apressados para poder chegar à esquina e poder ter o papelote? Assim é que aos jovens pedimos perdão por nossa incapacidade de fazê-los sonhar, de colocar-lhes diante dos olhos grandes horizontes.

E depois estamos nós, os dirigentes. Os responsáveis. A nós se nos pede essencialmente que sejamos patriotas em sentido superlativo. A nós, os dirigentes, se nos pede que recebamos com veneração a herança de nossos pais, trabalhemo-la no presente e a projetemos para o futuro. Para nós, os dirigentes, se nos pede o testemunho. Nunca poderemos ensinar a uma criança o horizonte de grandeza da Pátria, o que receberam e o que têm de projetar, se usarmos nossa direção como escalão de nossas ambições pessoais, para nossa escalada cotidiana, para nossos mesquinhos interesses, para locupletar a caixa ou para promover os amigos que nos sustentam. É outro o tipo de testemunho que se nos pede. E quando nossas crianças veem a nós, os dirigentes, que lhes damos esse testemunho de baixeza, não se animam a sonhar... não se animam a crescer...

Hoje a Pátria pede à nós, os dirigentes, muito trabalho. Trabalhar no que temos recebido, para fazê-lo crescer e projetá-lo para o futuro. Se não dermos testemunho desta capacidade de horizonte e de trabalho, nossa vida terminará em um rincão da existência chorando a monotonia de nosso fracasso como educadores, como homens e como mulheres.

Peço ao Senhor hoje que faça o mesmo que fez nessa tarde com esse pequeno grupo que se havia juntado dentro da casa dos discípulos, cheio de mesquinharias, de medo e desorientação, e nos surpreenda com a luz da grandeza. A grandeza que nos deu ele e a grandeza da Pátria! A grandeza de uma Pátria que temos recebido construída com trabalho, luta, sangue, equívocos e mil coisas? Mas a recebemos. E que não temos direito de mudar-lhe a identidade e a orientação! A grandeza do envio a trabalhar para que essa Pátria cresça e a grandeza de projetá-la para o futuro em uma utopia que seja continuidade com o que nos foi dado. Que o Senhor nos forneça esta maneira e nos dê essa graça.

Assim seja.

Abril de 2011

Todos nós somos responsáveis por educar

Educar para viver, educar para conviver

É o lema deste encontro de Educação, é a graça que vamos pedir nesta oração, nesta missa, que saibamos educar para a vida, para viver, para fazer viver, que saibamos educar para conviver, para ensinar a conviver.

As duas imagens da leitura bíblica são muito decisivas a respeito. O Evangelho nos marca a imagem da graça de um homem que não se pode mover e está na beira da vida, mas necessita que o ajudem a encontrar-se com a vida.

Na primeira leitura, a imagem é de fechamento, isto é, a vida enclausurada em um recipiente de barro, isto é, em nossas limitações, em nossas misérias em que a aprisionamos, e não sabemos retorná-la, e a guardamos ali, isto é, na clausura. Duas coisas que impedem o contato com a vida. Todos nós somos responsáveis por educar, todos, todos os que estamos aqui, com a palavra, com o exemplo; e somos responsáveis por educar para a vida, para que esta vida entre em contato com cada uma de nossas crianças e nossos jovens, que lhes mostre a alternativa da fecundidade, porque a vida é fecunda, a vida não mata, a vida faz crescer devagar, como a água.

É claro, se uma de nossas crianças ou um de nossos jovens está aí, vê que não sabe o que fazer e naqueles que são responsáveis por ele não encontra uma mão que o aproxime da vida como a de Jesus nesse momento, com esse homem na borda da piscina; se não encontrar uma mão que o aproxime, ficará assim seco, rígido, sem fecundidade. E se mantivermos a vida, que temos recebido, enclausurada em nós mesmos, enclausurada por nossas limitações, e não a deixarmos derramar-se, a vida permanecerá assim, diretamente, como toda água estagnada e se irá corrompendo, porque a vida também, quando não se torna fecunda, quando não se dá, se corrompe. Quando a vida, em vez de ter esse gesto de se entregar que é o que a faz crescer como vida, tem esse gesto de egoísmo, de centrar-se em si mesma, de guardar-se para si mesma, é uma vida corrupta, é uma vida incapaz de contagiar vida.

No meio de todos estes jovens e crianças, hoje renovamos nosso desejo de educar para viver, educar para conviver. Aprendam do testemunho que lhes tenhamos de dar, porque vamos ensinar mais com o testemunho do que com as palavras, que aprendam do testemunho que lhes demos desta cultura fecunda da vida, que aprendam todos que todas essas atitudes que dizem a vida: escutar-se mansamente, escutar-se com atenção, ter em consideração os outros, abrir-se aos outros, respeitar. Aprendam a mansidão em uma cultura que continuamente lhes propõe o método da agressão, da contração, do insulto. Não a mansidão do respeito ao outro, mas o respeito porque é tão pessoa quanto eu; mas se não o ensinamos com nosso testemunho, se nós não damos testemunho de mansidão não vamos conseguir ir em frente; não lhe vamos transmitir essa cultura da vida; vocês sabem, vocês estão nas escolas, sobretudo na própria porta das escolas vende-se morte, vocês o sabem. Existe muita gente que é responsável diante de Deus pelo crescimento destas crianças, que de uma ou de outra maneira lhes está entregando doses de morte. Isto é evidente, todos nos escandalizamos e dizemos: Que barbaridade! Mas, não obstante, se faz. Quem vai remediar isso? Mas existe outra morte mais escondida, quando a um menino ou menina fechamos nossos olhos e não lhes estendemos a mão, não lhes ensinamos a vida, não os ensinamos a viver, ou quando a vida que temos de dar a enclausuramos em nosso egoísmo e em nosso próprio interesse, também vendemos morte; e estamos dando a estas futuras gerações uma cultura de morte, não só nas drogas que matam, nem só nas drogas que geram esta cultura de morte, também no egoísmo do coração de todos os que temos a responsabilidade de educar, nesta clausura, também no desinteresse do coração de todos os que temos a responsabilidade de educar e passamos junto de alguém que está rígido na beirada da vida e não lhe ensinamos a sair de sua rigidez para se aproximar da vida.

Prossigamos com isto: cultura da vida, cultura da abertura aos outros, a vida é como a água que quando sai de si mesma fertiliza a terra e, como diz a Bíblia, *faz crescer às margens desses rios de água árvores frondosas de vida*. Não renunciemos a isso, porém isso sim, isto não se faz com palavras, se faz com testemunhos, e isto é muito duro, porque no testemunho de todo aquele que tem responsabilidade de educar, como somos todos nós os que estamos aqui, sempre se leva uma cruz, mas uma cruz que é fecunda, uma cruz que dá vida aos outros e ensina a crescer.

Vamos para casa com este desejo de abrir nosso coração para que saia vida constantemente que ensine a viver, levantemos aquele que está prisioneiro de sua rigidez e o aproximemos da vida e do conviver.

Ensinemos que a mansidão é melhor que a agressão, que o diálogo é melhor que a contração, que é respeitoso escutar-se mutuamente e é melhor que o insulto, e estaremos semeando nestes corações a vida. Assim iremos educando para viver e educando para conviver.

Assim seja!

Abril de 2012

A graça de saber educar na harmonia

Um só coração e uma só alma

A primeira leitura nos descrevia como era a vida dos primeiros cristãos, e a pincelada do apóstolo é muito simples: a multidão dos crentes tinha um só coração e uma só alma, isto é, viviam em harmonia. As primeiras comunidades cristãs tinham compreendido que a mensagem de Jesus, vivida maduramente, os conduzia a uma vida de harmonia; e mesmo que houvesse conflitos superavam-nos para salvaguardar essa harmonia. Quando vi o texto antes da missa fiquei pensando neste modo de viver daquelas primeiras comunidades cristãs e na missa de hoje... E pensei se nosso trabalho educativo não teria de ir por esse caminho de conseguir a harmonia: a harmonia em todos os meninos e meninas que nos foram confiados, a harmonia interior, a de sua personalidade. Será trabalhando artesanalmente, imitando a Deus, trabalhando como faz o oleiro a vida dessas crianças que poderemos conseguir a harmonia. E resgatá-los das dissonâncias que são sempre obscuras; em troca, a harmonia é luminosa, clara, é a luz. A harmonia de um coração que cresce e que nós acompanhamos neste caminho educativo é o que é preciso conseguir.

Uma harmonia que tem dois pontos referenciais decisivos: forma-se na conjugação entre o limite e o horizonte; uma educação somente enfocada em um limite anula as personalidades, tira a liberdade, apouca a pessoa, não se pode educar no puro limite, no puro "não... não se pode", "não se pode", "não se pode", ou "fazê-lo assim"... Não! Isto não deixa crescer e, se o faz, o faz mal. Nem mesmo com uma harmonia que seja puro horizonte, puro disparo para o futuro sem nenhum ponto de apoio; isso não é harmonia, é sim uma educação que termina na desorientação total do vale tudo, no relativismo existencial, que é um dos maiores flagelos que as crianças estão recebendo como oferta. Muitas vezes penso, quando vejo este experimentalismo tão relativo que se propõe às crianças em todos os lados e que não tem ponto de referência, em nosso profeta "argentino": "Deixe que vá... tudo é igual... total no forno nos vamos encontrar". Então estas crianças, que não têm uma contenção de limites e estão disparadas para o futuro, estão no forno! Agora! E vamos encontrar-nos com elas no forno! E no futuro teremos homens e mulheres no forno!

As duas coisas: saber conduzir para a harmonia, saber trabalhar "como o oleiro" o coração jovem entre os limites e os horizontes... Um educador que sabe mover-se entre essas duas pontas faz crescer, um educador que se move na tensão entre estes dois pontos é um educador que faz amadurecer. Mais ainda, mover-se entre estas duas pontas é confiar nas crianças, saber que existe material humano grande! Somente é preciso incentivá-las! E dele somos testemunhas aqui: aí está a oliveira plantada faz dez anos depois de uma Carpa da Paz, isso o fizeram as crianças porque se as incentivou a trabalhar pela paz! Em 2007 as mesmas crianças trabalharam no projeto Cidade Educativa, que foi levado à Legislatura e foi aprovado... fizeram-no elas! São capazes disso! E agora, neste trabalho da Escola dos Vizinhos, com crianças de escolas de gestão estatal e de gestão particular, todas juntas e de diferentes credos, todas juntos estão mostrando a capacidade criativa que têm nossas crianças; e Buenos Aires está criando consciência, estão nos pedindo o trabalho da Escola de Vizinhos em outras localidades do país. E menciono três coisas, simplesmente, que fizeram nossas crianças, mas poderia mencionar mais. E as fizeram porque foram conduzidas entre o limite e o horizonte. Este é nosso desafio hoje: criar harmonia entre o limite e o horizonte.

Estas crianças são as que vão receber a nossa geração. E nos resta a pergunta sobre como vão estar se sentindo quando nos receberem... Terão a suficiente harmonia interior? Terão o suficiente embasamento interior do limite e a suficiente esperança no horizonte para receber-nos como aqueles que os precederam na vida, que percorreram o caminho da sabedoria? Ou estarão mergulhadas na tolice e nos deixarão em um geriátrico malcheiroso, mais semelhante a uma vagoneta que a uma casa de pessoas. Saberemos resgatar esta juventude da cultura da vagoneta que está se instalando? E agora que estamos tão sensíveis, e é bom que assim seja, a tudo que for colonização de nossa soberania, somos sensíveis também a qualquer colonização exacerbada que aliene nossas crianças de qualquer harmonia e que depois de as usar as deixa estiradas na beirada do caminho? Somos sensíveis a esta colonização conduzida pelas drogas, pelo álcool, pela falta de limites?

Estas crianças são as que nos receberão a nós. Vamos entregar-lhes a bandeira: uma pergunta, como a levamos nós... Bem levantada? E elas, como serão capazes de recebê-la? Serão homens e mulheres que somente terão mística de bandeira a meio pau e daí não a subirão? Ou serão homens e mulheres preparados em harmonia e com o horizonte certeiro que levarão a bandeira até o mais alto do mastro? Isso é o que vamos pedir hoje: a graça de saber educar na harmonia. De saber amoldar estes corações jovens para que vivam em liberdade, longe de toda opção escravizadora, colonizadora e que tire a liberdade.